U0949706

网络时代的媒体与司法关系

MEDIA AND JUDICIARY IN THE INTERNET AGE

高一飞 著

中国民主法制出版社
全国百佳图书出版单位

图书在版编目(CIP)数据

网络时代的媒体与司法关系/高一飞著. --北京:中国民主法制出版社,2016.6

ISBN 978-7-5162-1183-0

Ⅰ.①网… Ⅱ.①高… Ⅲ.①司法—关系—媒体—研究—中国 Ⅳ.①D926 ②G219.2

中国版本图书馆 CIP 数据核字(2016)第 100901 号

图书出品人:刘海涛

出 版 统 筹:陈晗雨

责 任 编 辑:唐仲江　程王刚

书名/ 网络时代的媒体与司法关系

作者/ 高一飞　著

出版·发行/ 中国民主法制出版社

地址/ 北京市丰台区玉林里 7 号(100069)

电话/(010) 63292534　63057714(发行部)　63055259(总编室)

传真/(010) 63056975　63292520

http://www.npcpub.com

E-mail:flxs2011@163.com

经销/ 新华书店

开本/ 16　710 毫米×1000 毫米

印张/ 17　**字数/** 280 千字

版本/ 2016 年 7 月第 1 版　2016 年 7 月第 1 次印刷

印刷/ 三河市航远印刷有限公司

书号/ ISBN 978-7-5162-1183-0

定价/ 45.00 元

出版声明/ 版权所有,侵权必究。

(如有缺页或倒装,本社负责退换)

序

本书是我主持的2013年法治建设与法学理论研究部级科研项目“网络时代的媒体与司法关系研究”的最终成果。

媒体与司法关系的法律规则，可以从新闻传播学的角度研究司法如何处理媒体危机以及媒体报道司法的方法、技巧。我们选取司法制度的角度进行研究，目的在于探索其中可以上升为法律或者伦理规范的内容。

在《世界人权宣言》《公民权利与政治权利国际公约》《媒体与司法独立关系的马德里准则》《关于司法独立的基本原则》《班加罗尔司法行为原则》《关于推进知情权的亚特兰大宣言与行动计划》《关于律师作用的基本原则》等国际文件中，都有媒体与司法关系的规则。

我国通过了大量的法律文件来确立媒体与司法关系的规则，最突出的有2009年《最高人民法院关于司法公开的六项规定》和《最高人民法院关于人民法院接受新闻媒体舆论监督的若干规定》，后者可以说是我国第一个关于媒体与司法关系的规范性文件。2012年公安部出台的《公安机关执法公开规定》中的执法信息“向社会公开”，也包括了向媒体公开。1998年《最高人民检察院关于在全国检察机关实行“检务公开”的决定》和2015年《最高人民检察院关于全面推进检务公开工作的意见》也都专门规定了如何向媒体公开检务信息的内容。

司法部门一方面要坚持司法信息向媒体公开，另一方面还应当对信息公开的内容进行必要限制，对检察官、律师和法官的言论进行适当规范，以达到防止媒体对司法产生不良影响的目的。另外，应当提倡媒体通过职业道德规则进行自律，对司法进行客观、中立的报道和评论。以上内容，我在2010年出版的《媒体与司法关系研究》（中国人民公安大学出版社2010年版）中进行了比较全面的研究。

本书以互联网背景下媒体与司法关系传统规则修正后的新内容为研究对象，共分为十章，各章之间存在内在的逻辑关系，统一在以下三大主题之下。

一、网络时代媒体与司法关系规则的修正

第一、二、三章是总论，分析了网络时代媒体与司法关系规则的新变化。

第一章“网络时代媒体与司法关系的新变化”。媒体与司法关系的传统规则有三种模式：通过缄口令直接限制媒体模式、司法自我约束模式、信息控制模式。互联网时代媒体影响司法出现了新特征，主要表现为：(1)司法系统受到媒体更大的影响；(2)媒体编辑“把关人”的作用大大降低；(3)因发帖人采用假名而加大了对媒体的查处难度；(4)言论自由的标准不断提高；(5)陪审员可能利用网络实施不端行为。

媒体影响司法的新特征导致各国对媒体与司法关系规则进行了修正，主要表现为：(1)微博直播庭审开始兴起和发展；(2)英国、美国联邦法院禁止电视直播的传统正在被颠覆；(3)司法对媒体的缄口令成了“无用的原则”；(4)英国已经明确废止缄口令的部分内容。

第二章“司法裁判中网络民意的传播心理学分析”。网络民意容易对司法发生误解，且不乏炒作的倾向，从而导致司法失信和舆论审判。司法机关应当提高自身应对媒体的能力，充分利用各种网络平台实现司法与媒体的良性互动，对网络信息传播进行适当监管和限制，但是司法对媒体言论应当尽可能包容。

第三章“互联网时代媒体与司法关系规则的构建”。在我国，不存在英美式的陪审团，也不存在“事实审一次性”的问题，对于因受到媒体影响而出现错误裁判的情况，可以在法院的二审程序和审判监督程序中根据“实事求是、有错必纠”的原则进行纠正。所以，我国不宜采用已经难以发生效力的对媒体的事前“缄口令”制度。在不限制媒体报道司法的情况下，司法应当通过程序的自我完善、对法庭参加人员的约束来达到“司法避免媒体影响”的目的。传统的司法自我约束规则除了应当继续坚持外，还要通过合理界定办案秘密限制信息释放，通过司法公开防止媒体的误导，通过媒体自律体现对司法的尊重和理解，通过网络执法过滤或删除违法的司法报道，对媒体的不当报道行为追究法律责任。

二、司法机关在处理与媒体关系中的责任

第四章到第六章分析和论证了司法人员在处理媒体与司法关系过程

中应承担的责任。

第四章“司法信息通过网络公开的新义务”。信息化时代，信息以爆炸式的速度不断增长，网络已经发展成为民众获取信息最便捷、最有效的途径。在现代信息爆炸社会，没有网络形式的信息公开，在有的情况下与不公开没有任何区别。只有通过网络进行信息公开，才能扩大信息公开的辐射面，提高信息公开的透明度，从而保证权力在阳光下运行。国际社会已经认识到这一点，以网络形式进行信息公开已经成为世界各国政府、司法机关及其他公共机构应当履行的新义务。我国应当通过人民法院官方网站、司法公开专门网络信息平台和微博微信等新媒体平台公开司法信息。

第五章“司法机关对网络民意的引导与回应”。网络民意有其自身的特定性，我们应当继续拓展网络民意的收集渠道，加强网络民意收集窗口建设，加强网络民意收集的主动性和及时性。要完善网络民意的引导与分析机制、回应机制、反馈与评价机制以及司法回应网络民意的监督机制。

第六章“我国检察机关重要案件信息发布制度”。在 2014 年 10 月 1 日起试行的《人民检察院案件信息公开工作规定（试行）》中，我国检察机关在西方国家所谓“公众人物犯罪”“严重犯罪”案件之外独创了一个新名词，即“重要案件”。对于这类案件，其信息倍受关注，人民有知情的期待和要求，应当公开。在坚持允许报道公众人物的同时，我们发现对于“公众人物”的含义很难把握。我国检察机关对“公众人物”这一名词加以改造和完善，用“重要案件”代替“公众人物案件”，并明确了其具体内涵，这是对信息公开的制度创新和重要贡献。这一机制应当加以坚持与完善，要规范重要案件信息的内容构成和更新，建立重要案件信息发布双向交流机制，建立监督与救济互补的双重保障机制。

三、媒体在报道和评论司法中的权利与责任

第七章至第十章研究的是媒体在报道和评论司法中的权利与责任。因为这个方面的规则很多，已有成果也很多，已经形成了完整的媒体义务与责任的研究体系，而本书是针对网络时代的特殊问题所进行的研究。

第七章“网络时代犯罪现场新闻报道的限度”。犯罪现场报道有自身的意义，但是犯罪现场报道不得妨害侦查、不得侵犯个人隐私、不得损害公正审判。在警方允许下的犯罪现场报道，警方应当严格限制报道方式和范

围，合理引导报道秩序。未经警方允许的犯罪现场暗访报道更应当加以预防和规范。警方人员应当主动跟随拍摄犯罪现场并以适当方式主动公布情况。

第八章“自媒体直播庭审的规则”。利用微博、微信等自媒体直播庭审能够实现司法公开的最好效果，但是对直播的主体、批准程序和内容限制方面都应当规范化。

第九章“网络时代媒体报道涉罪人员姓名的规则”。我国理论界和实务界对媒体能否报道涉罪人员姓名问题的域外规则都有很多误解。比较研究表明，诉讼期间可以报道涉罪人员姓名是大势所趋；但判决后罪犯的姓名，除美国外，各国都以不向社会公开为原则。各国对涉罪的公众人物和未成年人姓名公开规定了特殊的规则。我国新闻报道中涉罪人员姓名公开规则的确立应当考虑以下四个方面：对涉罪人员姓名以“以公开为原则”的现行做法值得肯定；禁止对未成年涉罪人员实名报道，但不能过于绝对；实名报道涉罪公众人物的做法应当坚持；应当谨慎确定不当报道涉罪人员姓名的行为责任。

第十章“网络实名制对言论自由的限制及其方式”。网络实名制，是一种将网络使用者的身份与其真实姓名、身份证号等信息相对应联系的制度，其对传统匿名表达权进行了一定程度的限制。因网络实名制在打击网络违法犯罪、引导社会舆论以及保障电子商务等方面成效显著，而为世界各主要发达国家所采用。当前，网络实名制已在我国全面确立，但相关的立法还很不完善。今后，我国应加强网络实名制的立法建设，对网络实名制的实施主体、配套机制等进行明确规定。

在本书出版之际，习近平总书记于2016年4月19日发表了《在网络安全和信息化工作座谈会上的讲话》，他讲话中的相关内容为我们确立媒体与司法关系的规则指明了方向，他指出：“网民大多数是普通群众，来自四面八方，各自经历不同，观点和想法肯定是五花八门的，不能要求他们对所有问题都看得那么准、说得那么对。要多一些包容和耐心，对建设性意见要及时吸纳，对困难要及时帮助，对不了解情况的要及时宣介，对模糊认识要及时廓清，对怨气怨言要及时化解，对错误看法要及时引导和纠正，让互联网成为我们同群众交流沟通的新平台，成为了解群众、贴近群众、为群众排忧解难的新途径，成为发扬人民民主、接受人民监督的新渠道。”

习总书记在讲话中提到的“六个及时”，实际上就是我们处理媒体与司法关系的具体方法。我们需要以此为指导，结合媒体与司法关系中出现的各种新情况、新问题进行认真研究。

由于网络时代的媒体与司法关系的规则是在坚持和修正传统规则的基础上发展而来的，为了避免与我自己和学界同仁对媒体与司法关系传统规则的重复研究，本书只是把网络时代产生的特有问题抽取出来进行研究。然而，网络时代产生的特有问题也纷繁复杂，我们只能对其中的部分问题进行研究，仍有很多在网络媒体下产生的媒体与司法关系的新问题急需我们解决，如视频直播的法律规则，被判决无罪者的名誉恢复，轻罪人员被网络“遗忘”的权利，网络时代对司法的匿名评论权，等等。因此，网络时代的媒体与司法关系，是一个值得长期探索的课题。

高一飞
2016年5月24日深夜
歌乐山

目　录

引　言

20世纪80年代办公自动化实现；90年代初美国兴起了“信息化高速公路”，随后实施“国家信息基础设施计划”；90年代末美国又提出了“数字地球”概念；2000年前后门户网站流行，互联网泡沫出现；2008年IBM提出“智慧地球”概念，随后物联网技术、云计算技术、移动宽带以及大数据等新一代信息技术先后快速进入信息化建设领域；2011年德国政府提出德国工业4.0，美国GE公司提出“互联网工业”。这些都对信息网络的普及和发展起到了引领作用。

2002年党的十六大提出工业化与信息化相互促进的战略；2012年大数据流行，党的十八大提出“两化深度融合”；2012年11月14日，在2012年易观第五届移动博览会上，易观国际集团创始人于扬在会上发表主题演讲《互联网+》，国内“互联网+”理念首次出现；2014年11月，李克强总理出席首届世界互联网大会时指出，互联网是“大众创业、万众创新”的新工具；2015年3月，“两会”上马化腾提交了《关于以“互联网+”为驱动，推进我国经济社会创新发展的建议》的议案，使“互联网+”引起广泛关注；2015年3月5日，在十二届全国人大三次会议上，李克强总理在政府工作报告中首次提出“互联网+”行动计划，“互联网+”从此真正进入公共视野。他在政府工作报告中提出：“制订‘互联网+’行动计划，推动移动互联网、云计算、大数据、物联网等与现代制造业结合，促进电子商务、工业互联网和互联网金融健康发展，引导互联网企业拓展国际。”随后，国务院于2015年7月4日印发了《关于积极推进“互联网+”行动的指导意见》，该意见由行动要求、重点行动和保障支撑三部分构成，其中“重点行动”包括“互联

网 + ”创业创新、协同制造、现代农业、智慧能源、普惠金融、益民服务、高效物流、电子商务、便捷交通、绿色生态与人工智能 11 个具体行动，这些成为推动互联网由消费领域向生产领域拓展，加速提升产业发展水平，增强各行业创新能力，构筑经济社会发展新优势和新动能的重要举措。

2012 年 12 月 7 日，习近平同志参观考察腾讯公司时讲话指出：“现在人类已经进入互联网时代这样一个历史阶段。这是一个世界潮流，而且这个互联网时代对人类的生活、生产、生产力的发展都具有很大的进步推动作用。”作为互联网思维取得进一步实践成果的“互联网 + ”，也是一种先进生产力的代表，推动着经济形态的不断演变。

人性的光辉是人区别于野兽的根本，是这个世界之所以五彩缤纷的原因，是推动科技进步、经济增长、社会进步、文化繁荣最原始的力量，互联网的力量之强大最根本地也来源于对人性的最大限度的尊重、对人体验的敬畏、对人的创造性发挥的重视。[1]正如康德所言：“人是目的，而非手段。”“互联网 + ”向各个行业的融入，体现了对人性基本需求的尊重，在实际生活中使人们的生活更加方便、快捷。

“互联网 + ”是创新 2.0 下的互联网发展新形态、新业态，是知识社会创新 2.0 推动下的互联网形态演进及其催生的经济社会发展新形态。[2]推进“互联网 + ”使互联网不仅作用于传统服务业等行业，其他行业由于互联网的开放性也在逐渐改变。“互联网 + ”不仅体现了互联网的开放性，也体现了行业经济发展的开放性，在行业之间、地区之间、国家之间建构起一个大的开放、互利、共赢的平台。

“互联网 + ”是把互联网的创新成果与经济社会各领域深度融合，推动技术进步、效率提升和组织变革，提升实体经济创新力和生产力，形成更广泛的以互联网为基础设施和创新要素的经济社会发展新形态。加快推进“互联网 + ”发展，有利于重塑创新体系、激发创新活力、培育新兴业态和创新公共服务模式，对打造大众创业、万众创新和增加公共产品、公共服务“双引擎”，主动适应和引领经济发展新常态，形成经济发展新动能，实现中

〔1〕 参见 http://www.chinadevelopment.com.cn/jjzx/2015/06/913323.shtml，访问时间：2015 年 6 月 14 日。

〔2〕 参见 http://baike.baidu.com/link?url=DaXWyaIT8SOtA58qsCajbB-0uMd8KM2NP5bPUeTLx44ghyKjFdt9ihMsiSCmW5wfteIYskE_gYs5kx3gxu7weq，访问时间：2015 年 4 月 21 日。

国经济提质增效升级具有重要意义。[1]

“互联网+”推动着互联网与传统行业发展的融合,使经济发展方式基于互联网技术的移动互联网、云计算、大数据、物联网等的结合而变得更加富有特色。通过互联网技术,一方面提升制造业的水平和特色,增强生产能力和生产优势;另一方面,通过新的商业模式刺激公共消费,可以拉动经济良性发展。“今天这个世界上所有的传统和服务都应该被互联网改变,如果这个世界还没有被互联网改变它是不对的,一定意味着这里面有商机,也意味着基于这种商机能产生新的格局。”[2]此外,互联网在保障社会公平方面也发挥了重要作用。技术的变革,提升了民众期待实现的可能,使广大公民可以平等获取所需;互联网也在影响政府行政的方式以及监督政府行政的效果,倒逼政府依法透明行政,进而实现社会公平。总之,在“互联网+”的推动下,社会各个方面都在逐渐进步。

虽然“互联网+”对法治的作用力是间接的,但仍对立法、司法及法律思想产生着重要的影响。首先,“互联网+”在很大程度上对传统的法律领域提出了新问题,使传统法律部门面临挑战,这使得成文法的局限性凸显出来,同时也出现了一些新的法律部门,如科技法学得到认可。其次,“互联网+”的上述特征,会在司法实践中出现对事实认定、法律适用和法律推理的诸多分歧,如网络违法行为的管辖问题等,这对法律人提出了更高的要求。最后,“互联网+”能够对法律意识产生启迪作用,也能更新法律观念,并在更高层次上推动着法治思维的转变。市场经济本质上属于法治经济,党的十八届四中全会提出全面推进依法治国,构建中国特色社会主义法治体系,建设中国特色社会主义法治国家,其中一个重要方面便是需要加强市场领域立法,健全以公平为核心的保护制度。而从前述我们可以发现,“互联网+”的积极意义是不可忽视的:法治经济的实现,必然要转变法治思维,在立法、司法及执法中更加注重权利的保障和救济,以及促进相关措施的构建。

了解网络舆论的传播路径,有助于对其进行有效的监督和管理,使网

---

[1] 参见《国务院关于积极推进“互联网+”行动的指导意见》,http://cpc.people.com.cn/n/2015/0705/c64387-27255409-2.html,访问时间:2015年7月5日。

[2] 于扬:《所有传统和服务应该被互联网改变》,http://tech.qq.com/a/20121114/000080.htm,访问时间:2012年11月14日。

络舆论监督审判变得更为理性、适度。在自媒体时代，网络舆论的传播路径与以往不同，对其进行有效管理必须厘清网络舆论的传播途径，才能更有针对性。

自媒体由于其内容创造性，很可能成为网络舆论的重要来源。而自媒体的真正影响力在于用户参与，通过网民的不断互动形成网络议题和舆论，并与其他媒体形成互动效应，将网络舆论影响力成倍放大。媒体之间的信息共通，让自媒体和其他媒体形成了联动作用。这里我们将国内提供新闻信息的媒体分成三种类型：第一种是传统的主流大众媒体，如报纸、电视；第二种是网络新闻媒体，包括各类新闻门户网站，它们以 Web 1.0 的特点为主；第三种是自媒体，即赋予草根网民内容创造权力的新型网络媒体。

第一种类型是从主流媒体到网络新闻媒体。目前网络新闻媒体的新闻来源大多数来自传统的新闻媒介。对于主流媒体的转载是新闻网站新闻来源的主要内容之一。此外，各种报纸、网络也建立了相应的新闻网站，这也是受众获得新闻信息的重要渠道。新闻网站仍然作为大众媒介的新闻信息进行传播的重要门户，是大众媒介新闻信息的重要传播阵地。许多新闻的二次传播都来自这些新闻门户网站，而网络各种新闻题材的不断累积更让网络新闻具有累积的厚度。这也为公众查找信息提供了无限可能。而反过来，大众新闻媒体却很少有从新闻网站转载的信息，大众媒体对于网络的关注，多以网民的意见为主，通过网民的意见来发现舆论动态和新闻事件，从这个角度来说，自媒体是主流新闻媒体的一个重要新闻源。

第二种类型是从大众媒体到自媒体。在自媒体时代，掌握着主流话语权的媒体依然是传统的电视和报纸等大众媒体，专业的新闻工作者依然是社会和网络议题的设置者。同时，由于大众媒体拥有专业的新闻工作者，在内容生产的数量和质量上，自媒体仍然无法和大众媒体相媲美。因此，由于大众传媒给网络传媒提供了主要的新闻内容，大众传媒依然起到了议题设置的作用。越来越多的新闻工作者已经开始在个人博客、网络论坛中寻找新闻素材，毕竟，网民的风吹草动决定着社会的主要舆论，而舆论的最新动向往往就成为最有新闻价值的素材。

第三种类型是从网络媒体到自媒体。正由于自媒体的原创性和巨大的活力，目前许多网络新闻媒体已经将博客作为一个重要的频道，新闻媒体的首页上都会推送内容质量较高的文章。例如，新浪首页上就设有博客和博客频道，将优秀的自媒体内容推送到网站首页中。而新浪网的新闻都允许网友自由评论，这也成为了网友的重要论坛之一。自媒体正成为影响网络内容的主要力量。[1]

在自媒体时代，作为网络“公民记者”，究竟该对其发布的信息负有何种责任？是否应该要求“公民记者”具备专业的新闻素养，提供经过核实的真实报道？这些要求未免对以个人名义发布信息的网友们有些苛刻，况且还极有可能导致公权力滥用现象。但是如何管理这些信息，以使整个社会既有充足的信息交流和言论空间，又不致被流言蜚语所淹没？在互联网刚刚问世的时候，民众的普遍看法是政府不应当介入互联网的管理，依靠市场的力量和公民的自律就足以建立互联网的秩序和行为标准。然而，随着互联网的迅速发展，人们逐渐看到，单纯依靠市场的力量和民众的自律不能充分保护互联网用户和重要利益，比如隐私保密、安全和获取各类信息等。人们开始认识到政府有必要在互联网管理方面发挥重要的作用。

美国对新媒体的管理是将媒体分类。历史上，根据美国宪法第一修正案保护和政府管制程度的不同，传播技术被分为三类：印刷媒体（报纸、书籍、杂志、小册子）、广播媒体（电视、收音机）和公共运营（电话、电报、邮局）。广播媒体虽然和印刷媒体一样提供新闻与娱乐，但广播业的结构和内容都被高度管制。广播许可证由政府选择颁发，如果同样的政策施于出版商，就会被认定为是对言论自由的威胁。公共运营指的是提供通信中介而不是内容，它遵循普遍准入原则，提供者必须让自己的服务可以被每个人享受到。由于公共运营商的自然垄断性，它们不得控制在其系统中运行的内容。由于公共运营商不控制内容，它们对内容是什么样的也不承担任何责任。

万维网、电子公告牌以及在线商业服务现在成了新闻、信息和评论的发布通道，但对这些新媒体的管理要比传统媒体困难得多。美国 1996 年通过的《通信规范法》（The Communications Decency Act，CDA），在备忘录中，法官宣称，互联网是一种具有历史意义的媒介，这种民主的交流管道应该得到进一步培育而不是压制。“如同互联网的力量来自其无序，我们的自由也依赖于无序以及由第一修正案所保护的无拘无束的言论的不谐音调。”

---

〔1〕 谭立立：《自媒体环境中的危机信息传播研究》，《新闻界》2009 年第 1 期，第 14 页。

在随后的宪法诉讼中(ACLU v. Reno),美国司法部不服判决而上诉,这一法案于1997年6月被最高法院宣告违宪。在此案中,美国政府意图援用以前对传统媒体进行限制与审查的案件来为CDA的合宪性辩护。但大法官们指出了网络传播方式和传统媒体的两个重大区别:第一,传统媒体无论是广播和电视频道,还是报刊出版物,都具有一种“稀缺性”。政府对某种言论的适当限制与这种稀缺性相关。但互联网几乎不能被认为是一种稀缺言论的表达媒体。互联网上的内容就像每一个不同的人的思想一样丰富多彩,因此没有任何理由将对于传统媒体的限制照搬到网络上来。第二,传统媒体的言论表达具有一种“主动侵入性”,受众是被动接受的,随时随地受到其影响。但互联网并不具有侵犯性,网上的信息和正在进行的信息交换不会自动侵入个人生活空间,更不会自动出现在某人关闭的计算机屏幕上。因此,网络用户必须去主动寻找那些不良信息,而在广播电视中,用户可能无意中就会碰到类似信息。史蒂文斯大法官写下的多数派意见认为,互联网上的言论表达享有第一修正案的最大限度的保护。这意味着对互联网的保护超过了对广播和电视的保护。互联网上的发言者将享受印刷媒体所拥有的自由。这一决定引发的反响远远超出事情本身。

美国出台CDA的一个思考基点是:对网络服务商的法律禁令远比针对违法的个人来得有效。由于网络服务商是高度可见的,可以被政府罚款或起诉,它们会被迫限制和审查不良信息。

然而,这种令网络服务商承担责任的做法却存在许多副作用。为了防止自己受到起诉,网络服务商不得不监控和审查所有的帖子和文件,包括个人的电子邮件。由于传输量的巨大,根本不可能对每个人都加以筛分。网络服务商不会去读和查每一条传输的信息,而是使用自动软件来过滤值得怀疑的内容。这就造成了服务质量的极大下降,也意味着对成员表达自由和隐私权的极大侵犯。由于“不良信息”的定义模糊不清,网络服务商宁愿小心谨慎也不愿遭到政府的惩罚,致使许多合法的信息也被清除。

我们必须承认,在Web 2.0媒体中,内容日渐呈现同载体、信道相分离的趋势,信息的传播者和发布者也不再是一体化的,因而,互联网在很大程度上属于公共运营,是一种提供更多信息的中介平台,对于内容既不能事先控制,也难以在事后进行鉴别。然而,传统出版商刊发的内容的数量根本无法与网络相比,而且,它们通常能够决定自己刊发什么、不刊发什么。

如果要求网络服务商像传统出版商一样加强控制和承担责任，那么这种新技术的很多益处就会被摧毁，例如，它的直接性，它的“多对多”的特性，以及它为无法计数的人们开启和输送多样化的信息之流的能力。

在当今信息化社会，如何处理媒体与司法之间的关系已经成为极其重要的议题。习近平总书记就曾经指出：“现在，人人都有摄像机，人人都是麦克风，人人都可发消息，执法司法活动时刻处在公众视野里、媒体聚光灯下。……政法机关要自觉接受媒体监督，以正确方式及时告知公众执法司法工作情况，有针对性地加强舆论引导。新闻媒体要加强对执法司法工作的监督，但对执法司法部门的正确行动，要予以支持，加强解疑释惑，进行理性引导……”〔1〕中共中央十八届四中全会《关于全面推进依法治国若干重大问题的决定》也指出：“司法机关要及时回应社会关切。规范媒体对案件的报道，防止舆论影响司法公正。”在网络时代，存在着媒体与司法的传统规则，有些仍然在发生作用，有些已然失效，需要及时制定新的规则来规范媒体与司法的关系。可见，“互联网时代的媒体与司法关系”，是我们必须研究的新课题。

〔1〕 习近平：《严格执法，公正司法》，载中共中央文献研究室编：《十八大以来重要文献选编》（上），中央文献出版社2014年版，第723页。

第一章

网络时代媒体与司法关系的新变化

本章将对域外主要国家对待"媒体与司法关系"的立场进行梳理,分析当下互联网时代媒体与司法关系规则的实施情况,并提出中国在互联网时代对待媒体与司法关系规则的应有立场,为最终构建处理我国媒体与司法关系的规则体系提供可行方案。

一、媒体与司法关系的传统规则模式

关于世界各国处理媒体与司法关系的规则模式,学界有不同的概括。

意大利巴里大学教授吉奥尔吉奥·勒斯特(Giorgio Resta)将世界各国处理媒体与司法关系的规则划分为三种模式:美国的保护言论自由模式、英国的保护司法模式、大陆法系国家的保护个人模式。[1]他认为,英美法传统更多关注的是新闻自由和公正审判之间的冲突,而低估了媒体对犯罪嫌疑人个人生活偏见性的报道可能产生的影响。相比之下,大陆法系国家较少考虑审判的公正性,而是更多地关注个人隐私的保护,将个人隐私视为最高人性尊严的特殊宪法原则,以及对媒体是否干预无罪推定原则的规制。

他认为,以上三种模式中,言论自由都有可能受到各种限制,通过立法或司法规则制定出针对媒体报道的事前限制措施和事后惩罚性制裁措施。但是,这些措施的价值会随着时代的变化而变化。一方面,诸如针对诉讼参加人员的禁止令、整顿命令以及损害赔偿等民事救济措施的作用会越来

---

〔1〕 Giorgio Resta, Trying Cases in the Media: A Comparative Overview, 71 *Law & Contemp. Probs.* p. 31.

越有价值;另一方面,变更审判地点之类的平衡性措施在实践中却很少再用到,其价值正不断消减。[1]

我国台湾学者陈新民教授则从各国或地区限制媒体报道的措施入手,将媒体与司法关系的规则概括为四种模式:我国台湾地区的"不得评论"制度、德国的"不提供信息"制度、英国的防止舆论裁判之方式[2]和美国的诉讼发表规则模式。[3]

一是我国台湾地区的"不得评论"制度。我国台湾地区立法对"不得评论"事项的明确主要体现在"出版法"第33条,根据该条的规定,有三项内容,媒体和相关人员不得评论或登载:(1)正在侦查或审判中的诉讼案件,不能评论。(2)对于承办案件之司法人员及与该案件有关之诉讼关系人,不能评论。(3)禁止公开诉讼事件之辩论,不能登载。但现在看来,这样的条款实施起来必然非常困难,因为这显然有悖于言论自由,也不符合台湾民众自由评论案件的现状,只是一个提倡性条款。

二是德国的"不提供信息"制度。在经过纳粹政权限制新闻自由,并将新闻媒体作为国家愚民、战争宣传的工具之后,1949年公布的德国《基本法》特别重视新闻自由,禁止实行新闻审查制度,认为新闻自由不仅仅是对已发生或将发生的事件加以"报道的自由",而且是"评论的自由"。如此一来,德国防止媒体审判的目的只能依赖国家执法、司法机关"不提供信息"而达到。

三是英国的司法规制方式。具体措施包括三大类:通过司法缄口令进行事先的报道限制;违反报道限制的,可追究其藐视法庭的罪责;作为审判程序违法而构成当然的上诉理由。

四是美国的诉讼发表规则模式。与前述几个国家不同的是,美国通过程序更新或者后延,限制诉讼参与人如检察官、律师、当事人的言论,达到防止媒体审判的目的。为了避免直接攻击媒体这个能够形成公共舆论的"怪兽",在法庭内担任"攻、防"的双方——检察官和律师,有时却成为舆论裁判的"帮凶"。因为这两方已经通过自己的履职行为了解到案情,所以

---

[1] Giorgio Resta, Trying Cases in the Media: A Comparative Overview, 71 *Law & Contemp. Probs.* p. 31.

[2] 此处为陈新民教授的原话,按我国大陆的语言习惯,我们可以将所谓的"裁判方式"称为"司法规制方式"。

[3] 陈新民:《新闻自由与司法独立——一个比较法制上的观察与分析》,《台大法学论丛》2000年第3期,第89—134页。

他们的言论需要进行适当的限制。如此一来,就形成了美国对律师及检察官的缄口令制度(Gag Order),也称为"诉讼发表规则"(Trail Publicity Rule),同时附带有禁止评论规则(No Comment Rules)。[1]这些规则都通过法院的判例给予了确认。[2]这样做,可以避免再陷入是否侵犯广大媒体新闻自由的讨论之中,而能仅限制人数极少的检察官和律师的言论,将"侵害"降到最低。

上述陈新民教授所概括模式的特点是,把各国各地区防止媒体对司法不良影响的主要或者根本措施作为模式的名称,确实能够反映一个国家媒体与司法关系处理规则的突出特点,但不够全面,容易忽略一个国家处理媒体与司法关系的其他重要规则。所以,笔者曾经把媒体与司法关系的各国规则概括为三种模式:英国通过缄口令直接限制媒体模式、美国的司法自我约束模式、大陆法系国家的放任模式。[3]但是,这一分类方法忽略了大陆法系国家实际上采取了对案件信息进行严格控制的特点,所以,笔者借鉴陈新民教授"不提供信息"制度的提法,将这一模式概括为"信息控制模式"。具体的模式种类有:

(一)通过缄口令直接限制媒体模式

在媒体与司法关系的问题上,英国采用的是"司法限制媒体模式"。英国一向以其司法独立、司法制度的优越而自豪。因此,对于新闻自由可能造成的舆论裁判后果,英国是从"后果挽救"的角度来着手的。[4]

对司法报道的限制除了包括根本就不公开审理的某些案件以外,法院还可发布命令要求媒体对某些案件的报道予以推迟。[5]这一内容主要体现在英国1981年藐视法庭法上,该法第4节第2款规定:"关于正在进行的诉讼程序或任何其他处于未决或迫近状态下的诉讼程序,当似乎有必要采取措施以避免对相关司法程序造成损害的时候,法院可以命令,在其认为

---

〔1〕 Mark R. Stabile, Free Press-fair Trial: Can They be Reconciled in a Highly Publicized Criminal Case?, *Georgetown Law Journal*, December, 1990, p. 337.

〔2〕 435 F. 2d 1059 (7th Cir. 1970); 522 F. 2d 242 (7th Cir. 1975).

〔3〕 高一飞:《媒体与司法关系规则的三种模式》,《时代法学》2010年第1期,第12—25页。

〔4〕 陈新民:《新闻自由与司法独立——一个比较法制上的观察与分析》,《台大法学论丛》2000年第3期,第89—134页。

〔5〕 [英]萨利·斯皮尔伯利:《媒体法》,周文译,武汉大学出版社2004年版,第353—354页。

有必要的一段时间之内,推迟对相关诉讼程序或诉讼程序的某一部分所作的报道。”

但“缄口令”也不是可以任意发布的,法院对报道的限制必须要符合以下条件:(1)此类推迟必须以法院令的形式作出,仅靠司法请求是不够的[1];(2)损害的风险针对的必须是正在进行的诉讼程序或其他迫近的或未决的诉讼程序[2];(3)法院令着眼于推迟针对整个诉讼程序或其一部分所作的报道,这并非无限期的推迟,相关延迟期间是法院认为为了避免损害的实质性风险而必要的;(4)相关法院令的颁布是必要的[3]。

(二)司法自我约束模式

司法自我约束模式是美国现在采用的模式。在美国,法官有相当大的权力,法官向媒体发布缄口令是普通法上早已有之的做法[4],且在1966年谢泼德案[5]中被强化。此案中,最高法院指责地方法院在审判时存在“新闻媒体导致公众存有偏见的报道方式”,痛心之余将该案发回地方法院重审。

埃斯蒂斯案[6]和谢泼德案都是以媒体报道影响公正审判并发回重审而且成功导致无罪判决的著名案件。[7]如在谢泼德案判决中,克拉克法官列出了法院为了确保公正应该考虑的九种方法。[8](1)依辩方动议变更审判地。(2)无辩方动议而变更审判地。(3)陪审团召集令的变更。(4)诉讼延期。(5)分别审理(在被告人为多数的审判中)。(6)陪审团选任。通过回避程序免除那部分人中由于审前宣传而真正产生了偏见的所有人。(7)警告或隔离陪审员。(8)免除陪审员资格。(9)如果上述所有措施都失败了,就进行一次新的审理。美国记者新闻自由委员会(The Reporters

---

〔1〕 AG v. Leveller Magazine (1979) AC 440,473.

〔2〕 AG v. English (1982) 2A11ER,903.

〔3〕 Rean Inquiry under Company Securities(Insider Dealing) Act 1985(1988) AC 660, per Lord Griffiths, p. 704.

〔4〕 [美]唐纳德·M. 吉尔摩等:《美国大众传播法:判例评析》,梁宁等译,清华大学出版社2002年版,第365—367页。

〔5〕 Sheppard v. Maxwell,384 U. S. 333 (1966).

〔6〕 Estes v. Texas,381 U. S. 532 (1965).

〔7〕 [美]拉费弗等:《刑事诉讼法》,卞建林等译,中国政法大学出版社2003年版,第1185页。

〔8〕 [美]唐纳德·M. 吉尔摩等:《美国大众传播法:判例评析》,梁宁等译,清华大学出版社2002年版,第355—358页。

Committee for Freedom of the Press)保存了从1967年到1975年之间发布的保护性命令的记录。这个组织证明法院在174起案件中颁布过这种命令，其中包括63项禁止法庭参加者(证人、陪审员、律师和检察官)发表声明，61项对新闻媒体、公众封闭法庭程序或记录的命令，以及50项直接对媒体进行事前限制的命令。[1]

但是，之后最高法院对法院向媒体发布“缄口令”的态度发生了根本性的变化。1976年联邦最高法院公布了内布拉斯加州新闻协会案[2]，在判决中，最高法院推翻了向媒体发布缄口令的传统做法。[3]有论者甚至认为，缄口令“在1976年遭到联邦最高法院以违反宪法增修条文第1条为理由而废弃”[4]。在这样一种没有事前限制媒体对司法报道和评论的情况下，美国转而通过法院自我约束和完备的程序规则来防止媒体影响司法。虽然美国最高法院并没有明文禁止法院发布对媒体的任何禁止命令，但是“最高法院一贯认为对言论的事先禁止应该首先被推定为是违反宪法而无效的。只有当司法机构能够证明所涉及的言论对所保护的利益具有明显而现实的危险性，或者具有严重而迫切的威胁”时，事先禁止才是合乎宪法的。因此，“事先禁止必须被控制在狭小的范围内，而且如果存在其他对第一修正案的损害更小的替代方法的话，也不能进行事先禁止。”[5]

(三)信息控制模式

大陆法系国家没有司法对媒体进行事先限制的传统，其在这个问题上采用的是“司法向媒体开放模式”。一般来说，这些国家都是成文法国家，实行的是职权主义诉讼模式，法官是由精英化的团体组成，舆论对他们的影响远远低于英美法系国家。因此，在处理媒体与司法关系的过程中，这些国家对待新闻媒体采取的是较为宽松的态度。

---

〔1〕［美］韦恩·奥弗贝克：《媒介法原理》，周庆山等译，北京大学出版社2011年版，第327页。

〔2〕Nebraska Press Association v. Stuart, 247 U. S. 539(1976).

〔3〕［美］唐纳德·M. 吉尔摩等：《美国大众传播法：判例评析》，梁宁等译，清华大学出版社2002年版，第362页。

〔4〕［美］唐纳德·M. 吉尔摩等：《美国大众传播法：判例评析》，梁宁等译，清华大学出版社2002年版，第367页。

〔5〕［美］唐纳德·M. 吉尔摩等：《美国大众传播法：判例评析》，梁宁等译，清华大学出版社2002年版，第372页。

在德国,1949 年的《基本法》比较重视新闻自由,其第 5 条第 1 项规定:“任何人都有以文字、图片以及书画等发表意见的权利,并享有不受限制的获得资讯的权利。”[1]德国《刑法典》中没有规定藐视法庭罪的内容,也没有对媒体的司法报道作特别的限制。德国虽然不发布禁令限制媒体的报道,但在提供媒体信息时对法院本身进行了限制。如德国巴登邦的《巴登邦新闻法》第 4 条就规定:“当资讯的提供会造成使现行未定的程序加快、困难、迟误或危害时,或抵触保密规定,侵犯重大公益或值得保护的私人利益时,或已达到过分的程度时,相关人员可以拒绝提供。”

在法国,1994 年生效的《刑法典》第 434 条虽规定有藐视法庭罪,但藐视行为是为了维持法庭秩序,针对的对象是诉讼参与人,并不针对媒体报道。

很多大陆法系国家为了对司法信息进行控制,制定了一些审前保密规则,但是实践与理论存在很大差距。一方面,是由于大部分审前保密规则的适用范围过于狭窄,很难得到有效实施。例如,《法国刑事诉讼法典》第 11 条并不是直接约束记者的。德国《刑法典》第 353 条 d 款的规定虽然适用于媒体,但只是防止将官方全部或部分文件一字不漏地刊登出来,而并不禁止受官方文件的启发而撰写的文章的发表。在许多情况下,非法发布的信息主要是由检察机构和警察提供的。因而,执法过程中官方并没有强烈的动机来实际起诉这些违反审前保密规则的行为。而且,那些允许记者可以对其信息来源不加披露的规定又为这些规则的有效实施增加了困难。[2]

另一方面,最为重要的是,审前保密的政策支持正在失去社会的认可,已经变得不再适合时宜。这一模式基本的假设是:尽管主要的审判过程应当完全向公众开放,但是证据的收集和公诉的准备等预备阶段应当保密。然而,较之主审阶段,审前阶段充满了神秘和悬念,具有高度的新闻和娱乐价值,因而人们对审前预备阶段的公开更加感兴趣。

事实上,在互联网时代,由媒体主导的社会环境中,要想对审前预备阶段完全保密,进行封闭的信息控制,实属空想。一些学者呼吁提供更多审前预备阶段的信息的变革正在展开[3],一些国家也已经在进行这方面的

---

[1] 陈新民:《新闻自由与司法独立——一个比较法制上的观察与分析》,《台大法学论丛》2000 年第 3 期,第 120 页。

[2] Giorgio Resta, Trying Cases in the Media: A Comparative Overview, 71 *Law & Contemp. Probs*. p. 31.

[3] Giorgio Resta, Trying Cases in the Media: A Comparative Overview, 71 *Law & Contemp. Probs*. p. 33.

立法改革。如法国,2000 年 6 月 15 日的“2000-516”号法律修改了《刑事诉讼法》第 11 条的内容,新的规定一改往日审前保密原则的严厉性,规定:“判决前的保密是为了维护审前信息的完整性和准确性,检察官可以根据法庭的要求、当事人的申请或者自己的想法公布相关信息。”这一规定对司法信息的控制进行了适度放开。

由于资料的限制,笔者只能简介几个国家不同的经验,但是,我们可以回顾一下《欧盟委员会部长委员会建议书》中“有关媒体在刑事诉讼程序中的信息规定”[1]。该建议书规定了信息的平等获得原则,强调非歧视原则和备受关注的案件中普通信息条款的重要性。该建议书中的“原则 4”规定:“如果有记者在刑事诉讼中已经合法地从司法或者警察机构那里获得相关信息,那么这些机构就应当毫无歧视地让所有作出或者已经作出同样请求的记者获得相关信息。”关于那些备受关注的案件,“司法或警察机构应当将其必要的行为告知媒体,只要这样做无损于调查部门和警察机构的相关保密要求;推延或阻碍程序结果的产生。”总之,这些信息条款中规定的合法的信息披露应当由“经授权的官员或其他机构通过新闻发布会的形式”[2]。这份建议书不具有强制约束力,但它的价值确是毋庸置疑的,其提出了对信息控制的限制问题。

第一个重要的限制是不妨害无罪推定。建议书中的“原则 2”规定:“有关正在进行中刑事诉讼程序的观点和信息只有在不损害犯罪嫌疑人或被告人的无罪推定原则的情况下才得公布或者传播。”根据欧洲人权法院的判例,违反这条原则——同样适用于非司法机构,将导致针对国家提起的损害赔偿之诉。[3]而且,“原则 10”规定:“在刑事诉讼程序中,尤其是涉及陪审团或是非法律专业的法官时,司法和警察机构不得公开提供那些存在严重有害于审判公正性风险的信息。”这与斯特拉斯堡判例法也是一致的。[4]

第二个重要的限制在于保护审判参加者的个人隐私。要特别注意避免披露证人的身份,“除非征得证人的事先同意,或者证人的身份是一个公

---

〔1〕 Council of Europe, Recommendation (2003) 13 of the Committee of Ministers to member states on the provision of information through the media in relation to criminal proceedings.

〔2〕 Council of Europe, Recommendation (2003) 13 of the Committee of Ministers to member states on the provision of information through the media in relation to criminal proceedings, Principle 5.

〔3〕 Allenet de Ribemont v. France, App. No. 15175/89, Eur. Ct. H. R. at [35]-[36].

〔4〕 Buscemi v. Italy, App. No. 29569/95, Eur. Ct. H. R. at [68].

共问题，又或是证人证言已经公开。”〔1〕

不容忽视的是，信息控制模式存在一定的弊端，其可能会使公民司法知情权受到不适当的限制。自1945年知情权的概念被提出后，知情权开始在更为广阔的领域受到关注，并很快成为一个具有国际影响的权利概念。1946年，联合国通过第59号决议宣布：“信息自由原为基本人权之一，且为联合国所致力维护之一切自由之关键。”这承认了属于信息自由范畴的知情权为基本人权。〔2〕1948年12月10日，联合国大会通过的《世界人权宣言》又将“人人享有言论和信仰自由并免于恐惧和匮乏”宣布为普通人民的最高愿望。其后的1966年，联合国大会通过了《公民权利和政治权利国际公约》，该公约第19条同样宣称“人人有自由发表意见的权利；此项权利包括寻求、接受和传递各种消息和思想的自由”。显然，公约中提到的寻求、接受消息和思想的自由，就是我们所说的公民知情权。

国际公约和国际组织文件对公民知情权的规定和倡导，无疑极大地促进了司法领域公民知情权在世界范围内的传播与发展，“最大限度公开”“及时公开”等原则早已成为国际社会的共识，传统的司法信息控制的做法显然已不合时宜。如，根据德国《版权法》的相关规定，基于个人肖像权的特别保护规定，不管是重大犯罪还是轻微犯罪，都不得公布犯罪嫌疑人的照片。〔3〕但斯特拉斯堡法院认为，这种做法与《欧洲人权公约》第10条规定的言论表达自由不相符。〔4〕因此，立法对司法信息的限制应当慎重，同时对于没有限制的司法信息应当适用公开推定规则，即没有立法上的不公开依据的，应当推定为应当向社会公开。

二、互联网时代媒体影响司法的新特征

互联网时代下媒体与司法的关系出现了一些新的特征，这一点在几年

---

〔1〕 Council of Europe, Recommendation (2003) 13 of the Committee of Ministers to member states on the provision of information through the media in relation to criminal proceedings, Principle 16.

〔2〕 林爱珺：《论知情权的法律保障——新闻传播学的视角》，复旦大学2007年博士学位论文，第25页。

〔3〕 UrhG [The Copyright Act] BGBl. No. 111/1936, 78.

〔4〕 关于这样的案例并非一起，最近一个裁判是从奥地利上诉到欧洲人权法院的案件：Verlagsgruppe News GmbH v. Austria (No. 2), App. No. 10520/02, Eur. Ct. H. R. (Mar. 14, 2007)。

前就已经引起了学界的讨论。2007 年 9 月，美国杜克大学召开了一场题为“公共舆论下的法院——媒体报道下案件审理的实践与伦理”的会议。〔1〕在为期两天的会议过程中，来自跨学科领域的与会者们——新闻记者、律师、法官和学者齐聚一堂，对一个案件引起公众和媒体的关注后所可能经常出现的各种复杂的和宪法冲突的、道德的、实践的问题进行了一番审视。与会者被分成八个专家组，其中七个专家组扮演一个备受关注的案件所涉及的一系列特定的角色，而剩下的那个专家组则进行比较法分析。〔2〕杜克大学的著名杂志《法律与当代问题》2008 年秋季号的《媒体审判的实践与伦理》专辑(The Practice and Ethics of Trying Cases in the Media, Law & Contemporary Problems, Autumn 2008, Volume 71, Number 4.)收录了这次会议的 11 篇文章，在世界媒体与司法研究领域引起了广泛的影响。在前述会议上，学者们注意到了新兴媒体出现后非传统媒体与传统媒体之间的差别，以及新兴媒体的出现给审判带来的新问题。

(一)司法系统受到媒体更大的影响

库克(Cook)曾对传统媒体的特征作此概括：“这些新闻媒体尽管采用的是不同的技术手段，但在其内部结构中截止期限以及观众(听众、读者)的组织方式是类似的，此外它们对信息来源的处理方式，它们报道的形式和内容也非常类似。”〔3〕在这些媒体渠道的内部结构中，最为重要的相似点表现在记者和编辑的关系上。因为记者将他们搜寻到的故事交给那些原本就对最终形成的报道有固定期待的编辑进行处理，所以他们写出的故事就会趋于类似。特别要指出的是，在对庭审程序进行报道的过程中，记者们喜欢搜寻在纠纷中有明确的支持者和反对者的那些故事。〔4〕这尤其会对法庭听证的报道产生不利影响，但是对于了解案件而言，程序本身才

〔1〕 会议计划、与会者信息以及会议程序，见 http://www.law.duke.edu/conference/2007/publicopinion。

〔2〕 Kathryn Webb Bradley, Introduction, *Law & Contemp Probs*, Autumn 2008, Vol 71, Number 4, p. 1.

〔3〕 Timothye E. Cook, *Governing with the News: The News Media as a Political Institution* (Studies in Communication, Media, and Public Opinion), University of Chicago Press; 2nd Revised edition (9 Sep., 2005) pp. 64, 71-78.

〔4〕 Timothye E. Cook, *Governing with the News: The News Media as a Political Institution* (Studies in Communication, Media, and Public Opinion), University of Chicago Press; 2nd Revised edition (9 Sep., 2005), p. 90.

是重要的。记者和编辑们依赖于他们的同行和同事——也就是媒体组织——来帮助他们判断什么样的新闻是有价值的。

随着互联网时代新媒体的出现,呈现出与传统媒体不同的新特点。K. C. 约翰逊教授根据库克的分析制作了一个传统媒体与非传统媒体特点的对比表:

类型	组织结构	对文章本身的限制	对人力信息来源的依赖程度	对新闻的定义	与读者的关系
传统媒体	编辑-记者型组织结构	有既存文体风格,对文章的长短和叙事手法都有相当的要求	人力信息来源严重影响新闻周期	大家对新闻的定义约定俗成;记者和编辑们指望着他们的同行对新闻下定义	与读者是一种观察者与被观察者的关系
非传统媒体	很少有编辑组织结构;由读者对新闻内容进行检查并发现错误	在文体风格上要求得很少	在新闻的内容和设定安排上对人力信息来源的依赖都很少	很少要求满足典型的新闻价值标准	与读者是争论探讨的关系

K. C. 约翰逊教授认为,在传统媒体报道向网络报道发展的早期,二者之间并没有太大的差别。既存的媒体渠道"重新利用"了那些出现在新闻报纸或广播中的内容,以相当固定的方式重复了同样的故事。尤其是博客等日益与网络相连的新媒体渠道,有许多非传统媒体的特点。然而,这种区分是不固定的:传统媒体虽然持续将博客的特点整合到自己网站,许多博客仍然日渐变得为大家所接受。但是,从总体上讲,网络报道等新兴媒体在很大程度上还是有别于传统媒体的,因为它仍然缺乏库克所描述的那种组织结构。[1]

博客等互联网新兴媒体的出现,给司法系统带来了积极和消极意义上两方面影响。有的学者首先看到了新媒体的积极意义,认为至少在一些案件中,非传统媒体已经非常明显地实现了媒体在法律程序报道中的预期目标,增加了公众对这些法律程序的认知。非传统媒体的大量涌现有可能使公众对信息可靠性产生怀疑,但是它可以起到教育公民的积极作用,甚至

〔1〕 K. C. Johnson, The Duke Lacrosse Case and the Blogosphere, *Law & Contemp Probs*, Autumn 2008, Vol. 71, p. 155.

可能让他们成为确保司法公正的积极参与者。[1]

有的学者则看到了相反的一面。他们认为，在1954年的谢泼德案中，不管是在熨烫衣物、做饭、缝补还是在吃东西，母亲总是在听着收音机。她跟沃帕科内塔市内俄亥俄州西部小镇里的许多人一样，都会因为听到案件调查有了新的惊人进展而吃惊得一动不动。不可否认的是，科技正在影响着法院和媒体的现状。科技产生影响的方式是多种多样的。例如，杜克大学曲棍球队员涉嫌强奸一案中，那个星期对于妇女而言，美国变成了一个比较危险的地方，全国的许多报纸和电视台都在其头版、网站和电视荧幕上曝光了原告的长相和姓名[2]，这不利于对受害人隐私权的保护。

另外，“市民记者”或博客的出现也给法院带来了多方面的问题。主流记者往往会受公认的道德准则的引导。然而，由于宪法第一修正案有效地禁止了政府对记者的任何许可（即新闻记者资格不需要政府的许可）行为，因此，遵守这些道德准则必须绝对是出于自愿的。简而言之，因为违反道德规范而产生的唯一惩罚就是市场的惩罚。主流媒体不会曝光强奸受害者姓名的部分原因往往是出于道德。[3]如今，科技已经改变了人们生活的方方面面，司法系统也无法将对其影响越来越大的媒体拒之门外，最终导致新媒体时代下，司法系统越来越受到媒体报道的影响。[4]

无论新兴媒体所产生的积极意义和消极意义如何，不可否认的是，这些媒体对司法系统的影响程度正在日益加深。在过去，我们往往认为电视媒体是影响力强大的媒体。法庭电视台（Court TV）是美国的特产，也是法庭报道领域的里程碑。Court TV以及它对辛普森案刑事审判的4小时滚动播出的报道，人们对高关注率案件的疯狂关注，再结合广告在媒体报道背后的驱动利益，导致媒体越来越出格，最后异化为一种对法庭的不尊重。

之后互联网的出现，使得媒体对法庭的影响远远超过电视。博客和推特（Twitter）把案件的最新进展以肥皂剧的方式在互联网上每分钟更新，好

[1] Marcy Wheele, How Non-institutionalized Media Change the Relationship between the Public and Media Coverage of Trials, 71 *Law & Contemp. Probs.* p. 135.

[2] Myron Pitts, Naming Rape Victim a Dangerous Precedent, Fayetteville Observer, April 15, 2007 available at http://www.fayobserver.com/article? id = 259809.

[3] Gary A. Hengstler, Sheppard v. Maxwell Revisited-Do the Traditional Rules Work for Nontraditional Media? *Law & Contemp Probs*, Autumn 2008, Vol. 71, p. 171.

[4] Gary A. Hengstler, Sheppard v. Maxwell Revisited-Do the Traditional Rules Work for Nontraditional Media? *Law & Contemp Probs*, Autumn 2008, Vol. 71, p. 171.

让那些有大把时间的读者不错过任何一个环节。针对 Enron 丑闻一案，当地媒体进行了前所未有的透明化报道，公开了审判中的所有动议、大陪审团起诉书、律师辩护意见书、法庭令，但还是敌不过博客每日更新吸引读者的眼球。〔1〕读者给记者发来了如雪片般的电子邮件，询问一些细枝末节的信息。有的是想了解法律问题，但是大部分是想要了解一些更"软"的消息，比如说陪审员的反应或者证人的反应。在 Enron 丑闻案中，法官决定不公开审前会议，因为，根据该案律师的说法，法官很担心媒体的大规模报道，大部分是网上的报道。联邦地区法院法官肯·贺依特（Ken Hoyt）说，审前会议的不公开是必要的，因为这确保了一个公正的审判。〔2〕

反观中国的情况，博客和微信等这些新兴互联网媒体的出现使案件情况的传播速度更快，司法系统同时也受到了较大程度的影响。几位经常在网上发表案件信息的著名律师同时也是微博大 V，如周泽律师的粉丝达到 39 万人，陈有西律师的粉丝达到 51 万人，兼职律师徐昕的粉丝达到 3161 万人，前律师李庄的粉丝达到 209 万人，而以案件报道为主题的微博"大案"，粉丝达到 17 万人。你没有看错，著名学者、兼职律师徐昕的粉丝达 3000 多万人，超过了中国历史上任何一份报纸的发行量。一个案件，在不传播谣言、触犯刑法的前提下，律师们可以进行影响力巨大的媒体宣传，其影响力之广，是传统媒体难以比拟的。徐昕先生一条题为《死磕聂树斌案》的微博，发表于 2013 年 2 月 22 日，截至 2015 年 12 月 17 日，被转发 60 万次，评论 5 万条。〔3〕笔者在此无意对以上博主和微博的内容进行评价，只是为了让大家看到，现在一个微博大 V 的读者远远超出了传统媒体时代的一家全国性报纸。

截至 2014 年年底，中国互联网网民规模达到 6.5 亿人，互联网普及率为 47.9%。其中手机即时通信网民 5.08 亿人，比 2013 年增长 7683 万人，年增长率达 17.8%。全国前三大互联网应用——即时通信、搜索引擎和网络新闻，用户规模分别达到 5.88 亿人、5.22 亿人和 5.19 亿人。网络视频

---

〔1〕 Generally Postings to Enron, Trial watch, Houston Chron., available at http://blogs.chron.com/enrontrialwatch/archives/ask_mary/index.html (last posting Oct. 24 2006) (last visited June 7, 2009).

〔2〕 参见 http://blogs.chron.com/enrontrialwatch/archives/ask_mary/index.html (last posting Oct. 24 2006) (last visited June 7, 2009)。

〔3〕 以上关于大 V 粉丝和转载情况的统计截止日期为 2015 年 12 月 17 日，其粉丝数量当然会随时发生变化。

用户规模为4.33亿人,微博用户规模为2.49亿人,微信公众账号数超过800万人,微信和WeChat的合并月活跃账户数近5亿人。公众通过新闻传播媒介自由地发表意见、提出批评建议,讨论国家和社会的各种问题。[1]

同时,在我国,由于互联网的积极作用,也使得多起重大刑事冤假错案根据疑罪从无原则得到纠正。福建省高级人民法院依法审理念斌投放危险物质案,以"事实不清、证据不足"宣告念斌无罪。内蒙古自治区高级人民法院依法再审呼格吉勒图故意杀人、流氓罪一案,改判呼格吉勒图无罪。其中网民的作用最不可忽视,以呼格吉勒图案为例,新华社内蒙古分社高级记者汤计曾撰文讲述自己写出5篇内参推动此案进展的前因后果;此案引起新华社《瞭望》新闻周刊的关注并对此进行报道,从而使此案迅速成为国内众多媒体关注的焦点。但呼格案与赵志红案仍在原地踏步,因仅有赵志红口供而没有物证。有观点认为"不能认定赵志红是'4·09'案件的真凶,也就不存在呼格吉勒图的错判问题"[2]。真正能够形成强大舆论压力的是网络发达以后,特别是微博、微信用户出现后,网民的围观使长期以来消极对抗、拖延的司法机关最终重审此案并最终宣告呼格吉勒图无罪,这个结果的出现,尽管受到了党的十八大以来依法治国大环境的影响,但网民的监督也发挥了极其重要的作用。当然,如果以上的正当监督变成了网上传播谣言、侮辱诽谤他人等违法、有害言论,其可能产生的负面作用也会是惊人的。

(二)媒体编辑"把关人"的作用大大降低

当今世界,传统媒体和受众正在发生变化,从事此类信息工作的专业人员把目前的趋势称为"自媒体"(或称"自主媒体"、"自我媒体"、We Media)的兴起。"自媒体"是位于弗吉尼亚雷斯顿(Reston)的美国新闻学会(American Press Institute)下属的媒体中心于2002年创造的用语,指的是人们可以在全球任何地方从无数来源摄取信息,从而得以参与制作对社会产生影响的新闻和信息。这一新兴的新闻制作和传播程序使互联网上的社会群体能够制作、分享新闻和信息,并向不受地理限制、通过现代科技连

---

〔1〕 国务院新闻办公室:《2014年中国人权事业的进展》,2015年6月8日。

〔2〕《新华社记者5篇内参助呼格吉勒图翻案》,http://news.xinhuanet.com/local/2014-12/16/c_127306786.htm,访问时间:2014年12月16日。

接在一起的公众进行传播。[1]信息技术的创新将人类推入了一个民主媒体的时代，几乎人人可以随时获得新闻和信息，同时又成为新闻创作者和撰稿人，此种现象导致新闻以非传统的方式传播，甚至可以迅速传播到全球。尽管新闻参与者缺乏技能或新闻培训，但是互联网本身发挥了编辑的作用，且这种具有编辑功能的判断往往是在事后而不是在事前，通常也并不被当作重要的环节。在这一信息生态系统中，公民们不断地相互通报、传播、纠正新闻。一条报道不再因截稿期限或发稿期限而被限定，而是成为一个有机体，在传播过程中通过多种媒体形式不断变化。

《公民权利与政治权利国际公约》第 19 条规定："人人有自由发表意见的权利；此项权利包括寻求、接受和传递各种消息和思想的自由，而不论国界，也不论口头的、书写的、印刷的、采取艺术形式的，或通过他所选择的任何其他媒介。"尽管国际公约强调言论自由不应当存在形式上的差别，但是在公民社会，简单的人际传播与现代复杂的大众传播在与国家权力的关系上存在不同的属性。

以博客传播为例，其以个人为主体，以相对清晰的身份定义面向他人、依托独立的个人主页空间展开交往互动并借助链接和引用通告（Trackback）等技术特质建立文本关联和社区人际关系，或自主采集新闻、自拍 DV 等可以成为"草根记者"，或记录心情、叙写游记等实现某一圈内交流，或转帖、被转帖等实现群体互动。这种传播方式同时具备大众传播、人际传播和群体传播的性质，通过参与公共信息的生产和流通过程，重构媒介空间的信息格局和消解权威机构的信息控制势力。而传统的"他媒体"（官媒体）或为政府代言，有义务接受审查。[2]这其中，媒体编辑充当着"把关人"的角色。

在如今自媒体不断涌现的时代，媒体编辑的这种"把关人"的作用正在不断减小。这主要是由于以下两个方面的原因：

第一，微博用户多为"三低人群"，微信辟谣难度大，政务新媒体存在大量"僵尸账号"。从年龄来看，微博用户主体中的青少年占比接近八成。其中，20—29 岁微博用户最多，为 8869.7 万人，占微博用户比例达到 28.92%；10—39 岁青少年亦远远超过其他年龄段用户，是微博的主体和活跃用户，

---

〔1〕 参见 http://usinfo.org/media/NewMedia_gb.htm，访问时间：2014 年 12 月 10 日。

〔2〕 代玉梅：《自媒体的传播学解读》，《新闻与传播研究》2011 年第 5 期，第 4—11 页。

总计占比高达78.69%。从学历来看,高中及以下学历微博用户占七成,大学本科以上学历微博用户活跃度增长,整体呈现低学历特征。其中,初中用户为8137.1万人,占比26.53%;高中/中专/技校用户为9698.5万人,占比31.62%;小学及以下用户为4112.9万人,占比13.4%,即高中及以下学历用户占比达到71.55%。从收入来看,微博用户平均收入水平依然较低。月收入5000元以上的微博用户约占9.93%,5000元以下的则占到90.07%。其中无收入群体最多,达到8898.7万人。[1]通过上述微博用户人群的分析可知,"三低人员"占很大比例,他们对社会主流价值认可度低,辨别是非的能力相对较弱,因此,非理性的激情言论较多。

第二,自媒体传播网络信息的审查方式多为事后审查,查处不良信息不及时,加之信息量很大,给信息把关带来一定难度。网络媒体编辑和管理人员的把关主要是两个方法:一是通过执法政策进行关键词过滤的事前把关;二是不良信息发出以后的事后审查与删帖。媒体编辑或者管理人员虽然可以通过删帖对微博、微信的有害信息进行处理,但是由于发布的主体众多、内容数量庞大,要对内容进行一一审查需要一定的时间,而在这段时间里有害信息必然形成不良影响。同时,由于网络信息量过大,网络语言表达方式特殊,如可以用替代性的简写或者字母表达特定意思,这种方式的把关作用便大大降低了。

(三)因发帖人采用假名而加大了媒体查处难度

我国于2012年12月28日第十一届全国人民代表大会常务委员会第三十次会议通过了《关于加强网络信息保护的决定》,该决定第6条规定的网络实名制的含义是:"网络服务提供者为用户办理网站接入服务,办理固定电话、移动电话等入网手续,或者为用户提供信息发布服务,应当在与用户签订协议或者确认提供服务时,要求用户提供真实身份信息。"[2]2013

---

〔1〕 赵光霞:《〈中国新媒体发展报告(2015)〉发布 新媒体发展进入新阶段》, http://media.people.com.cn/n/2015/0624/c120837-27201386.html,访问时间:2015年6月24日。

〔2〕 类似的条款在之后的2015年7月向全国征求意见的网络安全法草案第20条也有规定:"网络运营者为用户办理网络接入、域名注册服务,办理固定电话、移动电话等入网手续,或者为用户提供信息发布服务,应当在与用户签订协议或者确认提供服务时,要求用户提供真实身份信息。用户不提供真实身份信息的,网络运营者不得为其提供相关服务。国家支持研究开发安全、方便的电子身份认证技术,推动不同电子身份认证技术之间的互认、通用。"

年3月28日通过的《国务院机构改革和职能转变方案》任务分工提到的“2014年完成的任务(共28项)”要求“出台并实施信息网络实名登记制度(工业和信息化部、国家互联网信息办公室会同公安部负责。2014年6月底前完成)”。

微博上,一些网民觉得这是限制网络自由,另一些人则认为网络自由已被滥用。[1]这其实是对网络实名制的误解。一方面,任何一个国家不可能让网络用户不需登记任何身份信息,让网络管理者无法查找;另一方面,网络实名并不限制用户采用网名、笔名出现于网络。使用假名与网络实名制并不矛盾,假名意味着这是一个稳定的网络身份,它可以累积信誉,也仍然要对其煽动性的言论或错误的报道承担责任。如果不是不同的IP地址的话,它还会有可识别的身份,进而可能成为网络名人、网络大V。

博客和其他人之所以采用假名,最常见的原因就是,人们在有关政治的博客上用假名写博客或者发表评论以保护他们的生活或他们的雇主。有学者认为是否允许匿名的理由与记者使用匿名消息来源类似,其引用了Stewart大法官在Branzburg诉Hayes一案中为记者使用匿名消息来源提出抗辩所引用的理由[2]:一名官员可能会害怕他的上司;一名官僚机构的成员可能担心他同事的报复;一个持不同政见者蔑视多数人意见。这些人手中都可能掌握可供曝光的信息,但是他们可能都只是愿意私下谈谈——或者是出于过度的谨慎,或者是出于担心报复,或因为担心系非正统言论而受谴责。[3]因此,在网络上大量存在使用网名、昵称等现象。

虽然使用网络假名意味着稳定的网络身份,通过一定的渠道可以追责,但对假名的过度容忍确实会存在某些风险,给查处带来很大难度。尽管多数规模较大的网络媒体都有内部的言论审查,攻击性的言论会被删除,如果必要的话该网站还会将发表此言论的人屏蔽,但是用假名发帖的人还是可能会使用一些暴力性或充满憎恨的言语。尽管博客通常都会知道以假名发表评论的人的真实身份,但还是会有一些以假名发表评论的人

---

〔1〕 志之:《2014年6月底,中国将实行网络实名制》,http://www.douban.com/group/topic/38129474/,访问时间:2015年7月15日。

〔2〕 Marcy Wheele, How Non-institutionalized Media Change the Relationship between the Public and Media Coverage of Trials, 71 *Law & Contemp. Probs.* p. 135.

〔3〕 408 U.S. 665 (1972).

可能因为无法追查其真实身份而得不到恰当的审查。[1]

以上用网名发表言论的人,可以用表面上中立的普通人的身份实现本人或者委托人的利益;但是,如果试图去揭开真实身份的话,又有可能威胁到争议之外的公民受保护的言论自由,并且可能会抑制公众进行评论。这是一个利弊共生的问题,世界各国虽然采用删帖和过滤的方法,对违法犯罪也可以查证真实身份,但基于言论自由的考虑,一般没有授权网站管理人员或者执法人员直接揭发发帖人的真实身份。这给网络言论的治理、涉事媒体的查处带来了极大的困难。

(四)言论自由的标准不断提高

以英国为例,由于来自欧洲人权法院的压力,英国法院不得不开始逐渐平衡公正审判与言论自由二者之间的紧张关系。作为欧洲理事会(Council of Europe)的成员之一,英国在欧洲法院的管辖范围之内。欧洲法院的任务就是保护《欧洲人权与基本权利公约》(European Convention of Human Rights and Fundamental Freedoms, ECHR,以下简称《欧洲人权公约》)下的权利,其中当然包括第6条规定的接受公正审判权以及第10条规定的言论自由权。但该公约第10条所规定的言论自由是明显受到限制的;要负责任地行使该项权利,并且有可能受到"法律规定的,民主社会中合理存在的各种程序、条件、处罚的限制"。[2]

虽然在英国,言论自由会受到一定的限制,但在民事领域的言论自由所覆盖的范围仍然很广,地位依然不减。这是言论自由标准提升的一个表现。在一场著名的围绕萨立多胺(thalidomide)的民事诉讼中,英国普通法上的藐视法庭罪被欧洲法院判定违反了《欧洲人权公约》第10条。萨立多胺是一种曾经用于孕妇镇静的药物,在该诉讼中,此药品被诉称会导致新生儿的畸形。[3]英国政府在这场诉讼中禁止公布有关该诉讼的一篇文章。然而,英国政府为自己辩称,其普通法上的藐视法庭规则在言论自由和审判公正之间找到了一个正确的平衡点。不过欧洲人权法院却认为英国政

[1] Marcy Wheele, How Non-institutionalized Media Change the Relationship between the Public and Media Coverage of Trials, 71 *Law & Contemp. Probs.* p. 135.

[2] ECHR art. 10, § 2.

[3] Sunday Times v. United Kingdom, 30 Eur. Ct. H. R. (ser. A.) at 42 (1979).

府提起的藐视法庭的诉讼(United Kingdom v. Sunday Times)[1]是违背《欧洲人权公约》第10条第2款的,因为本案中言论自由的重要性明显超过了其可能给萨立多胺这场诉讼带来的偏见性影响。依据《欧洲人权公约》,虽然言论自由要受很多限制,这些限制都必须作“限缩解释”,以求给予言论自由尽可能广的范围。欧洲法院在太阳报(Sunday Times)一案中的分歧其实是挺大的,最后只是以11:9的微弱多数认定英国违反了《欧洲人权公约》第10条。[2]但值得注意的是,如果本案不仅仅是民事诉讼,同时Distiller公司,即萨立多胺的营销商还将面临刑事惩罚,那么本案中天平也许就会向接受公正审判的权利倾斜,也就是说,在刑事案件中,可以对言论自由做更多的限制。

在言论自由与公正审判的平衡中,言论自由地位正在提高的另一个表现是:从言论自由中派生出了“互联网上的言论自由”或者“互联网自由”这一新型的人权。

2007年2月15—16日,联合国教科文组织在巴黎举行电子媒体与新闻自由国际研讨会,以在全球范围内进一步促进新闻自由。教科文组织言明新闻自由是基本人权,促进新闻自由是该组织的使命之一。在这次会议上,各国代表对互联网、移动电话、卫星电视等电子媒体的出现与促进新闻自由的关系进行了深入探讨,并提出了新的看法。[3]2010年,“互联网自由”的概念开始出现在美国政府的电子期刊上,“各国不仅对互联网自由的含义存在分歧,也对实践中如何实现这一自由持不同看法。实现互联网自由的困难之一是,支持互联网自由的人们使用同一词语表述多种含义。可以认为自由具有很强的个人主义属性,只要用户不直接损害他人,他们就可以随意自由行事。自由能够保护我们不受国家、公司和彼此的干涉。它可以决定我们有上网的权利或是有上网的机会。因此,互联网自由是一个从属词:它在不同场景中有不同含义。”[4]互联网带来了言论自由的更大空间:“随着能够使用网络技术的人数激增,互联网为丰富公众论坛、揭露权力滥用、推动公民行动带来了更多机会。它在民主国家与在传统广播和

[1] 30 Eur. Ct. H. R. (ser. A.) (1979).

[2] Sunday Times v. United Kingdom, 30 Eur. Ct. H. R. (ser. A.) at 45 (1979).

[3] 参见http://www.un.org/chinese/News/fullstorynews.asp?newsID=7313,访问时间:2007年10月25日。

[4] 参见http://www.america.gov/e-exchange_internet.html,访问时间:2010年10月16日。

印刷媒体受限制的国家都扩大了自由表达的空间。”

在这方面中国并没有落后于美国，2010年6月8日，中国政府发布《中国互联网状况》白皮书，“中国政府鼓励和支持发展网络新闻传播事业，为人们提供了丰富的新闻信息，同时依法保障公民在互联网上的言论自由，保障公众的知情权、参与权、表达权和监督权。”〔1〕白皮书提出了“互联网上的言论自由”的概念，可以简称为“互联网自由”。针对有些国家的指责，中国外交部发言人指出：中国的互联网自由、开放、有序。中国有近七亿网民，也有像百度、腾讯、阿里巴巴这样的大型互联网企业，互联网为中国经济和社会发展提供了蓬勃动力。同时，中国作为主权国家，对互联网依法进行管理完全是正当的，目的是维护公民和企业的公平合法权益，确保互联网既属于每个人，也属于所有人。〔2〕互联网自由的兴起也意味着对言论自由的要求正在日益上升到一个更高的标准。

（五）陪审员可能利用网络实施不端行为

互联网是一个巨大的信息库，是很多人每天都倚仗的信息来源。在今天的社会，强大的网络工具可以使人们能轻而易举地获取信息，满足猎奇心理。在国外，Googel、Facebook、Twitter这些名字都是人们耳熟能详的。在中国，微博、微信的出现也使信息传播更加方便快捷。但是，正是它的方便快捷给如今的司法界带来了新难题，这是在互联网普及之前司法界所不曾想到的。

现代陪审制度禁止陪审员从外界了解案情，妨害了陪审公正性的实现。而早期的陪审制度不是像我们如今这样保守，事实上中世纪的陪审员就经常是凭借他们对当事人或者对案件事实情况的了解而入选陪审团成为陪审员的，这就是所谓的“知情陪审团”。但是，今天陪审制走向了另一个极端。在当今主要的陪审制度演变过程中，信息不是像今天的互联网一样能及时方便地取得，要想让陪审员与信息隔离是很容易办到的。只需要告知陪审员不与涉案人员接触，不从报纸上了解案情即可。但是，今天了解案情的方式不仅仅是法庭上采纳的证据，互联网便捷快速，为他们提供了丰富的信息，避免陪审员阅读报纸的时代已经一去不复返了。因此，在

---

〔1〕中国国务院新闻办公室：《中国互联网状况》，2010年6月8日发布。

〔2〕《外交部：外交部回应互联网依法管理：中国互联网自由开放有序》，http://news.xinhuanet.com/newmedia/2015-04/17/c_134158934.htm，访问时间：2015年4月17日。

陪审团领域,互联网带来的影响可能是毁灭性的。

美国陪审制很重要的一个方面就是陪审团的商议过程是不对外公开的。此举的原因有很多,但最主要的原因是排除外界干扰。如果外界知道陪审员每天都在商议些什么,那么陪审员忠实于自己判断的概率就会减小;陪审员也许不会坚持自己的某种立场,也许会随主流意见赞成损害赔偿。因此,不公开陪审团商议过程是保护裁断具有权威性的必要手段。但是,互联网领域出现的陪审员不端行为正在亵渎这种权威性。

首先,新兴的社交网站给陪审员获取信息提供了更加便捷的渠道。互联网近几年出现的新事物,比如像 Facebook、Twitter 这样的社交网站都会给陪审制带来麻烦。陪审员用 Facebook 同案件当事人成为好友,用 Google 地图"亲临"犯罪现场,用 Twitter 泄露商议过程信息或者对案件进行不当评论。[1] Facebook 对于陪审制的威胁就在于,陪审员会利用它来寻找案件当事人,或者搜寻那些没有出现在案件资料中,但出于某种考虑故意没有让陪审员知道的信息。当然,陪审员还可以用 Facebook 与当事人进行交流。总之,在 Facebook 上,任何陪审员不端行为都有可能发生。

其次,陪审员的不端行为还有可能致使证据规则的目的落空,污染了陪审员作出裁断的基础信息。与网络有关的陪审员不端行为可能是非常危险的,因为网络上散布的信息经常是错误的或者不完整的。另外,陪审员还会碰上过期的、已经被纠正的网络信息。最可怕的是,那些任意妄为的陪审员会利用互联网寻找法官刻意不透露给陪审员的信息。比如,当事人的"前科",法庭一般都是会向陪审员隔离此类信息的。不过,此类信息在各州的在线罪犯检索系统中都是能查到的,只需用 Google 检索就可以轻松找到这些会对陪审员造成偏见的信息。

最后,陪审员还会利用网络泄露陪审员商议案件的过程,不当地泄露一些个人情感或者对案件进行评论。除了以上这些,还有其他因素导致了陪审员在网络时代的不端行为。比如审判的时间变得越来越长,再比如陪审员隔离措施也越来越不常用。如果我们还是不提出任何应对之策,这些就都为陪审员犯错误提供了绝好的机会。

西方学者将陪审团利用互联网实施的不端行为概括为五类:利用社交

---

〔1〕 Cheryl L. Coyle & Heather Vaughn, Social Networking: Communication Revolution or Evolution?, 13 *Bell Labs Tech. J.* (2008), pp. 13-14.

网络同当事人一方进行不当接触;泄露陪审团商议过程;自主搜索案件相关信息;在自媒体等网络上发表意见;在互联网上匿名指控和评论案件。与互联网有关的陪审员不端行为有不同的表现形式,而且变得越来越普遍。由于互联网在家庭的普及以及在移动设备上的出现,类似的问题会出现得越来越多,也会越来越严峻。[1]

三、互联网时代各国对媒体与司法关系规则的修正

新媒体时代,虽然像英国这样的国家并没有直接废除缄口令制度,但是在其他媒体与司法关系规则的具体内容上正在悄然发生变化。[2]

(一)微博直播庭审开始兴起和发展

英美国家允许微博庭审直播的基本法理并非来自允许录音录像,而是来自英美法传统上允许旁听人员用纸和笔记录——在英国法院和美国联邦法院都允许旁听人员进行法庭速写与素描,这是允许在法庭带纸笔记录的一种形式。参与法庭的权利包括记录当事人在法庭上发言的权利,这不仅适用于公众亦适用于记者,虽然法官有时也试图阻止人们在公开的法庭上做笔记。[3]而电脑记录,仅仅是现代技术条件下,用纸笔记录的替代性方法。允许在记录的当时就发表在网站上,就变成了微博直播。英国称其为“社交媒体实时文字报道庭审情况”,强调其并非录音录像报道,也说明了这种文字报道与传统文字报道的不同:一是使用了社交媒体,二是实时发表。

法庭上电子设备的使用,美国总是走在前面。美国最早在法庭上使用微博是2007年,堪萨斯州的报纸记者在州法庭上使用推特(Twitter)报道一起银行家谋杀案的审判,但是他并没有获得法官的准许。2009年1月,爱荷华州联邦法官麦克·班尼特(Mark Bennett)允许一名塞达拉皮兹宪报的记者通过博客报道一起税务欺诈案的审判,但规定了一个条件,就是她要

[1] Cheryl L. Coyle & Heather Vaughn, Social Networking: Communication Revolution or Evolution?, 13 *Bell Labs Tech. J.* (2008), pp. 13-14.

[2] 以下部分内容我曾经发表,高一飞:《从录音直播到微博直播——兼谈薄熙来案庭审直播的意义》,《新闻记者》2013年第10期,第25页。

[3] 怀效锋主编:《法院与媒体》,法律出版社2006年版,第318页。

背朝法庭而坐，法官解释说这是为了将她打字的干扰减少到最小。班尼特法官说，司法部门的透明度是欠缺的，允许媒体从不同角度报道案件的审理，至少可以部分地弥补这一不足。2009 年 3 月，美国佛罗里达州南区地方法院法官福迪瑞克 · 莫雷纳（Federico Moreno），用一项行政命令回应了棕榈滩邮报的请求，该命令说虽然记者不能从法庭内发布实时网页更新（手机在法庭上是禁止使用的），但他们可以自由地去到外面的大厅这样做。2009 年 5 月，美国地方法院法官托马斯 · 马丁（Thomas Marten）给记者西尔维斯特（Sylvester）发出了在审理过程中直接发布推特实时更新的许可令，标志着记者在法庭上使用微博正式获得了美国地方法院法官的认可。现在，在个别全国性著名的案件中，由于政治人物和名人涉案会引发推特热潮，联邦法官对此似乎也是持开放和许可的态度。因此，现在在美国，无论是州法院系统还是禁止庭审直播的联邦法院系统，都可以经过法官的许可或者默许而让记者使用微博进行庭审直播。〔1〕

英国 1925 年《刑事司法法》第 41 条禁止电视录播法院的诉讼过程，但这一情况在最近两年发生了变化。2010 年 12 月 20 日，英格兰及威尔士的首席大法官（Lord Judge）签发了《关于在英格兰及威尔士的法庭内适用推特等社交媒体实时文字报道庭审情况的临时性指导意见》。2011 年 2 月 3 日，英国最高法院也制定了《在法庭内使用推特等实时文字通信的指导意见》。此后，2011 年 5 月 4 日，英格兰及威尔士的首席大法官签发了新的有关实时文字报道庭审情况的“正式指导意见”（相对于“临时性指导意见”）。法院认为记者和法律评论员由于受过良好的训练，可直接对庭审进行实时报道。普通民众则需要通过向法院提出正式的书面申请或非正式的口头申请，在得到法官的批准后方可使用社交媒体进行实时文字报道。〔2〕

在我国，2013 年 1 月 1 日起实施的《最高人民法院关于适用〈中华人民共和国刑事诉讼法〉的解释》第 249 条规定，“法庭审理过程中，诉讼参与人、旁听人员应当遵守以下纪律……不得对庭审活动进行录音、录像、摄影，或者通过发送邮件、博客、微博客等方式传播庭审情况，但经人民法院

---

〔1〕 Ahnalese Rushmann, Courtroom Coverage in 140 Characters, *The News Media & The Law*, Spring 2009, Vol. 33, No. 2, p. 28.

〔2〕 Judiciary of England and Wales: Guidance on Live Text based Communication by Court, http://www.judiciary.gov.uk/Resources/JCO/Documents/Guidance/ltbc-guidance-dec-2011.pdf, 访问时间：2012 年 4 月 9 日。

许可的新闻记者除外”,其规定与英国的规定基本相同。但是,步子比英国要小一些,因为在英国,记者不需要批准也可以微博转播庭审情况,而且其他旁听公民经过允许也可以微博转播庭审情况。

(二)英国、美国联邦法院禁止电视直播的传统正在被颠覆

英国1925年《刑事司法法》第41条禁止电视录播法院的诉讼过程,否则就会招致藐视法庭罪的指控。这是一项在司法实践中一直被严格遵守的禁令,对于任何案件都不例外。1977年英国广播公司在拍摄一部农村生活纪录片时,希望加上教堂内宗教法庭的庭审情况,尽管当事人同意,但法官拒绝。2000年在审判涉嫌洛克比空难爆炸案的两个利比亚人时,英国广播公司提出拍摄庭审过程的要求未获批准,之后要求通过在法庭外向全球控制站录播庭审情况的媒介获取信息,亦遭到拒绝。[1]事实上,真正的庭审直播录播在英国是不存在的,只有在案件审判结束后,传媒才可以通过“重新改编的戏剧”的形式重现庭审过程。

美国联邦法院系统采取了与各州完全相反的做法,联邦法庭对法庭录音录像一直持抗拒的态度。1946年《联邦刑事诉讼程序规则》明确禁止刑事诉讼中进行电子媒体报道。在1954年谢泼德杀妻(Dr. Sam Sheppard)一案中(他的故事后来被改编成电影《亡命之徒》,*The Fugitive*),由于担心媒体的影响,美国联邦最高法院禁止电视录播,而仅仅将作为档案和史料用的资料在案件裁决之后的很长一段时间之后予以公布。[2]1965年,最高法院在埃斯特(Estes)诉德克萨斯州案中,认为电视播报使该案充斥着滑稽气氛,判决原审判无效,因为被告的正当法律程序被剥夺。

以上的传统做法长期受到质疑,于是改革试验应运而生。

1992年8月5日,英国制定了苏格兰法院庭审录音录像的基本指导规则(Televising the Courts)。[3]该基本指导规则为苏格兰庭审录音录像构建了基本的规则体系。首先,庭审录音录像仅适用于上诉法院。其次,庭审

---

〔1〕 卞建林、焦洪昌等:《传媒与司法》,中国人民公安大学出版社2006年版,第225页。

〔2〕 Gary A. Hengstler, The Media' Role in Changing the Face of U. S. Courts, http://usinfo. state. gov/journals/itdhr/0503/ijde/hengstler. htm,访问时间:2003年5月9日。

〔3〕 Department for Constitutional Affairs, Broadcasting Courts : Consultation Paper, http://www. publications. parliament. uk/pa/ld20004/ldbills/030/2004030. htm,访问时间:2012年7月10日。

录音录像必须经过严格的审批程序。只有在庭审录音录像不会对司法正常的管理秩序产生不利影响时方可被采用。再次,一审程序中不允许录音录像。最后,庭审可以以电视(包括纪录片)的形式进行报道。根据这一规则,2000 年洛克比空难爆炸案在英国法院租用的荷兰一个小岛依据苏格兰的法律进行审判(为了防止媒体和民众的干扰)。在该案一审程序中,英国广播公司申请拍摄庭审过程的申请被拒绝。

2004 年 11 月 15 日,关于是否应当允许电视摄像机进入英格兰及威尔士法院的问题,英国皇室法院颁布了《有关英格兰及威尔士上诉法院庭审录音录像试验草案》[1],英国宪法事务部开始向公众广泛地征询意见。2005 年 6 月,宪法事务部公布了英格兰及威尔士关于庭审录音录像咨询意见的结果,结果显示多数人反对庭审录音录像,从而导致该计划被暂时搁浅。[2]

但 2011 年 9 月,英国司法大臣肯·克拉克(Ken Clarke)宣布摄像机将被允许进入上诉法院,尽管只能对法官的宣判程序进行拍摄。

2012 年 4 月,在苏格兰爱丁堡高等法院审理的大卫·戈洛伊(David Gilroy)案中,法官允许对案件的宣判过程进行摄像,并允许在电视节目中播出。然而,拍摄的阶段仅限于宣判过程,拍摄的镜头也仅限于法官、书记员和法庭司务。该段摄像在播出之前还经过了法院的严格审查。这表明在苏格兰,庭审录音录像的限制是十分严格的。在英格兰和威尔士,呼吁庭审录音录像的呼声很高,许多法官、律师、媒体、学者都积极呼吁进一步开放法庭。2012 年 5 月 9 日,英国女王在新一届议会的开幕仪式上发表了精彩的演讲,认可了上述改革。[3]2012 年 5 月 10 日,英国司法部公布了《关于允许特定审判程序录音录像的建议》。该建议指出英国计划改变现行立法禁止庭审录音录像的现状,将在规定的条件下允许庭审录音录像。[4]

---

〔1〕 Department for Constitutional Affairs, Broadcasting Courts: Consultation Paper, http://www. publications. parliament. uk/pa/ld200304/ldbills/030/2004030. htm,访问时间:2012 年 7 月 10 日。

〔2〕 Ministry of Justice, Proposals to Allow the Broadcasting, Filming, and Recording of Selected Court Proceedings, http://www. justice. gov. uk/publications/policy/moj/proposals-for-broadcasting-selected-court-proceedings,访问时间:2012 年 7 月 10 日。

〔3〕 Cabinet Office, The Queen's Speech 2012-Briefing Notes, https://update. cabinetoffice. gov. uk/resource-library/queens-speech-2012-background-briefing-notes,访问时间:2012 年 7 月 9 日。

〔4〕 Ministry of Justice, Proposals to Allow the Broadcasting, Filming, and Recording of Selected Court Proceedings, http://www. justice. gov. uk/publications/policy/moj/proposals-for-broadcasting-selected-court-proceedings,访问时间:2012 年 7 月 10 日。

在美国,1988 年 10 月,联邦最高法院首席大法官伦奎斯特(Rehnquist)设立了关于庭审现场直播的专门委员会。1990 年 9 月 12 日,这也是已有 45 个州允许摄影机进入所属法庭的时候,司法会议许可在联邦法院实施一项限制宽松、为期 3 年的试验计划。1991 年 7 月 1 日,这项为期 3 年的试验项目在 8 个法院实施。该试验项目只适用于民事程序。在试验进行的前两年,法庭摄影机出现在 147 件案子中,多数是民权案件与个人侵权案件。试验的结论是:"由我们各项访谈所得出关于此摄录的结果显示,电子媒体工作人员一般来说会遵守计划的规则,而且他们的在场并不会干扰法院程序,影响程序相关人,损及司法运作。"[1]这句话已变成许多支持法庭摄录人士的理论依据。从 2011 年 7 月 18 日开始,14 个法院又参与了持续 3 年的新一轮试验,2014 年 3 年期满后评估庭审直播的效果。

(三)司法对媒体的缄口令成了"无用的原则"

在英国,尽管 1981 年《藐视法庭法》规定了法院对媒体事先限制的"司法缄口令"条款,大大限制了有关司法诉讼的言论,但这一规则既不能在司法诉讼开始前[2]或在上诉程序启动前[3]阻止具有潜在煽动性的材料的曝光,也不能阻止在英国可读到的外国报纸散布这些受限的信息。藐视法庭既无法在诉讼开始之前也无法在诉讼开始之后阻止媒体进行可能会有的煽动性报道,更无法先发制人地禁止登载有敏感信息的国外杂志在英国销售。此后,"司法缄口令"条款便逐渐丧失了其所应当发挥的作用。

1997 年 12 月,英国发生的一场闹剧似的事件恰好能够说明这一问题。内阁大臣杰克·斯特劳(Jack Straw)年满 17 岁的儿子威廉(William)因涉嫌毒品犯罪而被捕并遭到指控,英国检察总长(attorney general)申请了禁止令,禁止媒体公布他以及他儿子的姓名。其实在英国,他们的名字和身份已经家喻户晓了:在网络上传播的信息以及在英国销售的外国报纸都对这个事件做了报道,但是英国媒体却都被禁止报道该消息。斯特劳一案也

---

〔1〕 Federal Judicial Center, Electronic Media Coverage of Federal Civil Proceedings-An Evaluation of the Pilot Program in Six District Courts and Two Courts of Appeals(Wash. D. C. ,1994), p. 43.

〔2〕 1981 年《藐视法庭法》第 49 章第 2V(3)。比如,只要 1 名疑犯未被正式指控,报纸就可发表可能的疑犯的先前犯罪记录等不能作为证据的细节。

〔3〕《藐视法庭法》第 2 节详细描述了诉讼进行期的时间。

清楚地说明了“电子通信正在架空《藐视法庭法》”，法律没有能跟上电脑和卫星通信进步的脚步。就像在对杀人魔罗斯玛丽·韦斯特（Rosemary West）的审判中，法庭禁止媒体报道韦斯特羁押审（决定是否羁押的程序性审判）的禁止令轻而易举地被互联网上的报道架空了。[1]

由于英国缺乏像美国一样的筛选程序，筛选出可能被媒体偏见信息污染的陪审员，而仅仅靠《藐视法庭法》不能保证公正的审判。当然，美国虽然有这样的程序，但是却没能有效地利用。

架空媒体报道禁止令的不仅仅是网络，境外出版物也会架空该禁止令。比如，英国政府禁止出版英国特工处（军情 5 处，British Secret Service，MI 5）前特工写的一本解密录《间谍捕手》（*Spy Catcher*）。[2]随后，这一行为被欧洲法院认定为违反了《欧洲人权公约》第 10 条。法院认为，虽然最初英国政府的禁止行为的合理性在于维护国家安全，但是一旦此书在美国出版，全世界都知道了这本书的内容，英国政府就再也没有理由禁止此书的发行。[3]有位美国学者在一篇关于美国宪法第一修正案的文章中以《间谍捕手》为例，提出了“无实效”原则，即政府禁止言论自由的行为必须是有实际效果的。[4]按照这种分析思路，英国《藐视法庭法》就变得越来越让人质疑了，因为国际出版和网络传媒完全可以忽视《藐视法庭法》这样一部法律的存在。另外，像在南特案（Knights case）中的情形一样，《藐视法庭法》的限制范围还没有宽泛到可以限制所有导致偏见产生的信息传播。[5]

类似的担忧也促使加拿大法院开始放弃对出版禁令的依赖。1993 年，安大略法院对一起轰动一时的谋杀案发布了禁止令。但是，由于美国记者采访了审判，加拿大人通过使用电子媒体轻而易举地绕过了禁令：“加拿大禁止通过纸媒报道案件，但霍莫尔卡（Homolka）案的实践表明，人们可以在虚拟世界中得到信息，警察尝试关闭电子媒体报道的努力是徒劳的，要禁止在

---

〔1〕 Loretta S. Yuan, Gag Orders and the Ultimate Sanction, Loyola of Los Angeles, *Entertainment Law Journal*, Symposium: International Rights of Publicity, 1998, p. 629.

〔2〕 Observer v. United Kingdom, 216 Eur. Ct. H. R. (ser. A), at 39 (1991).

〔3〕 Loretta S. Yuan, Gag Orders and the Ultimate Sanction, Loyola of Los Angeles, *Entertainment Law Journal*, International Rights of Publicity, 1998, p. 629.

〔4〕 Eric B. Easton, Closing the Barn Door after the Genie Is Out of the Bag: Recognizing a “Futility Principle” in First amendment Jurisprudence, 45 *DePaul L. Rev.* 1, (1995), p. 35.

〔5〕 Eric B. Easton, Closing the Barn Door After the Genie Is Out of the Bag: Recognizing a “Futility Principle” in First Amendment Jurisprudence, 45 *DePaul L. Rev.* 1, (1995), p. 35.

互联网上发生的讨论,被证明是不可能的……”加拿大出版禁令遇到的最大问题是:“很多加拿大人可以进入美国媒体。”因此,1994 年,加拿大最高法院开始限制出版禁止令的使用。加拿大最高法院的一份判决指出:“在这个全球电子化的年代,通过出版禁令防止陪审员偏见的实质作用在减弱。”[1]

综上所述,在电子化的年代,除非让所有人噤声——而这在逻辑上是不可能的,在经验上也没有这样的立法先例,否则单独对媒体的发表和评论行为进行事先限制是不必要的,也没有任何意义。因而,司法对媒体通过“缄口令”进行事先限制,是一条“无用的原则”。互联网时代的传播特征也促使英国这样在媒体与司法关系上持保守立场的国家开始反思和改革原有的规则。

(四)英国已经明确废止缄口令的部分内容

英国一向以其司法独立自豪,司法对媒体可以发布缄口令是其独特的制度,新闻自由可能造成的舆论裁判后果,是从“后果挽救”的角度来着手的。[2]对司法报道的限制当然包括根本就不公开审理某些案件,除此以外,法院还可发布命令要求媒体对某些案件的报道予以推迟——推迟到审判中或者审判结束以后才允许报道。[3]这一内容主要体现在 1981 年《藐视法庭法》第 4 节第 2 款,即“法院可以命令,在其认为有必要的一段时间之内,推迟对相关诉讼程序或诉讼程序某一部分所作的报道”。第 11 节还规定,法院在进行诉讼期间,还可以“要求禁止对与相关诉讼有关的姓名或事项予以公开”。

另外,英国 1999 年《青少年司法和刑事证据法》第 44 节第 2 款规定:在刑事侦查阶段,“只要所定义的犯罪所涉及的任何人未满 18 周岁,如果相关公开行为可能导致公众认为其涉嫌相关犯罪,与该人有关的任何事项就都不应被包括在任何公开出版物中。”[4]可见,在审判阶段,不论是在青少年法庭还是在普通法院,都禁止报道青少年的姓名。

---

〔1〕 Dagenais v. Canadian Broad. Corp. 1994 120 D. L. R. 4th 12,44.

〔2〕 陈新民:《新闻自由与司法独立——一个比较法制上的观察与分析》,《台大法学论丛》2000 年第 3 期,第 89—134 页。

〔3〕 [英]萨利·斯皮尔伯利:《媒体法》,周文译,武汉大学出版社 2004 年版,第 353—354 页。

〔4〕 高一飞:《媒体与司法关系研究》,中国人民公安大学出版社 2010 年版,第 43 页。

从以上描述可以看出，传统上，英国法院可以在诉讼期间(包括侦查、起诉和审判)发布推迟报道的命令，不允许媒体公开某些案件的全部情况或部分情况(当然包括涉罪人员姓名)；即使在允许报道的情况下，也会要求“对相关人员的姓名或其他事项予以保密”。

但是，我们注意到，英国上述的传统做法在 2010 年前后也受到了挑战，开始出现松动的迹象，主要表现在：

一是行业自律协会提出了新的规则。2009 年，由英国司法研究委员会、英国报业协会、英国编辑协会、泰晤士报业集团共同发布的行业自律协定《刑事法庭报道限制》中用几个条文简要地进行了总结：“不得允许当事人在案件的公开开庭审理中隐藏信息”(第 0. 2. 2 条)；“不得对案件的有关合理报道发布永久或临时限制令，亦不得禁止媒体公开有关姓名、地址或其他可能与诉讼有关的信息”(第 0. 2. 3 条)。即认为犯罪嫌疑人和被告人的信息是案件的基本内容，应当允许公开报道。[1]

二是英国最高法院的正式判例给出了新的做法。通过 2010 年 1 月 27 日《卫报》新闻传媒有限公司诉穆罕默德 · 艾哈迈德 · 贾巴尔(Guardian News and Media Ltd. v. Mohammed Jabar Ahmed)[2]一案的判决，英国最高法院撤销了涉及该案恐怖犯罪嫌疑人的“姓名保密令”的要求，该名单中涉及许多伊斯兰教信徒。大法官罗杰(Rodge)负责撰写此次判决，阐述各参审法官的一致意见，认为：匿名将会违背新闻规律而威胁新闻媒体的生存；没有真实姓名的审判报道将是不知所云的“不知来源的审判”；简单地隐藏嫌疑人的身份，将使案件神秘化而给犯罪的社区留下阴影；嫌疑人自己为了实现自己的权利而可以公开自己的姓名，但为了逃避公众的监督却要求隐匿其姓名、“掩藏在匿名的保护之下”，这种不对等的做法也是不公平的。

可见，英国历史上曾经要求媒体对涉罪人员进行匿名报道的做法正在被司法公开的新要求所抛弃，对青少年以外的人的匿名报道，事实上已经不存在了。[3]

---

〔1〕 这里参考了已经发表的中文版本，林娜：《英国刑事法院案件报道指南》，《人民法院报》2013 年 11 月 29 日，第 5、7、8 版。

〔2〕 2010UKSC 1，2010 2 WLR 325.

〔3〕 高一飞：《论媒体报道涉罪人员姓名的规则》，《现代法学》2015 年第 2 期，第 121 页。

第二章

司法裁判中网络民意的传播心理学分析

可以毫不夸张地说，今天的法院较以往承受着更为巨大的舆论压力。正如2013年5月最高人民法院周强院长在全国法院新闻宣传工作会议上所强调的：媒体的迅猛发展活跃了民主法制建设的舆论环境。新技术的变革导致媒体格局发生深刻变革，新媒体格局的变革使人民法院新闻宣传工作面临着前所未有的新环境。[1]可见，新媒体环境对司法的深刻影响越来越受到重视。网络时代司法案件背后舆论的力量到底有多大，通过下面两起案件我们便可窥一斑。

2009年5月16日，云南巧家县的李昌奎在与王家飞争吵后将其掐晕，并实施了强奸，后又用锄头打击其头部。此后，李昌奎又提起王家飞3岁的弟弟王家红，将其头部猛撞房门，在用绳子紧勒已昏迷的两被害人颈部后，逃离现场。2010年7月，昭通市中级人民法院以强奸罪、故意杀人罪判处李昌奎死刑立即执行，并赔偿王家3万元。一审后，李昌奎向云南省高级人民法院提出上诉。2011年3月，云南省高级人民法院二审认为，李昌奎有自首情节，事后积极赔偿被害人家人经济损失，认罪、悔罪态度较好，因此改判死刑缓期二年执行。

2010年10月20日，药家鑫驾车从西安外国语大学长安校区返回市区途中，将前方在非机动车道上骑电动车同方向行驶的被害人张妙撞倒。药家鑫恐张妙记住车牌号找其麻烦，即持尖刀在张妙胸、腹、背等处捅刺数刀，将张妙杀死。逃跑途中又撞伤二人。同月23日，药家鑫在其父母陪同

---

〔1〕 周强：《在新媒体环境下奏响公正司法的时代强音》，http://www.chinadaily.com.cn/dfpd/shizheng/2013-05/28/content_16542064.htm，访问时间：2015年2月2日。

下到公安机关投案。2011 年 4 月,西安市中级人民法院对此案作出一审判决,以故意杀人罪判处药家鑫死刑立即执行,剥夺政治权利终身,并赔偿被害人家人经济损失费;药家鑫随后提起上诉。2011 年 5 月,二审判决宣布维持原判;2011 年 6 月 7 日,药家鑫被依法执行死刑。

这原本是两起毫不相干的案件,但是由于发生的时间相近,公众难免会将两起案件的量刑结果放在一起比较、评价。2011 年 3 月,云南省高级人民法院二审改判李昌奎死刑,缓期二年执行,这一判决一石激起千层浪,引起舆论一片哗然。《药家鑫死了,李昌奎为什么活着》《杀死药家鑫留下李昌奎,中国司法你意欲何为?》《药家鑫判死,身负两命的李昌奎缘何免死?》《请让李昌奎享受药家鑫的待遇》……一时间类似的标题纷纷出现在网络的头版头条,公众纷纷质疑死刑的适用标准,对李昌奎可以保全性命表示极大的不满和愤怒。面对强大的舆论压力,2011 年 7 月 13 日,云南省高级人民法院启动了李昌奎案件的再审程序,并于 8 月 22 日改判李昌奎死刑立即执行。

且不论李昌奎案的再审改判对司法权威的损害有多大,从迎合民意提起再审足以见得网络时代社会舆论对中国司法的影响有多大。而网络媒体报道和评论司法案件的新特征、网络民意关于司法案件的心理特征以及如何应对这种新变化值得我们深入探讨。

一、网络时代媒体传播的新特征

网络时代,媒体传播较以往发生了很大的变化:科技的迅猛发展催生了媒体传播领域的许多新概念,比如“自媒体”和“公民记者”;从传播学角度而言,信息传播模式也发生了翻天覆地的变化;信息传播的同步性和互动性真正得以实现。这一系列变化正是网络时代司法所面临的新舆论生态。

(一)网络时代自媒体和公民记者的崛起

在过去,传统媒体垄断着信息供应;而今天,自媒体以及随之而来的亿万公民记者的涌现打破了这种垄断,自媒体开始分享传统媒体的话语权,舆论场的重心也开始从传统媒体转向自媒体。可以毫不夸张地说,自媒体的出现正在悄然改变人们关注事件的方式,影响人们的心理、思维和行为。显然,自媒体和公民记者是网络时代的新生物,在此对其作一简单的介绍。

“自媒体”(We Media)的概念首先由美国作家丹·吉尔默于2002年提出。2003年1月,他在《哥伦比亚新闻评论》上发表了《下一时代的新闻:自媒体来临》(News for Next Generation:Here Comes “We Media”)一文,极具远见地指出由于网络讨论区、博客等机制风起云涌,许多科技娴熟的观众,已经迫不及待却又自然而然地参与了新闻对话交流,而成为整个新闻生产制作流程中重要且有影响力的一环,“We Media”将是未来的主流媒体。[1]2003年7月,美国新闻学会的媒体中心出版了由谢因·波曼(Shayne Bowman)与克里斯·威理斯(Chris Willis)两位联合提出的“We Media”研究报告,里面对“We Media”下了一个十分严谨的定义:“We Media是普通大众经由数字科技强化、与全球知识体系相连之后,一种开始理解普通大众如何提供与分享他们的事实、他们的新闻的途径。”[2]

自媒体时代的到来,使得新闻不再是一种由传统媒体垄断的资源。“公民记者”通过笔记型电脑、手机和数码相机,从读者摇身一变成为记者,将新闻通过自媒体传播到世界各地。自媒体的形态多种多样,主要包括博客、微博、播客、个人电子杂志、社交网站等,正是得益于自媒体的便民化,人人都是记者成为现实,“公民记者”的概念应运而生。对于如何定义“公民记者”,仁者见仁,智者见智。有学者认为:“公民记者就是通过大众媒体、个人通讯工具,向社会发布自己在特殊时空中得到或掌握的新近发生的特殊的、重要的信息的公民。”[3]也有学者从记者的非职业特征角度解释:“一般地,人们把非专业化新闻传播者或新闻记者的提供者称为公民记者。”[4]但基本达成如下共识:“公民记者”是指普通民众随时随地将自己认为有新闻价值的新闻素材经过整理,通过自己的个人网站、博客、微博等途径发送出去,而这些个人网站、博客、微博扮演的角色就相当于传统媒体

---

[1] 参见http://www.techcn.com.cn/index.php?doc-view-145168.html,访问时间:2013年3月12日。

[2] Shayne Bowman and Chris Willis, We Media Commissioned by The Media Center at The American Press Institute, Published July 2003 Online in PDF and HTML: www.hypergene.net/wemedia/,2013-3-12.

[3] 赵志立:《公民记者和公民编辑兴起的意义与挑战》,《中国编辑》2006年第5期,第39页。

[4] 廖礼中:《是“公民记者”还是“公民报道者”?——新媒体环境下对“公民记者”的再思考》,《新闻记者》2009年第1期,第89页。

中的报社、广播电台、电视台等。

当“公民记者”被冠以“记者”之名，发挥着与记者类似作用的时候，其是否理应拥有与传统记者相同的权利义务，理应受到与传统记者相同的法律法规、行业规则的规范？要解决这个问题，首先必须对记者进行定义。从立法上定义记者是一个十分棘手却又无法避免的问题。以美国为例，美国大多数州都拥有新闻保障法，旨在保护记者免受传票的危害。既然新闻保障法的保护对象是记者，那么“公民记者”是否属于记者的范畴？2008年，美国国会立法选择从开放的立场对记者进行定义：“任何一个能够有规律地收集、准备、拍摄、记录、书写、编辑或者出版新闻消息的人都受到保护，这些新闻消息是关于当地的、民族的或国际的重大事件或其他公众感兴趣的事情，目的是为了生计或者是为了获得经济利益。”而在各州，对记者的定义则不尽相同。如纽约州、佛罗里达州等从工作目的的角度将记者定义为“任何一个为了获利或生计，而从事收集、准备、拍摄、记录、书写、编辑或出版新闻消息的人”，这就意味着只有专业记者才能受到新闻保障法的保护，而博客、微博等撰写者显然被排除在外；亚拉巴马州、加利福尼亚州等则从工作机构的角度将记者定义为“与之有联系或受雇于任何报纸、录音广播或电视台的，同时参与新闻收集的人”，这些州的新闻保障法只是保护一些特定形式的媒体，而微博、博客等自媒体很难纳入其保护范围；明尼苏达州、俄勒冈州等从功能的角度将记者定义为“曾经直接参与收集、获取、编写、编辑或出版新闻，目的在于向大众传播的人”，显然这种定义最具有法律包容性，但是在司法实践中，公民记者因种种条件的限制未能如愿地受到新闻保障法的保护。[1]

在中国，立法者并没有从法律层面对记者进行定义，但在相关的行政法规中可以找到对新闻记者的定义。2005 年中宣部、广电总局、新闻出版总署发布的《关于新闻采编人员从业管理的规定（试行）》曾经把新闻记者定义为：“合法设立的报社、新闻性期刊社、通讯社、广播电台、电视台、新闻网站等新闻单位内的记者、编辑、制片人、主持人、播音员、评论员、翻译等从事新闻采访、编辑、制作、刊播等新闻报道业务的人员。”2009 年《新闻记者证管理办法》第 4 条规定：“本办法所称新闻记者，是指新闻机构编制内

---

〔1〕 Editor, Defining a Journalist in Congress, *The News Media & The Law*, Winter 2008, Vol. 32, No. 1, p. 22.

或者经正式聘用，专职从事新闻采编岗位工作，并持有新闻记者证的采编人员。”由此可知，我国相关规范主要从工作机构的角度来定义记者，公民记者并不属于记者的范畴，现阶段，公民记者只是作为一种特殊的依附于网络的群体，在信息的报道和传播中发挥着重要作用。

（二）网络时代信息传播的传播学特征

过去，信息的传播依赖于广播电视、报纸期刊，而这些媒体的设立均需要经过审批，因此数量是有限的，同时由于信息传播的渠道有限，信息的滞后性在一定程度上不可避免。随着网络时代的到来，网站、博客、微博、微信等信息交流平台的出现，信息就像插上了翅膀，来自四面八方，也可以轻而易举地到达每一个角落。“人人都有麦克风，人人都是记者”，中国的舆论生态正在走向多元化。有人这样形象地描述：“传统媒体是大喇叭传播，传播路径像个树冠，控制住树干就能控制信息传播。新媒体传播方式是关系链传播，一个人接一个人如人链般传播，像沿着无数蜘蛛网一样传播开去，迅速爆发。”〔1〕

传播模式的研究在传播学领域占有重要的地位，是对信息传播在空间结构和时间序列上的一种研究。大众的传播模式经历了从单向线性模式向双向循环过程的发展，具有代表性的传播模式主要有：“5W”模式、施拉姆模式〔2〕、德弗勒模式〔3〕、波纹中心模式等。在此主要介绍“5W”模式和波纹中心模式。“5W”模式是由美国政治学家 H. D. 拉斯韦尔于 1948 年提出的，该模式首次将传播活动解释为由传播者、传播内容、传播渠道、传播对象和传播效果五个环节和要素构成，即谁（who）、说什么（says what）、通过什么渠道（in which channel）、对谁说（to whom）、产生什么效果（with what effect），具体传播路径如图 1 所示：

---

〔1〕 陆小华：《新媒体环境下实现司法与传媒良性互动》，《人民法院报》2013 年 6 月 14 日，第 5、6、7 版。

〔2〕 20 世纪 50 年代由美国传播学者 W. 施拉姆提出，强调传者和受传者的同一性及其处理信息的过程，揭示了符号互动在传播中的作用。图 2 中的“讯息反馈”，表明传播是一个双向循环的过程。

〔3〕 20 世纪 50 年代后期由美国社会学家 M. L. 德弗勒提出。在闭路循环传播系统中，受传者既是信息的接收者，也是信息的传送者，噪音可以出现于传播过程中的各个环节。此模式突出双向性，被认为是描绘大众传播过程的一个比较完整的模式。

谁 → 说了什么 → 对谁 → 通过什么渠道 → 产生什么效果

谁	说了什么	对谁	通过什么渠道	产生什么效果
↓	↓	↓	↓	↓
控制研究	内容分析	受众研究	媒介研究	效果研究

图 1　“5W”模式的传播路径

“5W”模式看似简单，但在传播学学术思想史上具有奠基意义。它将纷繁复杂的传播行为概括成 5 个要素，从而为人们理解无处不在的传播行为提供了认识的基础。但是寄希望通过一个单一框架的模式包罗所有传播行为显然是不可能的，“5W”模式也存在一些局限性：这一模式考察的是微观的、单一的传播过程，不涉及传播过程与外界环境的关系；这个模式或多或少想当然地认为传播者具有某种影响受传者的意图，因而把传播主要看作是一种劝服性的过程；这一模式假定讯息的传播总是有效的，实际上影响传播效果的因素很复杂，包括传播的主体、内容、载体、技巧、对象、环境等。[1]

波纹中心模式由美国传播学者 R. E. 希伯特等在 20 世纪 70 年代中期提出。如图 2[2]所示，大众传播过程犹如投石于水池中产生的现象——石子激起波纹，波纹向外扩展到池边时又朝中心反向波动；在扩展和回弹的过程中，波纹（即讯息）受到许多因素的影响。[3]

网络时代的信息传播，从拉斯韦尔建构的“5W”模式分析，传播者通常为个体网络用户而非专业传播机构；传播媒介则是以网络为依托的电子媒介（延伸至手机等无线终端）；传播内容呈现出多样化形态，形式则以文字、图片、视频、音频等多媒体内容为主；受众为横跨时间和空间的不确定的人群；传播效果具有不确定性；对于传播者而言，其增加了个人的表达空间，对于受者而言，广泛的信息来源增加了其获取更为客观公正的信息的可能性，而从整个社会层面上看，自媒体的产生不仅带来了信息传播方式的变化，更带来了社会结构和社会关系的改变，加速着社会的民主化进程。[4]

---

〔1〕陈力丹、孟祥晨：《“五 W”——一个简单而便捷的传播模式》，http://www.china.com.cn/xxsb/txt/2004-12/28/content_5741034.htm，访问时间：2015 年 1 月 5 日。

〔2〕参见 http://baike.baidu.com/link? url = IuNqpntbA7t3yRSE19oyNAXJdtmJMplq7p80kBLLUYD1WKNGgOnED9Yosyn2kI019smQuPj2SkGuRV1WxvwF6K，访问时间：2014 年 1 月 5 日。

〔3〕参见 http://baike.baidu.com/link? url = IuNqpntbA7t3yRSE19oyNAXJdtmJMplq7p80kBLLUYD1WKNGgOnED9Yosyn2kI019smQuPj2SkGuRV1WxvwF6K，访问时间：2014 年 1 月 5 日。

〔4〕谭立立：《自媒体环境中的危机信息传播研究》，《新闻界》2009 年第 1 期。

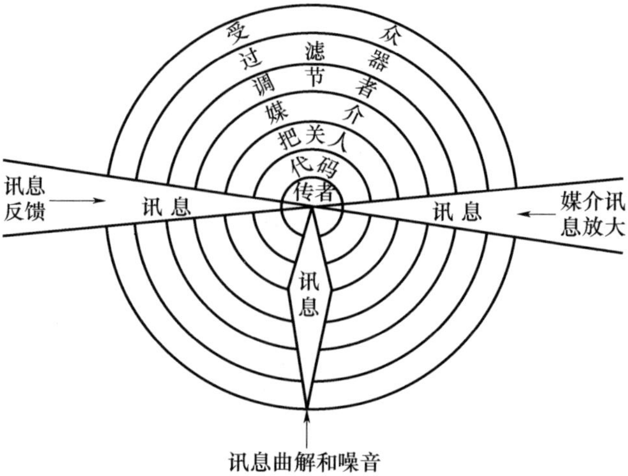

图2 波纹中心模式的传播路径

说明："代码"指文字符号系统，"调节者"指政府、团体、消费者，"过滤器"指文化和社会系统，"讯息放大"兼有空间和心理的含义

波纹中心模式相较于"5W"模式更为形象地描述了网络时代信息的传播过程，它表明了信息传播是由中心向边缘扩散的，信息的走向是四面八方，而非单向、线性的。投入水中的石子好比信息源，在投入水中的瞬间信息迅速向四周扩散。在传播过程中有政府、媒体、网站管理者和广大网民等的参与，信息会受到社会、文化、环境等诸多因素的影响而发生一些改变。

（三）网络时代信息传播的同步性、互动性和匿名性

网络的四通八达让世界成了"地球村"，网络时代的信息传播了突破时间和空间的限制，它无须如报纸一般需经过采访、编辑、校对审核、印刷、发行等一系列繁琐的环节，也无须如电视新闻一样经过写稿、录制、编辑、审片等一系列复杂的程序，在网络平台上发布信息的门槛低、限制少、成本小，使得每个人都可以成为信息的发布者。"科技使公民从消费职业新闻工作者生产的新闻的被动消费者，逐渐转变为积极的参与者。他们使用不同地方的资源，组成自己的新闻。当人们在网上搜索信息时，在近乎无限的信息渠道间跳跃式浏览、阅读或写作博客时，他们正在成为自己的编辑、

研究员甚至通讯员。”[1]同时,由于网络的触角已延伸至几乎每个角落,从而使得每个人都可以在指尖轻松地获得来自四面八方的信息。根据工信部的统计数据显示,截至2014年5月底中国手机用户数量已达到12.56亿人。[2]这就意味着在今天,信息传播的同步性正在成为现实。

同步基础上的即时互动是网络时代信息传播的最大亮点。正如有学者所言:“新媒体带来的根本性挑战,不在于信息传播渠道的变化,也不在于信息的海量和即时性,而在于它为传播对象提供了表达的平台、参与的平台、交流的平台,公众的参与性和对话性越来越强。”[3]微信、微博平台上的关注、点赞、转发为人们所熟知,这些都是互动的表现形式。互动的重点是沟通交流,通过沟通,扩大了传播的广度和深度,让信息传播变得更有生命力。例如,新浪微博上搜索“药家鑫案”会显示出1100多万条相关结果,有自己发表案件观点的,也有转发他人微博的,有些还在微博上展开了辩论,这些互动无疑扩大了该案件的影响力,甚至在一定程度上形成了舆论的控制力。又如,2013年山东省济南市中院微博直播薄熙来案件的庭审,短短几日,其官方微博的粉丝数量剧增57万人之多。这或许也是2013年以来,《人民日报》、央视、新华社等传统媒体纷纷入驻微博和微信平台的原因。网络媒体和自媒体的出现使得媒体与受众之间、受众与受众之间的交互传播更加多向化。媒体信息的高度交融性和海量存储性,以及媒体监督对象的广泛性,使新媒体的影响力日益深刻和宽广。[4]网络时代信息传播的同步性和互动性使得司法公开面临着前所未有的挑战。网络时代,公众能够即时便捷地了解法院的工作信息并可以通过多种渠道直接对法院的工作进行评判。过去,法院在司法公开方面掌握着更多的主动权,公众对司法了解的深度和广度往往取决于法院司法信息公开的范围。现在,以博客、微博、微信为代表的自媒体的崛起使司法公开无论在内容、形式、程序和平台方面都发生了翻天覆地的变化,唯有积极主动地公开,自信地向全社会展示庭

---

〔1〕[美]比尔·科瓦齐、汤姆·罗森斯蒂尔:《新闻的十大基本原则:新闻从业者须知和公众的期待》,北京大学出版社2011年版,第15页。

〔2〕参见 http://info.homea.hc360.com/2014/06/2516451003280.shtml,访问时间:2015年1月5日。

〔3〕龙飞:《新媒体时代司法公开面临的挑战和机遇——如何利用新媒体实现司法公开》(上),《中国广播》2014年第1期,第34页。

〔4〕龙飞:《新媒体时代司法公开面临的挑战和机遇——如何利用新媒体实现司法公开》(上),《中国广播》2014年第1期,第34页。

审过程、裁判结果，才能最终在媒体与司法的互动与博弈中掌握主动权。

互联网作为一个平台、一种媒介，自兴起之日起就是开放自由的象征，而这很大程度上源于互联网的匿名性。陶文昭在《互联网群体极化评析》一文中总结出互联网最重要的三个因素是信息选择、交往选择和匿名效应：第一，信息选择。网络具有所谓的协同过滤能力，在增强人们接触信息机会的同时，也增强了人们选择信息的能力，帮助人们过滤他们的所读、所看和所听。网络可以根据人们的偏好，替人们量身打造信息。就如人们在一个网站购物或订阅相关信息后，网站就会根据相关资料进而推荐一大堆人们可能喜欢的消费品。第二，互联网为同质性的网民提供了更加便利的交往选择的工具。网络为志同道合的沟通提供了便利，容易让人更容易找到同好，它可以帮助并强化那些分布遥远但具有相同意识形态的边缘社团。第三，网络的匿名制，一方面带来了言论的自由，另一方面也刺激了网民在网上随心所欲地发表极端言论。[1]有学者进一步指出，在网络的匿名条件下，网民更多地体现出了人的“本我”个性，网络的这种特性同时带来了积极的和消极的影响，消极影响中就包括网络极端化。[2]可见，互联网的匿名性是一把“双刃剑”：一方面极大地促进了社会公众充分表达意见，释放了网民的表达意愿；另一方面也可能淡化网民的责任意识，引发各种侵权行为和网络极端化现象。

二、司法裁判中网络民意的社会心理学分析

互联网的发展，不仅是一场技术革命，也是一场思维方式的变革。它除了衍生出自媒体、公民记者，改变了传播模式和传播内容外，也在很大程度上改变了传播者和受众的心理。从社会心理学的角度分析网络时代的受众心理，对于在司法领域更好地应对舆情风暴，营造良好的舆论生态具有重要的意义。

（一）理论解释之一：哈贝马斯的公共领域理论

网络时代，一起简单的刑事案件很可能在网络上引发一场舆论风暴，

---

〔1〕 参见陶文昭：《互联网群体极化分析》，《思想理论教育》2007 年第 17 期。

〔2〕 参见茅亚萍：《浅析网络的匿名传播》，《当代传播》2003 年第 6 期。

当事人希望自己的案件可以得到社会的关注从而维护自己的利益,互联网则是一个向所有民众敞开的公共平台。因此,当事人倾向于将自己的案件信息曝光在网上,而案件中的某些不公平现象很快吸引大众的眼球,人们的同情心会向案件中的弱势一方倾斜,越来越多的人参与讨论,法律专业人士发表文章探讨,普通民众也纷纷发表自己的意见,案件的关注度迅速提高,最终甚至可能引发舆论风暴。而在这场舆论风暴的发酵过程中,有一个至关重要的因素不容忽视,那就是互联网这个公共平台,它为舆论风暴的发酵提供了前所未有的便利,是如今"公共领域"最重要的媒介。

根据哈贝马斯的定义:"所谓公共领域(public sphere),我们首先意指我们的社会生活的一个领域,在这个领域中,像公共意见这样的事物能够形成。公共领域原则上向所有的公民开放……当这个公众达到较大规模时,这种交往需要一定的传播和影响手段;今天,报纸和期刊、广播和电视就是这种公共领域的媒介。"[1]由此可知,哈贝马斯的"公共领域"意指一种介于市民社会中日常生活的私人利益与国家权力领域之间的机构空间和时间,其中个人公民聚集在一起,共同探讨他们所关注的公共事务,形成某种接近于公众舆论的一致意见。当然,今天公共领域的媒介已不再局限于"报纸和期刊、广播和电视";网络时代,各种形式的新媒体平台如博客、微博、微信、虚拟社区等构筑了具有广泛影响力的公共领域的新媒介。有学者指出,在哈贝马斯那里,公共领域发生了两次转型,第一次是一种去封建化的过程,而第二次结构转型,哈贝马斯称之为"再封建化过程"。后者指的是自19世纪的最后20多年以来国家干预主义的增强以及公共权威与私人领域的重叠破坏了公共领域的基础,大众媒体的批判功能受到消费主义的侵蚀。[2]网络时代,互联网成为信息的集散地,公共领域的平台扩大,"人人都是记者"和"人人都有麦克风"的状况一改过去传统媒体、精英人士的话语权地位,网络时代的公共领域迎来了"第三次结构转型"。"第三次结构转型"之后,互联网可以成为新闻与舆论的独立源头,成为网民主动

---

〔1〕［德］尤尔根·哈贝马斯:《公共领域》,汪晖译,载汪晖、陈燕谷主编:《文化与公共性》,生活·读书·新知三联书店2005年版,第125页。

〔2〕吴啟铮:《网络时代的舆论与司法——以哈贝马斯的公共领域理论为视角》,《环球法律评论》2011年第2期,第53页。

发布案件信息和言论的平台。[1]许多案件在进入“公共领域”后，自由、多元、批判性的争议和讨论可以使案件的真相更加清晰明朗，却也可能导致案件脱离客观证据而远离事实真相。这个平台影响甚至决定了一批案件的命运。因此，在研究司法裁判中网络民意的社会心理时，我们必须掌握互联网这个“公共领域”平台所具有的特性。

（二）理论解释之二：詹姆斯·斯托纳的群体极化理论

《2012年中国互联网舆情分析报告》显示：集中在权、民、法，即官员的依法行政、民众的公共利益、政法机关及其司法正义三个方面的矛盾冲突最容易引发舆情风暴。[2]的确，近些年来因司法案件而引发的舆情风暴数不胜数。事实上，在观察某些案件的网络评论时，我们会发现一个有趣的现象：同样一个案件，在百度论坛中与在天涯论坛中所体现出来的“民意”是截然相反的，而案件本身并非一个非黑即白的简单关系。可见，民众在对案件的细节信息掌握不全面的情况下很容易被误导从而形成极端观点。美国的桑斯坦把这种现象称为互联网中的“群体极化”现象。[3]

1961年，詹姆斯·斯托纳首次提出了“群体极化”（Group Polarization）概念。斯托纳进行了一次实验，他先让被试者在单独情况下作出选择，然后再让其所属群体经过共同讨论作出选择，最后再让被试者单独选择。在实验中，斯托纳发现人们在群体中进行决策时，往往会比个人决策时更倾向于冒险或保守，偏向某个极端，从而背离最佳决策，称为“冒险转移”（risky shift）。[4]法国心理学家塞奇·莫斯科维奇认为“群体极化”是一种意见从多数意见中脱颖而出并逐渐极化的过程，在《群氓的时代》中，他论述了群体极化是如何发生作用的：当个人聚集在一起时，一个群体就诞生了。他们糅杂、融合、聚变，获得一个公有的、窒息自我的本能。他们屈从

---

[1] 吴啟铮：《网络时代的舆论与司法——以哈贝马斯的公共领域理论为视角》，《环球法律评论》2011年第2期，第53页。

[2] 祝华新、刘鹏飞、单学刚：《2012年中国互联网舆情分析报告》，社会科学文献出版社2012年版。

[3] [美]凯斯·桑斯坦：《网络共和国：网络社会中的民主问题》，黄维明译，上海人民出版社2003年版，第50—51页。

[4] 刘茜：《网络群体极化现象定量研究——基于新浪微博的个案分析》，http://max.book118.com/html/2013/1211/5187352.shtm，访问时间：2015年2月10日。

于集体的意志,而他们自己的意志则默默无闻。[1]简而言之,“群体极化”是一旦一个群体有某种倾向的时候,在交流讨论的过程中,人们希望自己的观点得到别人的赞同,也希望去认同别人的观点。于是,在认同感的驱使下,人们会调整自己的立场去迎合主流观点最终形成极端观点。也有学者将之解释为“沉默的螺旋”(Spiral of Silence)现象:如果看到自己赞同的观点属于多数、广受欢迎,就会越发大胆地发表和扩散;而发觉某一观点属于少数、不受欢迎,就会保持沉默。一方的沉默造成另一方意见的增势,形成螺旋发展过程。[2]群体极化具有双重意义:一方面它能促使群体意见的统一,增强群体的凝聚力;但另一方面它也可能导致错误的判断或决定更加极端化。事实上,群体极化现象不只是在现实社会中存在,网络时代,信息传播犹如一张透明的网向四面八方无限延伸,传播速度之快、表达自由度之高、身份隐匿性之好、用户互动性之强使得群体极化现象在网络上表现得更为突出。举个例子,网络的开放性可以使人们自由地、很快地找到与自己观点相同的群体,出于“法不责众”的群体心理暗示,许多网友会在互联网上从众起哄批判、恶意讽刺挖苦某起案件中的当事人或法院。当然会有不同意见的出现,但是持不同观点的人会很快受到群体的抵制和排斥,甚至人身攻击。在这一行为中,群体会进一步强化对自身观点的认同度,最终可能导致对案件的评论偏离客观事实和法律范围。桑斯坦指出:“毫无疑问,群体极化正发生在网络上。……网络对于很多人而言,正是极端主义的温床,因为志同道合的人可以在网上轻易且频繁地沟通,但听不到不同的看法。持续暴露于极端的立场中,听取这些人的意见,会让人逐渐相信这个立场。因为原来无既定想法的人,因为他们所读不同,最后会各自走向极端,造成分裂的结果。或者铸成大错并带来混乱。”[3]

(三)理论解释之三:勒庞的“乌合之众”理论

在解释“乌合之众”之前,我们先来对群体这个概念进行界定。时蓉华

---

[1] [法]塞奇·莫斯科维奇:《群氓的时代》,许列民、薛丹云、李继红译,江苏人民出版社 2003 年版,第 18—19 页。

[2] 何海波:《公众意见与司法判决——对过去十余年若干轰动性案件的考察》,《实质法治:寻求行政判决的合法性》,法律出版社 2009 年版,第 341 页。

[3] [美]凯斯·桑斯坦:《网络共和国:网络社会中的民主问题》,黄维明译,上海人民出版社 2003 年版,第 50—51 页。

曾对“群体”下了一个综合的定义，即“群体”（或团体）是一群人在同一目标的指引和同一规范的约束之下，彼此影响、互相作用、协同活动的一个组合。群体具有以下三个特征：(1)群体具有群体目标与群体规范；(2)群体中的每个成员都具有群体意识；(3)群体内部有分工。任何一个群体，都有一个共同特征，即促使群体成员结合在一起以区别于其他群体成员的内聚力。〔1〕由此可知，群体是一个中性的概念，并不带有感情色彩。但是，法国社会心理学家古斯塔夫·勒庞在研究过程中将特定情况下具有某些特质的群体命名为“乌合之众”，即在某些既定条件下，聚合在一起，丧失了自觉的个性，从而受群体思想支配的人群称为“乌合之众”。他进一步指出，个人在群体中会丧失理性，情感易受他人的暗示和传染，变得极端、狂热，甚至肆无忌惮。群体经常失去方向感，表现为一种纯粹的无意识状态。在群体的心理中，个人的才智被削弱了，从而他们的个性也被削弱了，异质性被同质性所吞没，无意识占了上风。当群体无意识在更大范围内积聚起来的时候，结果便是疯狂，这是一种可能导致革命、战争或类似事件的精神瘟疫。这样一些运动极富感染力——差不多是压倒一切的，因为当群体无意识被激活时，你就不是原来的那个你了，你不仅仅在这样的运动中——你就是运动本身。〔2〕可见，“乌合之众”是由无数匿名者构成从而丧失了作为个体的人的本质的庞大群体。他们个体的个性完全被淹没，不再是原来的自我，会表现出完全迥异于个体的特征。

“乌合之众”在现实社会中存在，在网络社会中似乎更加普遍，网络社会的便捷性、匿名性、传染性等特点为“乌合之众”的产生提供了肥沃的土壤。面对一起案件，原本孤立的个体通过互联网很快汇聚在一起，加之互联网的匿名性导致网络言论的自我约束性不够，虚假的不实言论干扰普通网民的判断，其情感、情绪因相互暗示、传染而转向同一个极端的方向，于是，勒庞所说的社会心理学意义上的“乌合之众”就此产生。“乌合之众”缺少判断、容易被左右、非理性、易走极端，面对具体案件时不能冷静分析，却易被最矛盾的情感所激发。勒庞曾对此有更为详细的描述：组成群体的不同成员在作出判决时，其智力水平无关紧要，聪明人也会变得智力低下；

〔1〕 时蓉华：《社会心理学》，浙江教育出版社 1998 年版，第 189 页。

〔2〕 [法]古斯塔夫·勒庞：《乌合之众——大众心理研究》，冯克利译，中央编译出版社 2004 年版，第 49—50 页。

他们受感情因素极强烈的影响,很少被证据打动,表现出极少的推理能力;他们也深受名望的影响,极易被权威所左右。[1]因此,在这样一个非理性、易激动、少判断、好左右的群体里,走向极端是极其容易的事。

(四)理论解释之四:社会流瀑效应、群体盲思理论、群体精神统一理论

除了公共领域理论、群体极化理论以及“乌合之众”理论外,还有许多理论可以被用于解释司法裁判中复杂的网络民意,在此仅选取其中几个理论作一简单的介绍。

社会流瀑效应(Social Cascades)是指当认识的大多数人都相信一则谣言,则当事人就很容易相信那则谣言,接受他人的信念,因为缺乏相关信息。特别是当我们对某则谣言的内容一无所知时,就更容易相信它。当人们追随一些先行者或“领头羊”的言行时,社会“流瀑”现象就会发生。[2]桑斯坦是这样描述社会流瀑效应的:“当流瀑发生时,信念和观点从一些人那里传播到另一些人,以致许多人不是依靠自己实际所知,而是依靠(自己认为)别人持有什么想法。这种信念很可能是错误的,因为人们不是依靠自己的私人的信息,而是依靠自己所信任的别人作出的判断。”[3]

现在一般认为,“群体盲思”这个概念由美国心理学家艾尔芬·詹尼斯(Irving Janis)首先提出。1972 年,詹尼斯利用“群体盲思”一词形容团体作出不合理决定的决策过程,其对“群体盲思”的原定义是“一种思考模式,团体成员为维护团体的凝聚力、追求团体和谐共识,而不能现实地评估其他可行办法”[4]。由此可知群体盲思是指团体在作决定的过程中,其成员倾向于与团体保持一致的观点而缺乏自身客观的分析和思考。尽管有时成员会有不同的意见,但也不会提出或者即使提出也会被团体忽视,在这样的情况下,团体很可能作出不合理的决定。

---

〔1〕[法]古斯塔夫·勒庞:《乌合之众——大众心理研究》,冯克利译,中央编译出版社 2004 年版,第 49—50 页。

〔2〕参见 http://www.baike.com/wiki/%E7%A4%BE%E4%BC%9A%E6%B5%81%E7%80%91%E6%95%88%E5%BA%94,访问时间:2015 年 2 月 10 日。

〔3〕[美]凯斯·R. 桑斯坦:《极端的人群:群体行为的心理学》,尹宏毅、郭彬彬译,新华出版社 2010 年版,第 3 页。

〔4〕参见 http://baike.baidu.com/link?url=kSfouRacQPvy09wy7aKodD8Q-a6epwEsROnrab_P5jqHO-vW8Zwud459ChPpR1VrAo5B02zuahK3mI0tmCNHXK,访问时间:2015 年 2 月 10 日。

群体精神统一理论是勒庞的群体心理理论之一。群体中的个人会表现出明显的从众心理,被勒庞称为"群体精神统一性的心理学规律"。勒庞认为,从心理学角度而言,任何人都具有两种个性成分即理性的个性和非理性的个性,理性的个性成分不能被统一,只有非理性的个性才能被统一,且在统一后带有破坏性的本质。这种精神统一性会造成一些严重的后果,如教条主义、偏执、人多势众以及责任意识的淡漠等。

(五)网络民意对司法案件的主要心理特征

为什么互联网上总是充斥着极端的言论?为什么法院总是处于舆论的风口浪尖?为什么在法院作出判决前网络上早已对案件有了一边倒的认定?"躲猫猫"案、邓玉娇案、唐福珍案、药家鑫案、李昌奎案……在这一系列的案件中我们都可以看到网络舆论介入司法审判的影子,在个别案件中甚至左右着案件审判的最终结果。面对"媒体正义"与"司法正义"的冲突,有学者形象地描述到,经现代媒介手段演绎、修饰、重组出的"感官正义",与现代法治所一贯追求的司法正义之间的偏差具体体现在以下几个方面:创意词汇胜于法言法语;视听冲击胜于说理明辨;知识先占胜于法律灌输;形象塑造胜于规则论证;情感宣泄大于理性分析;叙事策略胜于理性诉求;符号建构大于法律信守;无法律导向的究责胜于法律导向的归责。[1]在这种情况下,"媒体审判"所带来的司法悲剧就无法避免。"笔墨时代不容易也不轻易发言带来的言辞的审慎性质也大打折扣,甚至毫无责任感的言论也可以大行其道……百万网友在这个虚拟的空间的阵阵怒吼足以给人一种'国人皆曰可杀'的真实感觉,对于相关决策者产生了巨大的压力。"[2]因此,关于在网络世界中"乌合之众"针对案件当事人、法院、案件本身的非理性舆论会影响现实司法审判的担忧并非毫无根据。

2013 年,广东省高级人民法院出版了《司法公正与网络舆情:广东法院网络舆情白皮书》一书。书中收录了近两年来 15 件广东法院应对网络舆情的经典案例,总结出民众关注的案件类型主要有以下五类:一是诉讼双

---

〔1〕 参见栗峥:《传媒与司法的偏差——以 2009 十大影响性诉讼案例为例》,《政法论坛》2010 年第 5 期。

〔2〕 贺卫方:《网络时代的司法困境》,《中国周刊》2009 年第 6 期,http://www.chinaweekly.cn/bencandy.php? fid=47&aid=4220,访问时间:2009 年 9 月 26 日。

方地位明显不对等的案件，二是关系官员身份职责、品德能力的案件，三是道德与法律产生冲突的案件，四是公益类、群体类案件，五是关系政治经济改革、社会管理创新等方面的案件。[1]可见，目前中国处于社会转型期，各种矛盾突出，许多冲突和纠纷一时未找到疏通的渠道，加上民意本身所具有的盲从性和流动性的特点，民意对公权力的抱怨、对贫富差距的愤恨、对司法的不信任一一通过个案体现出来。从上述的李昌奎案、药家鑫案中，我们都看到了网络民意对司法裁判造成的深刻影响，正面影响有之，负面影响更难以避免。网络时代，民意很容易从关注事实向情绪发泄演变，从关注法律向情绪宣泄演变，为何如此？在前文对哈贝马斯的公共领域理论、詹姆斯·斯托纳的群体极化理论、勒庞的“乌合之众”理论以及社会流瀑效应、群体盲思理论、群体精神统一理论等社会心理学进行简单介绍的基础上，我们不难发现群体与社会自我隔离、人的从众心理、对权威的服从、社会流瀑效应、群体思维的特征等社会心理因素都是使网络民意对司法案件的看法走向极端的推手。正如桑斯坦所说：许多时候，一群人最终考虑和做的事情是群体的成员在单独的情况下绝不会考虑和做的；当人们身处由持相同观点的人组成的群体当中的时候，信息的交流佐证并加强了彼此的观点，他们因而更有可能走极端；当这种群体中出现指挥群体成员做什么、让群体成员承担某些社会角色的权威人物的时候，很坏的事情就可能发生；互联网就像一个巨大的回音室，充斥着志趣相投的人们组成的小群体，正在成为极端思想与活动的滋生地。[2]

（六）网络舆论容易导致司法失信和舆论审判

随着我国互联网的发展，网络在促进网民关注和参与司法活动方面发挥着越来越重要的作用。网络的发展极大地促进了我国公民的司法参与，网络已经成为公民对司法表达意见的重要方式。网络舆论本质上还是公众舆论，网民也还是现实中的一个个公民。尽管司法有其自身的法律逻辑和专业性，但我国司法的职业化程度并不高，裁判文书的理论性也并非如

---

〔1〕参见广东省高级人民法院：《司法公正与网络舆情：广东法院网络舆情白皮书》，法律出版社2013年版。

〔2〕［美］凯斯·R. 桑斯坦：《极端的人群：群体行为的心理学》，尹宏毅、郭彬彬译，新华出版社2010年版，第3页。

英美法系的裁判文书一样不可能为大众所理解。在公正依法裁判的前提下,法律逻辑和大众逻辑之间并不是决然不可沟通的,公正的司法裁判也并非不可为大众所接受。相反,每一次对网络舆论关注案件的公正、依法裁判恰恰都是一次最好的普法宣传。然而,网络舆论的弊端不可以视而不见,网络舆论监督审判导致的负面影响也应当正视。

虽然网络舆论使民意表达的渠道前所未有的畅通,具有强大的社会监督功能和推进民主进步的作用,但是如果不对其加以正确的引导和规制,这种随心所欲、自由表达的特点势必会引发很多问题。网络舆论在监督审判方面具有如下几方面的缺失:

第一,网络舆论具有情绪化表达的特点。网络公众的抱怨、谩骂和指责等不满情绪可能导致对司法的信任危机。网络赋予了公众话语权,Web 2.0 则进一步放大了这种权利,让公众变得强势。掌握话语权的公众,能够通过网络以各种形式将自己的不满情绪发泄出来,把司法的负面消息公之于众,并有可能制造谣言,损害对司法的信任。网上新闻事件发生后,部分网友的表达存在不少发泄情绪的偏激言论,甚至还有进行谩骂和人身或者地域攻击的帖子。如果偏激或者极端的情绪化观点占了上风,无主见的群体成员的情绪就会受到影响,被偏激的观点所感染,造成人多势众的局面,原本的舆论监督就会变成非正常的舆论暴力,例如,不文明的粗口、人身攻击、地域攻击、人肉搜索等网络暴力行为。即便它是为了追求良好的结果,也不能掩盖这种过激行为的非法性。

第二,网络舆论呈现非理性的特点。信息的准确性无法核实,网络的开放性也就带来了它的一个负面结果,即虚假信息的泛滥。其表现主要是网络谣言和流言。谣言是人们凭空捏造的没有真实依据的对某些群体或个人不利的负面信息,而流言则是未经官方证实的信息。一些网友出于各种原因而捏造虚假信息,并将其传播到网络上,制造公共话题。卷入公共话题的司法机关被置于网络舆论漩涡的中心,负面的评价和行动也随之滚滚而来。网络谣言和流言妨碍人们获得真实信息,导致人们形成与现实不相符合的意见,严重的还会使人们产生思想上的混乱和极端行为,因而需要引导网络舆论进行理性的表达。

第三,网络舆论使司法机关难以应对事实性危机。如果说前两者多是影响公众认知的主观性信息,那真正能给司法机关造成巨大损害的是具有事实指向性的危机。事实性危机信息是指被披露的对于司法机关不利的负面消息，而这些消息确有其事。相对于网络谣言来说，危机事实被网络媒体转载和传播的频率更高，受众到达面更大，传播速率更快，更有可能产生信息变异。对于这种类型的危机信息来说，自媒体更多是起到了加速信息扩散、增强信息影响力的作用，而其造成的社会连带效应更是巨大的，导致司法机关应对失措。

舆论审判是指舆论超越了正常的司法程序，对舆论对象进行一种先在性的"审判预设"。这种"审判预设"常常能够对司法造成舆论压力，使得司法背离法律至上的原则，屈服于舆论而作出畸轻畸重的判决。舆论审判会使司法独立和舆论监督失去应有的平衡，形成舆论对司法独立的干扰，其实质是对法治精神的背离。〔1〕

在网络舆论中形成的舆论压力影响和干预司法审判，影响司法公正。一些社会重大刑事案件出现并在网络上传播后，不懂法律的网络舆论开始根据自己的好恶程度发表自己对案件的看法，并很容易形成势力庞大的"声援团"，无形中对审判结果起到某种导向作用，从而造成网络舆论监督与司法执法之间的矛盾和冲突。当网络舆论的力量过大时，哪怕这种力量是错误的，司法机关的审判在巨大的舆论压力之下，不得不考虑"民愤"或者"民怨"。

三、司法机关应对网络媒体言论的基本策略

长期以来，媒体与司法的关系就一直处于紧张的状态，网络时代，媒体与司法的关系则变得愈加复杂和紧张。司法的独立性、封闭性与媒体的开放性、透明性是一对天然的矛盾，这也是导致彼此不相适应的最主要原因。然而，这并不意味着媒体与司法之间的矛盾和冲突是无法调和的，从本质上而言，两者具有内在的一致性，它们皆以社会的公平正义为终极价值追求。因此，网络时代，面对新的媒体传播特征以及复杂多变的网民心理，如何构建良好的舆论新生态对于法院而言是一项重大课题：对内，应坚守底线和原则，加强自身能力建设；对外，应充分利用司法与媒体的良性互动

---

〔1〕罗朋：《"微"力量下的舆论审判——微博舆论对"药家鑫案"审判影响辨析》，《当代传播》2011年第5期，第47页。

平台。

(一)司法机关提高自身应对媒体的能力

长期以来,大多数的法官都在埋头办案,缺乏基本的公共关系维护和舆论应对意识。许多人认为法院的形象如何,案件的公众认可度如何都是法院宣传部门的事,与己无关,正是在这种错误观念的影响下,法院与公众的误会越来越深,导致事后再多的正面宣传也枉然。网络时代,复杂的舆论新生态,低迷的司法公信力,如何应对?最根本的一条出路是法院必须通过自身的努力,加强自身能力建设才能赢得社会公众的理解和尊重。

首先,必须积极转变思想观念。网络时代,媒体不仅仅是法制宣传的工具,网络使媒体与民意交织在一起,轻视网络,往往导致陷入舆论的漩涡不能自拔。因此,面对媒体的态度必须从敷衍、逃避向积极、主动沟通的态度转变。而不能像过去那样,任由负面新闻满天飞,或依赖监管部门一删了事。事实上过去消极应对媒体的态度并没有真正解决问题,反而使公众对法院的负面情绪和不信任感与日俱增。因此,网络时代,法院应该树立起正确的舆论观,主动公开,积极解答民众疑惑和最关心的问题,同时每一个法官都有责任向社会传播法治价值,宣传法治文化,公开司法信息,解答民众疑惑,回应公众质疑。

其次,建立专业的信息化队伍。目前,绝大多数的法院在信息宣传方面都由专人负责,但由于专业知识所限,法院的工作人员对网络的了解并不深刻,对如何运用好网络宣传法院信息,如何与民众建立起良性互动关系知之甚少。缺乏专业的信息化人才,会让法院在面对强大舆论压力的时候不知所措,从而可能引发更大的公众质疑。网络时代,信息几乎是24小时不间断地发酵着,许多事件正是由于得不到及时的答复而在一夜间引来公众铺天盖地的指责和声讨。因此,法院必须建立专业的信息化队伍,既要掌握网络传播技术,又要具备法律专业素养,在面对公众舆论批评时能第一时间给予专业的合理回答。

再次,提高法院的办案质量和司法公开水平。打铁还需自身硬,面对强大的舆论压力,积极转变思想观念,建立一支专业的信息化队伍并不能解决所有问题,法院自身高质量的工作才是解决问题的关键。一方面,法院应提高自身的办案质量,真正做到案件的实体和程序的公正,杜绝冤假错案的出现。另一方面,法院应努力实现审判过程和司法文书的充分公开，让司法走向网络，让司法在网络上发出自己的声音，真正做到司法的公开、透明。

最后，构建网络时代媒体报道司法的新规则。司法公开公正离不开媒体的支持和监督，媒体在报道司法的过程中扮演着舆论监督者的角色，其对于推动司法的有效运作，实现社会的公平正义有着重大意义。然而，过去为传统媒体报道司法建立的一系列规则并不当然适用于新媒体。近年来，新媒体在报道司法过程中存在许多突出的问题，如煽情性炒作、道德标准评判、未审先定性报道、显失公平报道等，这些问题的存在显然触碰了媒体报道司法的底线，不仅有损司法的公正，也会对媒体本身的公信力造成损害。因此，在现阶段中国司法的舆论背景下，法院积极主动构建媒体报道司法的新规则是十分有必要的：媒体报道司法应遵守法律法规，应以促进司法公正为目的；媒体报道司法必须遵守法律法规，不违反公共利益和善良风俗；媒体报道司法应坚持客观性、公正性、严肃性；媒体报道司法应保持独立，不能充当裁判者。通过构建原则和规则，引导媒体报道司法的行为，否则将构成侵权，从而使网络时代媒体报道司法有章可循。

（二）充分利用司法与媒体的良性互动平台

网络时代的出现不仅延伸了我们的眼睛和耳朵，而且解放了人们的嘴巴，它让每一个人都可以无障碍地把自己的观点、意见、情绪在全社会面前释放。这是网络媒体与传统媒体的不同，微博的出现则把这一不同发挥得淋漓尽致，成为网络时代最便捷而强大的“麦克风”组合。微博最强大的特点是：这种自媒体的特性具有核裂变式、几何级数式传播的能量。可见，时代在发生变化，若习惯性地慢半拍会让法院在舆论的漩涡中处于被动地位，因此建立一个具备公信力的公众信息平台是法院必然的选择，法院应在公众的信息平台上发出自己权威的声音，主动进行沟通交流，在谣言和负面新闻面前主动站出来化解，树立起司法的公信力。以微博为例，目前全国有 300 余家法院开通了官方微博，越来越多的基层法院意识到微博的力量，开始加入开设官方微博的队伍中。关注法院的人数也越来越多，其中最高人民法院官方微博的粉丝数量已突破 1000 万人。但是，法院官方微博的开设并不意味着法院与公众之间的沟通渠道已然畅通，在调查 300 余家法院的官方微博后发现，微博作为互动的平台并没有很好地发挥其应有的作用,主要体现在以下几个方面:第一,许多法院的微博信息公布滞后,常常一个多月甚至几个月才公布一次信息;第二,法院微博内容的单调枯燥,或转发其他法院信息,或发布本院官方新闻,许多微博只是对本院官方网站上部分信息的简单重复;第三,许多法院将微博信息的发布视为任务,对微博上公众提出的疑问和意见并没有给予回应。当然,让微博在某种程度上沦为形式的原因有很多,有思想观念方面的原因,也有内部管理的原因,甚至也会有法院说"太忙了,哪有时间刷微博"。其实,开通微博却不管理对法院自身而言是一种资源浪费,也会让公众对法院产生不信任感。如何真正将微博、微信等公众平台打造成司法与媒体的良性互动平台是值得深入思考的课题。

首先,加强对法院微博信息发布的管理。制定规范的微博管理办法,明确微博的信息发布、舆情监督由专人负责,明确责任分工。在时间上,应定时发布信息,每天都有信息是理想的状态,半个月甚至几个月不发布任何信息会让微博失去关注者,网络上称之为"掉粉";在语言上,用语应准确、规范,所谓的"咆哮体、卖萌体"与法院的形象背道而驰,使用不当会有损法院权威;在监管上,应由专人负责监管,信息发布前应审核,以便及时发现微博信息的不恰当之处,预防因随意删微博而引发公众不满现象的发生。

其次,实现微博发布内容的多样化,创新运用微博平台。法院官方微博的功能可以概括为司法公开、普法宣传、回应质疑、接受举报、舆情引导五大功能。[1]这就意味着法院官方微博的内容也应该多样化,既可以发布最新的法律法规、司法解释等,也可以公布典型案例;既可以发布本院的最新动态新闻,也可以聚焦社会新闻热点。同时还可以创新微博内容,如法官在线答疑解惑、记录法官一天的时间都去哪儿了等。2014 年人民法院十大关键词之一"失信曝光"就是创新运用微博、微信的典型:2014 年 9 月 1 日,最高人民法院微博、微信开设"失信被执行人曝光台",每天,最高人民法院微博、微信曝光一名失信被执行自然人和一名失信被执行法人,让失信者无处躲藏,使失信被执行人的信用评价与其个人名誉、生存空间直接联

---

〔1〕 朱昆:《舆论新阵地:法院官方微博的信息发布与回应》,http://court.gmw.cn/html/article/201309/10/136972.shtml,访问时间:2015 年 1 月 5 日。

系,迫使他们主动履行生效法律文书确定的义务,从而缓解执行难问题。[1]

最后,建立微博回复机制,及时回复网民的私信和评论。在微博上,网民对微博信息的回馈方式主要有点赞、转发、评论、私信等,这些都是网民对法院微博信息的真实反馈。有些是针对具体案件的探讨和评论,有些是对个别法官作风问题的批评和质疑,有些是对具体某项规定的不满和意见,对于这些问题越是回避或视而不见就越会引发网民的猜忌,因此,必须建立微博回复机制,明确在第一时间内给予回复,并针对具体事情确定在几天内给予处理并公布相关的处理意见。总之,微博的管理者在面对网民的评论和私信时,应该做到有理有据、依法回应、及时处理。

总而言之,正如《人民日报》评论文章所指出的:社会管理者更该以"善待、善用、善管"的原则,提高媒介素养,重视微博舆论场,回应社会关切,引导公众参与。社会管理创新,离不开"虚拟社会"管理创新,越早认识到这一点,工作就会越主动。[2]

(三)对网络信息传播进行适当监管和限制

自 1994 年国务院公布《中华人民共和国计算机信息系统安全保护条例》以来,中国已经先后制定了多个旨在控制互联网服务、内容、表达行为的法律法规,初步确立了一整套调整网络空间行为的法律规范体系。专门监控网络过滤和审查的大学合作机构的《公开网络倡议》(The Open Net Initiative)称,中国投入巨大的资源建立了世界上范围最大的、技术最先进的过滤系统之一,辅以对国内媒体的严格管理、网络内容供货商的责任分摊以及对网上争辩和讨论的宣传策略。我国实际上把互联网等同于传统媒体,就像对待传统媒体一样来对待互联网;在某些方面,对网络信息传播的监管和限制,还超过了对于传统媒体的监管和限制的力度。这主要表现在以下几个方面。

首先,对互联网基础设施建设进行全面控制,主要是通过设定行政许可的方式来实现管理的目的。比如,2002 年 8 月 1 日实行的《互联网出版管理暂行规定》明确规定:"从事互联网出版活动,必须经过批准。未经批

---

〔1〕 编辑部:《2014 年度人民法院十大关键词》,《人民法院报》2015 年 1 月 5 日,第 3 版。

〔2〕 单学刚:《微博之力如何撬动现实》,《人民日报》2011 年 7 月 1 日,第 20 版。

准,任何单位或个人不得开展互联网出版活动。”不仅如此,它还以一个扩大化的“互联网出版”概念,来解释和约束网络世界的复杂行为。它不区分经营性与非经营性的互联网信息提供者,不澄清复制发行这一出版概念,更不区别自己的作品与他人的作品,将几乎一切有选择性的登载和发送作品的信息传播行为均纳入互联网出版的主体审查制度。自2008年1月31日起施行的《互联网视听节目服务管理规定》也要求网络视听节目需要事先许可:“从事互联网视听节目服务,应当依照本规定取得广播电影电视主管部门颁发的《信息网络传播视听节目许可证》(以下简称《许可证》)或履行备案手续。未按照本规定取得广播电影电视主管部门颁发的《许可证》或履行备案手续,任何单位和个人不得从事互联网视听节目服务。”2009年通过的《中华人民共和国侵权责任法》第36条规定:“网络用户、网络服务提供者利用网络侵害他人民事权益的,应当承担侵权责任。网络用户利用网络服务实施侵权行为的,被侵权人有权通知网络服务提供者采取删除、屏蔽、断开链接等必要措施。网络服务提供者接到通知后未及时采取必要措施的,对损害的扩大部分与该网络用户承担连带责任。网络服务提供者知道网络用户利用其网络服务侵害他人民事权益,未采取必要措施的,与该网络用户承担连带责任。”

其次,政府通过专门的法规,使政府有关部门可以直接介入对网络准入的控制。这方面的法律法规较多,比如1996年2月1日国务院发布、1997年5月20日修正的《中华人民共和国计算机信息网络国际联网管理暂行规定》(以下简称《暂行规定》)是当时主导中国互联网管理的基本法规。其中,第6条明确规定:“计算机信息网络直接进行国际联网,必须使用邮电部国家公用电信网提供的国际出入口通道。任何单位和个人不得自行建立或者使用其他通道进行国际联网。”1998年3月,信息产业部依据上述《暂行规定》和原国务院信息化工作领导小组印发的《中华人民共和国计算器信息网络国际联网管理暂行规定实施办法》,决定自1998年11月1日起对从事计算器信息网络国际联网业务的经营单位实行经营许可证制度。这首次规定了国家对互联网资源的垄断。2000年9月25日,国务院公布《互联网信息服务管理办法》,规定对经营性互联网信息服务实行许可制度,对非经营性互联网信息服务实行备案制度。在此基础上,一些特殊的网络服务还要由相关部门前置审批,取得特别行政许可或专项备案,例如,互联网新闻信息服务许可、网络视听许可、文化经营许可、互联网出版许可、电子公告服务许可等。

再次,在内容方面进行管制。1997 年 12 月 30 日公安部发布的《计算机信息网络国际联网安全保护管理办法》第一次系统地对互联网内容进行了规范,规定了九种非法信息,1998 年以后的很多互联网信息法规都继承了此类规定,虽然其中有一些细微的变化。2000 年 9 月 25 日公布的《中华人民共和国电信条例》规定,任何组织或者个人不得利用电信网络制作、复制、发布、传播含有下列内容的信息:(1)反对宪法所确定的基本原则的;(2)危害国家安全,泄露国家秘密,颠覆国家政权,破坏国家统一的;(3)损害国家荣誉和利益的;(4)煽动民族仇恨、民族歧视,破坏民族团结的;(5)破坏国家宗教政策,宣扬邪教和封建迷信的;(6)散布谣言,扰乱社会秩序,破坏社会稳定的;(7)散布淫秽、色情、赌博、暴力、凶杀、恐怖或者教唆犯罪的;(8)侮辱或者诽谤他人,侵害他人合法权益的;(9)含有法律、行政法规禁止的其他内容的。

这"九不准"原封不动地出现在《互联网信息服务管理办法》(2000 年)、《互联网电子公告服务管理规定》(2000 年)中;此后相继颁布的《互联网出版管理暂行规定》(2002 年)、《互联网上网服务营业场所管理条例》(2002 年)、《互联网文化管理暂行规定》(2003 年)除了继续保留前述 9 条外,又新增了 1 条禁止条款:危害社会公德或者民族优秀文化传统的。《互联网新闻信息服务管理规定》(2005 年)则在保留 9 条之外,另外新增了 2 条:煽动非法集会、结社、游行、示威、聚众扰乱社会秩序的;以非法民间组织名义活动的。

复次,规定了 ISP(互联网网络服务提供者)的严格责任。ISP 不仅应当对自己向互联网用户提供的内容负责,而且应当配合政府实现对互联网上有害、非法内容的控制。例如,2000 年 9 月 20 日公布的《互联网信息服务管理办法》第 14 条规定:从事新闻、出版以及电子公告等服务项目的互联网信息服务提供者,应当记录提供的信息内容及其发布时间、互联网地址或者域名;互联网接入服务提供者应当记录上网用户的上网时间、用户账号、互联网地址或者域名、主叫电话号码等信息;互联网信息服务提供者和互联网接入服务提供者的记录备份应当保存 60 日,并在国家有关机关依法查询时,予以提供。《互联网电子公告服务管理规定》第 13 条规定:

“电子公告服务提供者发现其电子公告服务系统中出现明显属于本办法第九条所列的信息内容之一的,应当立即删除,保存有关记录,并向国家有关机关报告。”第14条规定:“电子公告服务提供者应当记录在电子公告服务系统中发布的信息内容及其发布时间、互联网地址或者域名。记录备份应当保存60日,并在国家有关机关依法查询时,予以提供。”第15条规定:“互联网接入服务提供者应当记录上网用户的上网时间、用户账号、互联网地址或者域名、主叫电话号码等信息,记录备份应保存60日,并在国家有关机关依法查询时,予以提供。”

侵权责任法在网络侵权问题上确立了两个规则:一是提示规则,即网络用户利用网络服务实施侵权行为的,被侵权人有权通知网络服务提供者采取删除、屏蔽、断开链接等必要措施。网络服务提供者接到通知后未实时采取必要措施的,对损害的扩大部分与该网络用户承担连带责任。二是明知规则,即网络服务提供者知道网络用户利用其网络服务侵害他人民事权益,未采取必要措施的,与该网络用户承担连带责任。第一个规则不仅加重了网络服务商的法律风险,而且也会增加权利人滥用诉权的可能性,导致服务商最安全的选择是:只要收到通知就采取措施,而不管被采取措施的内容正当和正确与否。第二个规则不区分网络服务商作为发布者或是中立的传播者的角色而一并进行规制,实质是要求网络服务商对网民自行上传的内容实行类似于传统的大众媒体的归责原则,其限制舆论自由的后果不言而喻。

最后,我国还在互联网上设置了过滤系统。这种过滤遍及应用、接入点、ISP和骨干网等各个层面,影响到网站、电子邮件、论坛、大学BBS、社交网、博客和微博服务、实时通信、搜索引擎等各种类型的信息传播。过滤的内容包括色情、法轮功、政治话题、少数民族话题等。一个最新的发展动向是,这种过滤系统有向私人领域蔓延的趋势。

网络舆论实际上是民意的一种表达,是民意的一个出口。如果缺乏体内自动平衡机制,社会就不具备自我警报系统,就充满了危机和矛盾。政府要摆脱这种困局,办法之一就是通过自由开放的媒体,鼓励社会的良性互动,加强政府与民众之间的直接沟通,提供有效的管道让公民参与国家事务。

从2003年开始,互联网已经开始对中国舆论生态产生巨大冲击,形成了网络媒体上的舆论监督比传统媒体的舆论监督来得更猛烈、更尖锐的局面。这无疑会促进公共论坛的形成和公共讨论的发达。

由于传统媒体作为独立的政府制衡机构的概念在中国并不存在，互联网潜在的政治意义变得十分突出。它构成了一种新的传播方式，为公民提供了互动的、非等级制的和全球性的媒介，以及绕过施加于传统大众媒体的束缚和控制的能力。作为仍在发展中的参与性最强的大众表达方式，它应该受到更大的鼓励，获得更大的空间。

（四）司法对媒体言论应当尽可能包容

美国媒介与社会学者普尔在他的著作《自由的技术》一书中提到，一方面相信新技术的普及，另一方面坚持言论自由。他所总结的 10 条“自由的指导方针”中，第 1 条就是“宪法第一修正案适用于所有的媒体”，第 2 条是“对制作和出售任何形式的出版物或信息的人不宜实行许可和审查”。对于技术市场的规制，普尔提出的第 3 条和第 4 条方针是“任何法律都必须事后执行，而不是事先限制”和“规制是最后的手段”。普尔的起点是美国宪法第一修正案，它强调表达自由的重要性，以及信息在观念市场中自由交换所带来的益处。

所谓“观念市场”（market place of ideas）是一种模拟，借用了经济学上的自由市场概念，在这样的一个市场中，真理和谎言相互竞争，人们期待前者终会战胜后者。然而，对这样的说法不是没有质疑的。美国著名的言论自由学者 C. 埃德温·贝克（C. Edwin Baker）教授就认为，观念市场的模式不乏天真和误导。他指出，只有把有关真理客观性的误置的前提同人类理性程度的极端假设合在一起，才能够正当地相信一个旨在求得真理的不受控制的观念市场在常规意义上的至高无上性。贝克的第一本巨著、由牛津大学出版社 1989 年出版的《人类自由和言论自由》，从最重要的个人自由和自治来捍卫宪法第一修正案保护的言论自由，而不是从传统悠久的观念市场理论来理解。

网络传播确实给传统的监控体制提出了挑战，但这只说明相关组织尚缺乏管理的经验，并不代表相关组织不可能实施管理。在中国跨入信息时代之时，我们应避免犯政府管制太多、压制言论自由的错误；应尽可能地使用现有的法律进行规制。在互联网提出了那么多难以解答的问题的情况下，政府未见得有最好的解决办法，即使有，也不见得是最好的解决办法。最终，互联网也许会催生出一种新的规范方式，不那么具有强制性，而更多地相信个人自由和公民自治的力量。

有越来越多的人认识到，在公共领域中过度集中的权力会带来滥用这种权力的真正危险。分散化使人们得以暴露权势者的无能和不正当行为。越多的人享有监督的力量，就可以从更广泛的视角展开监督，并对潜在的问题提出不同的识见。这个过程可能不会是一个完全自然的过程。即便我们相信，新的局面会有机地形成，问题还在于这个过程会有多长。所以，公共政策的干预亦是十分必要的，只是政策的议程须有网民参与制定，在其中，自由而开放地使用互联网，应被视为一种普遍性的权利，任何人都可以享有。

当法律和政府管制促使现在和将来的言论者因过分担心自己言论的后果而陷入过度的自我审查时，法律带给人们的只能是担心和恐惧，这种担心和恐惧会阻碍人们公开自己的想法、意见和观点，从而导致公共论坛的形同虚设和公共讨论意义的尽失。果真如此，损害的将不仅是公民享有的宪法权利，还有中国的民主进程。

第三章

互联网时代媒体与司法关系规则的构建

1985 年,世界法学家协会旨在解释《公民权利和政治权利国际公约》,通过了《关于媒体与司法关系的马德里准则》,它对媒体与司法的关系是这样定位的:

> 媒体自由是表达自由的一部分,是民主社会实行法治的基础。法官的责任是承认和实现言论自由,适用法律时作有利于言论自由的解释。只能根据《公民权利和政治权利国际公约》明示授权才能对媒体自由予以限制。规则只是规定了言论自由的最低标准,它并不妨碍更高标准的确立。
>
> 表达自由(包括媒体自由)是每一个宣称是民主社会的必不可少的基础。媒体的权利和责任是收集和调查公共信息,对司法管理加以评论。包括在不妨害无罪推定原则的前提下,对审理前、审理中和审理后的案件加以评论。评论司法的权利不能受到任何特别的限制。

这两段话显示,媒体报道和评论司法不受任何特别的限制,即只能给媒体报道和评论社会其他事务时同样的限制,如不能煽动违法犯罪、不能侮辱诽谤他人等。理由是言论自由是"民主社会实行法治的基础",是其他民主自由和一切权利的前提。司法独立固然重要,但它低于言论自由的权利,当二者不能兼顾时,言论自由优先。如前所述,司法限制媒体已经成了无用的原则。所以,司法限制媒体,既不正当也不可行。

从世界各国媒体与司法关系的发展趋势和我国的国情来看，我国没有必要颁布法律以约束媒体对司法的报道；通过禁止或者限制媒体报道来防止司法不公，对我国政治文明建设是弊大于利的。与绝大多数大陆法系国家一样，我国没有进行陪审团审判，专业的法官可以冷静地防止媒体的影响，从这个意义上来说，在没有陪审团的国家，司法和媒体的关系，并没有想象的那么“复杂”。

在不限制媒体报道和评论权利的前提下，防止媒体对司法的不良影响还有很多事情可以做。

一、传统的司法自我约束规则应当继续坚持

从美国的情况来看，并非采用“司法限制媒体”来防止舆论对司法的不良影响，而是采用“司法避免媒体的影响”来防止媒体对司法的不良影响的，并不是通过牺牲一种利益来保护另一种利益。但是，在我国，不存在美国式的陪审团，而上文所述美国的九种措施绝大部分是针对陪审团审判的情况的。另外，我国也不存在“事实审一次性”的问题，对于因受到媒体影响而出现错误裁判的情况，可以在法院的二审程序和审判监督程序中根据“实事求是、有错必纠”的原则进行纠正。所以，在不限制媒体报道司法的情况下，我国诉讼中应当通过程序的自我完善、对法庭参加人员的约束来达到“司法避免媒体影响”的目的，主要表现在以下几个方面。

一是确立审判公开与媒体接近司法的权利规则。从国际规则来看，在涉及国家秘密、个人隐私和未成年人案件等情况下可以不公开审判，但是这种限制应当降到最低的程度。所有公民、记者旁听的权利是平等的，除了可以安排利害关系人和记者优先旁听以外，其他人应当通过抽签、排序等方式获取旁听资格。同时，法官要对“媒体审判”、被告人和被害人利益、人民权利和社会秩序等各方面进行平衡，以最终决定是否可以允许媒体对庭审进行直播或者转播。

二是确立法官职业与言论自由的限制。国际规则和各国法官职业规则都认为：法官和其他普通公民一样，享有言论自由，但在行使这一权利时应当注意方式，要能够维护司法尊严、司法公正和司法独立性。之所以要限制法官的言论自由，是因为所有公务员言论都有所限制，而法官职业的

特殊性要求其受到比普通公务员更多的限制。“为了能够令人满意地履行司法职务，法官就必须接受对其公民权利的限制。没有人是被迫成为法官的，但是，如果一个人决定接受司法任命并愿意长期做法官，他就必须接受对其公民权利的某些限制。”〔1〕法官言论的限制范围包括：法官不应当评论案件；法官与媒体要保持距离，具体来说，法官不必要向媒体解释自己的看法，法官个人不应当回应媒体的批评，法官应谨慎参加广播和电视节目，法官不应当兼任记者或者通讯员；法官应当保守司法秘密；法官社会活动中的言论应当维护法官公正的形象。在我国，2001 年 10 月 18 日最高人民法院颁布的《中华人民共和国法官职业道德基本准则》有 6 个条款〔2〕对法官的言论自由限制进行了规定，分别要求法官不得评论和影响同行办案，自觉避免媒体影响，不得发表有损司法权威和严肃性的评论，不得泄露秘密，不得在媒体上发表影响司法权威和公正的文章与言论。2010 年 12 月 6 日修订后重新发布的《中华人民共和国法官职业道德基本准则》（后文引用的该规则的条款都是指 2010 年修订后的条款）对前述内容进行了修改，修改的特点是更加概括和抽象，但包含了前述 6 个条款的内容，修改后的条款有三条：

> **第七条**　维护国家利益，遵守政治纪律，保守国家秘密和审判工作秘密，不从事或参与有损国家利益和司法权威的活动，不发表有损国家利益和司法权威的言论。
>
> **第十二条**　认真贯彻司法公开原则，尊重人民群众的知情权，自觉接受法律监督和社会监督，同时避免司法审判受到外界的不当影响。
>
> **第十四条**　尊重其他法官对审判职权的依法行使，除履行工作职责或者通过正当程序外，不过问、不干预、不评论其他法官正在审理的案件。

上述三个条款，分别规定了法官不得发表有损国家利益和司法权威的言论、避免司法审判受到外界的不当影响、不评论其他法官正在审理的案

---

〔1〕 怀效锋主编：《法院与媒体》，法律出版社 2006 年版，第 225 页。

〔2〕《中华人民共和国法官职业道德基本准则》（2001 年）第 13、16、42、44、45 条。

件三项内容,确立了法官言论的边界,这一边界与美国对法官言论的限制基本一致。

三是确立检察机关与媒体关系的规则。检察机关与媒体关系的本质是政府信息公开与媒体接近执法机关这一知情权的关系。我国正在进行的检务公开,是检察机关信息公开的重要创举,但是将来确立检察机关信息公开制度时应当考虑:检务公开的范围必须遵守政府信息公开的一般原则;对于检察机关这一特殊执法主体,其公开的范围应当考虑到知情权与保护隐私等公民权利、维护国家安全与社会秩序、保障诉讼顺利进行、保障审判公正四种利益的平衡。中国检务公开改革的方向是,将检务公开纳入将来制定的"信息公开法"的范围,立法应当明确,检察机关以多种方式公开其信息的同时,应当允许公民申请公开,并有权寻求司法救济。

四是确立律师与媒体关系的规则。我国关于律师言论自由的立法并不完善,可以通过律师法、刑事诉讼法、律师职业伦理规则等形式对辩护律师的言论自由进行规范,可以从职业规范角度规制律师庭外的不当言论;同时,建立辩护律师庭上言论豁免及其限制规则,使得律师的庭上言论既能充分为当事人服务,又能保持在规则允许的范围内。

五是借鉴美国的做法,通过改变审判地点和推迟审判时间防止媒体的影响。异地审判已经在我国诉讼法中有规定,但是由于网络时代媒体的发达,防止媒体影响司法的作用已经微乎其微了。但是,推迟审判的做法应当受到重视,在美国,如果问题是由于一些在开始审判前夕发生的事件或泄露的消息所引起的话,当可以期待这种敌对情绪会在合理期限内逐渐减弱时,诉讼延期就是一个有效的措施。在谢泼德案[1]中,最高法院认为,"一定的诉讼延期会减弱陪审员挑选所引起的问题。"由于倾向性宣传报道而允许诉讼延期并不是经常性的,通常只有在特别情况下才会发生。因为即使被告人自愿放弃其迅速审判的权利,迅速审判的社会利益依然存在。[2]也即社会有要求正义不迟到的权利。对此,我国法律应当规定在媒体影响极大的特别情况下,人民法院有权力自行决定、被告人也有权利申请对于可能形成舆论审判的案件推迟审判。法律应当赋予被告人要求推迟审判的权利。

---

〔1〕 Sheppard v. Maxwell, 384 U. S. 333(1966).

〔2〕 [美]韦恩·R. 拉费弗等:《刑事诉讼法》,卞建林等译,中国政法大学出版社2003年版,第1186页。

以上的传统做法是综合的，很多是已经有法律规定的——如法官的言论规则；对于我国还没有法律规定的，应当考虑通过新的立法或者司法解释、司法文件进行规定。

二、通过合理界定办案秘密限制信息释放

在刑事诉讼中，法国通过司法机关自身信息公开的限制达到防止媒体对司法影响的目的，但这并不是针对媒体的禁止。禁止公开的内容本属于国家秘密或者不应当公开的"审判秘密"，与英国和美国法律中针对媒体报道的限制是不同的，也就是说，法律限制的是国家机关而非新闻媒体。

如前所述，"拒绝给予资讯"存在一个悖论。一方面，现代司法要求司法信息公开、审判公开，这是人民知情权和公正审判的要求；但是另一方面，又要适当限制司法信息的释放，防止媒体审判。所以，对于"审判秘密"如何界定、哪些信息可以拒绝给予，是一个不断变化的问题。关于审判秘密如何界定的问题，我国《最高人民法院、国家保密局关于人民法院工作中国家秘密及其密级具体范围的规定》规定，"人民法院工作中的国家秘密是指人民法院工作中关系国家的安全和利益，依照法定程序确定，并在一定时间内只限一定范围的人知悉的事项"，具体包括法院就重大案件的内部重要指示、决定、部署、方案和案件处理中重大、重要问题的请示、报告、批复。该规定进一步指出："对于人民法院在审判工作中形成的，虽不属于国家秘密，但一旦公开又会造成不良影响和后果的事项，应按审判工作秘密保护，不准擅自公开和扩散。"关于不宜公开的审判工作事项，根据《最高人民法院关于保守审判工作秘密的规定》中确定的保密要求，应指合议庭、审判委员会讨论案件情况，涉密证据材料，涉密案件的承办和案件涉及的商业秘密、个人隐私等情况，执行死刑情况和刑事司法统计数字，以及诉讼档案中涉及的有关资料等。

我国法官法第7条第6项明确规定保守国家秘密和审判工作秘密是法官应当履行的义务。因此，在合理界定审判秘密的前提下，每一位法官都必须自觉遵守保密义务，严守审判秘密，谨言慎行，防止泄露审判秘密，避免媒体审判，保障司法公正，保护诉讼参与人的权利。

公安机关和检察机关也有类似规定，内容全面规范，在此仅举两例。

2008 年 4 月 10 日,公安部刑事侦查局"办案公开制度",要求"公安机关办案公开制度侦破危害严重、影响恶劣的案件后,有关地方刑侦部门应当在公安机关统一领导和组织下,采取适当方式向社会公开破案情况和结果"。2013 年 1 月 1 日起实施的《公安机关执法公开规定》第 4 条规定:"公安机关不得公开涉及国家秘密,以及可能妨害正常执法活动或者影响社会稳定的执法信息。"但是,公安部对于是否可以公开证据和证人情况并没有作出规定。除非特殊情况下有更高利益需要考虑,否则不能公开证人和证据,这是世界各国的通行做法。2014 年 10 月 1 日发布并实施的《人民检察院案件信息公开工作规定(试行)》第 11 条首次在我国规定了这一内容:"人民检察院对正在办理的案件,不得向社会发布有关案件事实和证据认定的信息。"另外,公安、检察机关都还有其他办案秘密,都可以不向媒体公开。

三、通过司法公开防止媒体的误导

在 20 世纪末,司法公开工作已经逐渐开始,党的十八大以来,司法公开迎来了新的时期。2012 年 11 月 8 日,党的十八大报告提出:"推进权力运行公开化、规范化,完善党务公开、政务公开、司法公开和各领域办事公开制度,让人民监督权力,让权力在阳光下运行。"这是首次将司法公开写入党的重要文件。党的十八届四中全会指出,要让人民群众在每一个司法案件中都感受到公平正义,构建开放、动态、透明、便民的阳光司法机制。党的十八届四中全会充分肯定了司法公开的价值和意义,司法改革的目标也在于全力打造让人民群众满意的阳光司法机制。四中全会在三中全会要求"推进审判公开、检务公开"的基础上,提出了推进审判公开、检务公开、警务公开、狱务公开"四大公开",将"四大公开"全部纳入阳光司法机制的范围。近年来,各级政法机关全力推进执法司法公开,也取得了很大的成绩:2013 年年底最高人民法院大力推进审判流程公开、裁判文书公开、执行信息公开三大平台建设,使人民法院司法公开取得新的进展。在检务公开方面,最高人民检察院已建立四大平台:案件程序性信息查询平台、重要案件信息发布平台、法律文书公开平台、辩护与代理预约平台。在警务公开方面,2013 年实施的《公安机关执法公开规定》,对其作出了全面系统的规定。在狱务公开方面,2015 年《司法部关于进一步深化狱务公开的意见》提出要进一步深化狱务公开内容、创新狱务公开方式、完善狱务公开工作制度。当前,“四大公开”都有了明确的规范依据,并且配套制度建设也逐步完善,顶层设计和各地实践的结合,使我国的司法公开工作全面进入正轨,不过司法公开还会面临很多问题,存在很多挑战。

对于司法机关来说,民意的影响客观存在,与其被动地承受民意施加的压力,不如主动地引导民意。司法机关应该相信,民意是可以引导的,也应该积极引导,关键在于要采用正确的方式加以引导,使其趋于理性。让公众接受裁判的基本前提是要满足公众的知情权,因此,司法机关应该与公众进行充分的沟通交流,通过信息交换以及不同观点的碰撞,实现司法与民意的良性互动。一方面可以通过司法机关自身的司法行为直接引导民意,如提高办案过程的透明度,尽可能让公众了解案件的进展,谣言便会不攻自破,群众也不再“不明真相”;另一方面则可以通过规范媒体的报道,发挥媒体的桥梁作用,通过它间接引导民意。司法机关要主动引导民意,“作为引导者不能居高临下,更不能观望和等待,而应该积极参与舆论互动,依赖于所表达的意见本身的说服力,以及说服的技巧,公开回应舆论疑问。”可以说,对民意的回应事实上也在将民意引向理性。〔1〕

四、通过媒体自律体现对司法的尊重和理解

《马德里准则》在“附录·实施的策略”中还指出:“司法权力与言论自由、特殊人群(指的是未成年人和其他需要提供特殊保护的人)的权利之间的平衡,是非常难以做到的。所以对于与此相关的个人或者群体,必然采用下列的一种或者多种方法加以应对:立法解决、媒体协商、媒体联合会,还可以由媒体行业内部制定媒体职业道德准则。”除了前述立法规定审判前、审判中、审判后对媒体的具体约束以外,媒体内部的制约是一种重要的方式。

新闻记者的职业守则,最初在20世纪20年代初期开始系统编纂。各国的新闻职业守则在形式和范围上大不相同。回顾历史,媒体和司法的关系可以说是相当融洽。媒体对司法表现出了尊重和理解,也起到了“看门

〔1〕 何静:《理性对待刑事司法过程中的民意》,《中国刑事法杂志》2010年第6期,第71—72页。

狗”的作用。在很多国家已经成立了媒体委员会,借以对媒体形成必要的自律。各国的新闻从业人员都有自律的信条。如美国,不管国情如何,这类约束信条都有最起码的一条:要作信实的报导。新闻人员应有新闻自由,但绝无错导误报的自由。在媒体职业道德的制约方面,《马德里准则》没有关于媒体职业道德的具体内容,但国际法学家协会的官员认为,各国的媒体内部职业道德准则一般应包括以下内容:(1)公平地进行批评性报道,有责任纠正错误,不能发布误导性图片。(2)对批评性的报道和评论提供回答的机会。(3)对事实进行现场而真实的报道。(4)尊重隐私。(5)应当区分事实与评论。(6)不能因种族、国籍、宗教、性别而产生歧视和挑起仇恨。(7)不能以不诚实的方式获取信息。(8)不能对人造成危险。(9)应当具有通常的庄重姿态和鉴赏标准。(10)不能泄露秘密的消息来源。(11)不能对被告人进行有罪预断,对于已经解除起诉或者被判无罪的人不能发表其以前的控告与有罪判决的资料。[1]

鼓励媒体自律的其他方式还包括司法机关与媒体之间签订“特别公约”。如我国台湾地区,自 1997 年白晓燕案后,经由台湾新闻记者协会、台湾媒体观察教育基金会、媒体改造学社、公民参与媒体改造联盟、民间司改会、台湾人权促进会共同讨论,于 2005 年年底完成了《绑架新闻报道及采访公约》,并推动各大媒体共同签署遵行。

在我国,中国记协在 1991 年 1 月第四届理事会第一次全体会议通过了《中国新闻工作者职业道德准则》,并在 1997 年 1 月进行了第二次修订,2009 年 11 月 9 日进行了第三次修订。此外,中国记协 1993 年发布了《关于加强新闻队伍职业道德建设、禁止“有偿新闻”的通知》,1997 年和中宣部联合发布了《关于禁止“有偿新闻”的若干规定》。《中国新闻工作者职业道德准则》要求:报道新闻不夸大不缩小不歪曲事实,不摆布采访报道对象,禁止虚构或制造新闻。有人指出,该准则存在三个缺陷:内容简单,表述含混,操作性差[2];并根据法律已有的规定和以往的经验教训,提出媒体和记者在报道司法审判活动时的十条自律规则。[3]

---

〔1〕 Beloff, Fair Trail—Free Press? Reporting Restrictions in Law and Practice, (Spring 1992) *Public Law* 92, p. 98.

〔2〕 康为民主编:《传媒与司法》,人民法院出版社 2004 年版,第 266—268 页。

〔3〕 徐迅:《四大焦点引人注目　十条规则首次亮相》,《检察日报》2003 年 12 月 17 日,第 5 版。

虽然我们不主张通过司法向媒体发布禁令的方式来限制报道，但禁令的内容作为媒体自身的自律性条款却是十分必要的。自律规则中至少应当规定以下内容：第一，不能对被告人进行有罪预断，对于已经解除起诉或者被判无罪的人不能发表其以前的控告与有罪判决的资料；第二，不能对正在审理的案件进行严重失实或恶意倾向的报道，损害司法权威、影响公正审判；第三，不能接受一方当事人请托，歪曲事实，恶意炒作，干扰人民法院审判、执行活动，造成严重不良影响；第四，不能有其他严重损害司法权威、影响司法公正的行为；第五，还可以通过司法机关与媒体之间签订“特别公约”的方式来确定自律条款。

另外，通过新媒体的自我管理及时删除不当信息，是新媒体时代网络编辑事后审查的重要机制。据 BBC 报道，美国麻省理工学院《MIT 技术评论》杂志刊登一份研究报告，揭露新浪微博的“删帖”内幕。该报告说，30% 的删帖在微博发出后 5 至 30 分钟内完成，删帖几乎是“实时”进行。[1]

自 2015 年 1 月“网络敲诈和有偿删帖”专项整治工作启动以来，截至 6 月底，北京市通信管理局已经关闭 84 家涉及网络敲诈和有偿删帖的网站，并将其列入工信部备案“黑名单”系统，禁止境内运营商提供接入服务。企业在执法机构的要求和领导下也参加了“网络敲诈和有偿删帖”专项整治工作。新浪微博调动多个部门协同作战，投入 50 名工作人员，每天 24 小时专人专班负责监看、清理工作。2015 年 1 月到 6 月底，站方清理了涉及专项工作新闻报道的负面评论 170 条，清理借助微博平台企图实施敲诈犯罪的违规内容 3162 条，关闭发布违法内容的账号 103 个。在百度搜索上，清理屏蔽关键词共 376 个；清理有害联想词、相关搜索共 753 个；清理有害网站地址 5572 个；清理有害站点 382 个。在百度贴吧，共清理有偿删帖信息 10 万（其中图片 7 万，文字 3 万）。[2]

这种做法尽管非议很多，但确实是不得已的做法，因为任何国家都不会允许对网络言论的内容不作任何控制——特别是事后控制。企业自己的管理行为，也体现了自身遵守法律、维护企业利益的要求，因为违法行为

---

〔1〕 参见 http://news.takungpao.com/hkol/digest/2013-03/1479847.html，访问时间：2013 年 3 月 8 日。

〔2〕 参见刘维靖：《北京依法打击网络敲诈和有偿删帖　上半年关闭 84 家网站》，http://gb.cri.cn/42071/2015/07/14/7591s5030326.htm，访问时间：2015 年 7 月 15 日。

不仅将导致自身经济利益、企业信誉受损，甚至于会受到民事追究、行政处罚和刑事处罚。

五、通过网络执法过滤或删除违法的司法报道

到目前为止，世界上较为发达的国家都成立了网络警察部门以便严厉打击网络犯罪行为。2003 年 6 月，美国总统布什下令组建了国家网络安全处，下设三个部门，分别担负三项职责：一是识别风险和减少政府以及私营网络的安全漏洞；二是管理一个网络安全跟踪、分析和反应中心，以便探测对互联网的攻击并向公众发出警报；三是开发有关安全措施的教育计划。这一机构既行使一般网络警察的职权，又在级别上高于一般的网络警察，从而在组织形式上达到了一个更高的高度。在英国，伦敦警察局犯罪部主要负责打击计算机犯罪行为，同时为社会大众解决计算机病毒等问题。在法国，巴黎警察分局成立了信息技术犯罪缉查处，这些网络警察负责信息网络的安全运行和打击计算机犯罪行为。德国也成立了网络警察部门，这些网络警察坐在电脑屏幕前就可以追查网络上的各种犯罪行为，很好地打击了网络犯罪行为。[1]

有害信息治理技术的核心是有害信息的发现技术。发现技术包括主动发现和被动防御两种方式，主动发现的方式主要指基于搜索引擎的有害信息主动监测，被动防御的方式则以网络内容过滤和封堵为主。借助网络有害信息的发现机制，可以通过有效的技术手段对网络有害信息进行监测、过滤、屏蔽，以使其难以在网络上传播，从而达到净化网络的目的。目前，许多国家均实施了内容过滤政策。例如，欧盟采取技术措施处理有害内容，增强过滤软件和服务的实际效果，确保用户对信息的选择接受权利；日本总务省与日本电气股份有限公司共同开发过滤系统，防堵有关犯罪、色情与暴力的网站；美国的中小学如今都对学校的电脑实行联网管理，集中对那些影响儿童身心发育的网站进行屏蔽；新加坡等“严格限制媒体”的国家公开列出一些网站和需要过滤的关键词，强行要求网络服务提供商

---

〔1〕 吴道霞：《加强我国网络警察建设的思考》，《中国人民公安大学学报》（社会科学版）2009 年第 1 期，第 41—45 页。

(ISP)进行封堵。[1]

我国网络警察是一个最年轻的警种。1983年,为确保我国计算机应用顺利发展,经国务院批准,公安部正式成立了计算机管理和监察司;1988年12月21日,公安部印发了《全国公安计算机安全监察工作会议纪要》,要求各省、自治区、直辖市公安厅局迅速建立一支公安计算机安全监察管理队伍。1994年2月18日,我国颁布了《中华人民共和国计算机信息系统安全保护条例》,其第6条规定:"公安部主管全国计算机信息系统安全保护工作。"第17条规定:"公安机关对计算机信息系统安全保护工作行使下列监督职权:(1)监督、检查、指导计算机信息系统安全保护工作;(2)查处危害计算机信息系统安全的违法犯罪案件;(3)履行计算机信息系统安全保护工作的其他监督职责。"1995年八届全国人大常委会第十二次会议通过的《中华人民共和国人民警察法》第6条第12项规定:公安机关人民警察依法履行监督管理计算机信息系统的安全保护工作的职责。

1997年八届全国人大第五次会议上通过的刑法中增设了有关计算机犯罪的三个条款。1998年,公安部正式成立"公共信息网络监察局",中国自此有了专门的"公共信息网络监察人员"对互联网进行监督和管理,打击网络违法犯罪,人们习惯称其为"网络警察"。[2]自2007年9月20日起,河南省18个省辖市的"网络警察"开始执行网上巡逻及处警任务。当发现网上有淫秽色情、赌博、诈骗等内容或遇上黑客攻击、病毒及木马侵入等情况时,网民均可直接点击全省设立在116个网站和286个论坛上的"报警亭"和"虚拟警察",举报违法犯罪行为,进行求助与咨询。[3]

2015年5月,针对当前网络上出现的各种违法犯罪和有害信息的情况,公安部建立网警常态化公开巡查执法机制,使网警的执法工作从原来的幕后走向台前,这次最大的改变是在网上亮明身份。网警设立已有18年时间,以往多在网络终端后面筛查违法信息,一旦发现违法、传谣的帖子就会予以删除,但是发帖者或许并不知道自己的帖子已涉嫌违法。这次网警公开亮明身份,对于一些涉嫌违法、传谣的网帖将会采取面对面"拍肩

---

[1] 张新宝、林钟千:《互联网有害信息的依法综合治理》,《现代法学》2015年第2期,第56页。

[2] 李俊:《关于我国网络警察现实问题的研讨和对策》,《广西警官高等专科学校学报》2010年第5期,第9—12页。

[3] 《"网络警察"能否肃清网络　记者直击网警执法过程》,http://www.china.com.cn/law/txt/2007-10/30/content_9147688.htm,访问时间:2007年10月30日。

膀、打招呼”的方式，直接提醒网民删除违法信息。网警以下列方式公开巡查。

一是通过24小时巡查，及时发现网络上各种违法犯罪信息和有害信息；二是依法震慑制止网络违法犯罪和网上不良言行，对情节轻微的网民进行教育警示，对涉嫌违法犯罪的，依法追究相应法律责任；三是发布典型网络犯罪案例和警示防范信息，协助网民提升网上安全防范意识和防范能力；四是接受网民举报网上违法犯罪线索，开展网上法制宣传教育等。[1]

在过滤或者删除的内容上应当特别注意的是，案件的炒作性报道和评论如果既不会危害国家安全、个人隐私，也难以称为谣言，仅仅是对案件有立场上的偏向的信息，不属于过滤或删除范围。要过滤或删除这些信息，一则，没有执法依据；二则，网络警察对该信息是否对司法有害也不好判断，操作起来有困难。拿过滤来说，一篇涉案报道，基本上来说，文字上未明显出现反动、淫秽字眼，顶多写了某某法院、某某人，表面看不出问题。删除就更应当慎重，我们不能因为一篇报道提到了案件信息就贸然动手，网警或网站管理人员不适合在言论自由和司法公正这个如此重大的问题上任意权衡并立即作出执法行动。

当然，目前公民最大的担心是警方在行使合法权力时滥用国家权力，对普通公民的权利造成不必要的伤害。尤其是进行网络监管的民警，如果出于个人或其他目的违法监管，势必会对普通公民的通信自由权、隐私权造成伤害。而这些伤害又是处于没有觉察之中的，无法提起司法救济。[2]特别是网络警察有直接删除“有害信息”的权力，这一权力如何受到限制，使其谨慎行使，这是一个难题。从目前的法律依据来看，这属于具体行政行为，可以根据行政诉讼法提起行政诉讼。为了使这一行为符合行政行为公开、公平、公正的要求，有必要将现在“亮明身份”的做法作为执法行为程序正当的基础性要求，对第一次删帖行为做到身份留痕；还要将删除内容予以保留，并在技术上区分媒体自我删除和警察执法删帖，留存删除内容的证据，以保护被删帖人的言论自由权。现有的法律文件只是强调执法的

---

〔1〕 参见《网警今日进驻微博微信 直接删帖》，http://www.techweb.com.cn/shoujiyouxi/2015-06-01/2158981.shtml，访问时间：2015年6月1日。

〔2〕 参见孟璐：《论网络警察的执法权——以“裸聊”现象为视角》，《辽宁警专学报》2009年第2期，第770—781页。

权力，没有能够体现执法过程中公民权利的保护，是不适当的。必要时应当出台专门的“网络警察执法法”，对网络执法进行规范。

六、对媒体的不当报道行为追究法律责任

媒体所应当承担的责任除法律责任外，还包括行政责任和道义责任。行政责任指媒体管理部门或行业协会对媒体所作的处理；道义责任指媒体的行为应当符合公众的期望，否则将遭受公众的不利评价。此处所讨论的媒体不当报道的责任是指媒体在行使舆论监督权时因不当报道而对他人应负的法律责任。法治的一项基本要求是法律得到普遍的遵守和服从，人人都须对自己的违法行为承担责任，不存在任何法外特权。在我国，虽然绝大多数媒体因具有“半官方”属性而地位独特，但它们在法治视野中仍是普通法人身份，从一般意义上来说，不享有任何责任豁免。

在新闻法尚未出台的背景下，2009 年 12 月，《最高人民法院关于人民法院接受新闻媒体舆论监督的若干规定》第 9 条规定：“人民法院发现新闻媒体在采访报道法院工作时有下列情形之一的，可以向新闻主管部门、新闻记者自律组织或者新闻单位等通报情况并提出建议。违反法律规定的，依法追究相应责任。（一）损害国家安全和社会公共利益的，泄露国家秘密、商业秘密的；（二）对正在审理的案件报道严重失实或者恶意进行倾向性报道，损害司法权威、影响公正审判的；（三）以侮辱、诽谤等方式损害法官名誉，或者损害当事人名誉权等人格权，侵犯诉讼参与人的隐私和安全的；（四）接受一方当事人请托，歪曲事实，恶意炒作，干扰人民法院审判、执行活动，造成严重不良影响的；（五）其他严重损害司法权威、影响司法公正的。”这是媒体所称的最高人民法院针对媒体司法报道发布的“五条禁令”。

上述五条禁令的内容中，其中第一、三项属于媒体泄密和侵害个人权利的内容，而第二、四、五项则可以概括为媒体的“有害性报道”，即对公正审判有损害的报道。但是，这三条内容中“严重失实或者恶意进行倾向性报道”，“歪曲事实，恶意炒作”，“严重损害司法权威、影响司法公正”的含义是什么呢？最高人民法院没有进一步说明，自禁令颁布以来也并没有“依法追究相应责任”的情况出现，使这一禁令成了摆设，成了停留在纸面上的规范。当然，从该规定来看，我国的禁令采用的是事后追究的方式，“人民法院

发现新闻媒体在采访报道法院工作时有下列情形之一的,可以……”即并不针对具体案件事先向媒体发布禁止报道的命令——司法缄口令,而是对已有的报道发现违背了“五条禁令”时向相关新闻单位通报情况,提出建议,依法追究相应责任。什么是“依法追究”,这需要我们依据其他已有法律来分析。我国规范媒体报道行为的立法或规则较多,主要包括四类。

(1)相关法律的规定。例如,现行刑法中约有20余个罪名与新闻传播活动有关,如侮辱罪、诽谤罪、泄露国家秘密罪;刑事诉讼法第194条是对在庭审过程中违反法庭秩序的旁听人员予以惩罚的规定,当然适用于媒体记者;媒体不实报道侵害他人名誉权或者是未经同意披露他人隐私的,民法通则、侵权责任法都规定了责任条款;保守国家秘密法对出版物、广播电视节目、互联网等,要求遵守有关保密规定;此外,还有全国人大常委会两个有关网络安全的决定,即《关于维护互联网安全的决定》和《关于加强网络信息保护的决定》。目前,全国人大已经起草了“网络安全法(草案)”,自2015年7月6日起面向全国公开征集对草案的修改意见。[1]类似的立法将为互联网有害信息治理提供执法依据。

(2)相关行政法规和部门规章的规定。行政法规,如《计算机信息系统安全保护条例》《信息网络传播权保护条例》等;各部门规章,如《计算机信息网络国际联网安全保护管理办法》《广播电视管理条例》等。其中,《广播电视管理条例》第32条禁止广播电台、电视台制作、播放载有下列内容的节目:危害国家的统一、主权和领土完整的;危害国家的安全、荣誉和利益的;煽动民族分裂,破坏民族团结的;泄露国家秘密的;诽谤、侮辱他人的;宣扬淫秽、迷信或者渲染暴力的;法律、行政法规规定禁止的其他内容。《互联网信息服务管理办法》第15条规定了互联网信息服务提供者不得制作、复制、发布、传播的九条禁令。

(3)最高人民法院的司法解释或司法文件。例如,《关于依法严厉打击编造、故意传播虚假恐怖信息威胁民航飞行安全犯罪活动的通知》《关于审理侵害信息网络传播权民事纠纷案件适用法律若干问题的规定》《关于办理利用信息网络实施诽谤等刑事案件适用法律若干问题的解释》等。为进一步规范人民法院与新闻媒体的关系,最高人民法院2009年12月出台了

---

〔1〕 参见 http://www.npc.gov.cn/npc/xinwen/lfgz/flca/2015-07/06/content_1940614.htm,访问时间:2015年7月6日。

《关于人民法院接受新闻媒体舆论监督的若干规定》(以下简称《规定》)。该《规定》第9条列举了媒体违法的5种情形:损害国家安全和社会公共利益的,泄露国家秘密、商业秘密的;对正在审理的案件报道严重失实或者恶意进行倾向性报道,损害司法权威、影响公正审判的;以侮辱、诽谤等方式损害法官名誉,或者损害当事人名誉权等人格权,侵犯诉讼参与人的隐私和安全的;接受一方当事人请托,歪曲事实,恶意炒作,干扰人民法院审判、执行活动,造成严重不良影响的;其他严重损害司法权威、影响司法公正的。人民法院发现新闻媒体在采访报道法院工作时有上述情形之一的,可以向新闻主管部门、新闻记者自律组织或者新闻单位等通报情况并提出建议。违反法律规定的,依法追究相应责任。

(4)行业准则。2009年11月9日,中华全国新闻工作者协会第七届理事会第二次全体会议修订了《中国新闻工作者职业道德准则》,对媒体行为规定了较为详细的职业道德要求,媒体和新闻从业人员都应遵守。从严格意义上说,该准则不属于法的范畴,不具有法的强制性,但是它在实践中是媒体和新闻从业人员的行动指南,不能说没有约束力。

在上述四类制度依据中,最为引人注目的是最高人民法院2009年出台的《规定》,它是目前明确媒体监督司法时是否存在不当行为,以及对媒体不当行为追究责任的直接依据。

根据《规定》的内容,媒体不当报道行为包括以下五类:①损害国家安全和社会公共利益的,泄露国家秘密、商业秘密的。②对正在审理的案件报道严重失实或者恶意进行倾向性报道,损害司法权威、影响公正审判的。③以侮辱、诽谤等方式损害法官名誉,或者损害当事人名誉权等人格权,侵犯诉讼参与人的隐私和安全的。④接受一方当事人请托,歪曲事实,恶意炒作,干扰人民法院审判、执行活动,造成严重不良影响的。⑤其他严重损害司法权威、影响司法公正的。这是兜底条款。列举式方式存在列举不完全的弊端,更何况新闻媒体监督法院的方式、手段也在不断发展变化,尤其是随着自媒体时代的到来,所有人都可借助网络同时对其他人发布信息。在社会热点案件的审理过程中,如果当事人发布的信息“严重损害司法权威、影响司法公正”,法院不能对其予以制裁,而作为发布平台的网络媒体,应对此承担相应责任。对以上不当报道行为的责任追究,包括刑事责任追究、给予行政处罚和承担民事责任三种方式。

(1)追究刑事责任。上述第①、③、④类报道行为中,相关新闻从业人员的不当行为如达到刑法所规定的严重程度,都将构成犯罪。其中,损害国家安全的,按照危害国家安全罪中的相应罪名予以刑事处罚;泄露国家秘密、商业秘密的,分别按泄露国家秘密罪、侵犯商业秘密罪予以刑事处罚;侮辱、诽谤他人构成犯罪的,分别按侮辱罪、诽谤罪予以刑事处罚;接受一方当事人请托,收受财物的,按受贿罪处罚。侮辱罪、诽谤罪一般属于告诉才处理的犯罪,由被害人诉诸法院后才启动刑事诉讼程序,实行"不告不理";上述其他罪名属于公诉案件,按照立案管辖的分工由侦查机关主动启动刑事诉讼程序,追究刑事责任。

(2)给予行政处罚。行政处罚是针对尚不构成犯罪的违法行为而由行政主管部门作出的处罚,适用于上述五类媒体不当报道的行为。这当中既包括对新闻媒体的行政处罚,也包括对新闻从业人员的行政处罚。例如,我国 2011 年修订的《出版管理条例》第 25 条、第 26 条明确列举了出版物的禁止性内容[1],对违反者根据该条例第 62 条的规定给以行政处罚,即"尚不够刑事处罚的,由出版行政主管部门责令限期停业整顿,没收出版物、违法所得,违法经营额 1 万元以上的,并处违法经营额 5 倍以上 10 倍以下的罚款;违法经营额不足 1 万元的,可以处 5 万元以下的罚款;情节严重的,由原发证机关吊销许可证"。对新闻从业人员的行政处罚主要包括警告、罚款、吊销其新闻记者证及限业等。例如,2009 年 10 月 15 日起施行的《新闻记者证管理办法》第 35 条,对作出虚假报道记者的处罚规定是:"新闻机构工作人员有以下行为之一的,由新闻出版总署或者省、自治区、直辖市新闻出版行政部门给予警告,并处 3 万元以下罚款,情节严重的,吊销其新闻记者证,构成犯罪的,依法追究刑事责任。"新闻出版总署 2011 年 5 月 17 日发布的《新闻采编人员不良从业行为记录登记办法》,既规定了新闻采编人员不良从业行为的种类,还在第 12 条中作出了限业 3 年直至终身的

[1] 根据国务院 2011 年 3 月 19 日修订的《出版管理条例》第 25 条规定,任何出版物不得含有下列内容:反对宪法确定的基本原则的;危害国家统一、主权和领土完整的;泄露国家秘密、危害国家安全或者损害国家荣誉和利益的;煽动民族仇恨、民族歧视,破坏民族团结,或者侵害民族风俗、习惯的;宣扬邪教、迷信的;扰乱社会秩序,破坏社会稳定的;宣扬淫秽、赌博、暴力或者教唆犯罪的;侮辱或者诽谤他人,侵害他人合法权益的;危害社会公德或者民族优秀文化传统的;有法律、行政法规和国家规定禁止的其他内容的。该条例第 26 条规定:以未成年人为对象的出版物不得含有诱发未成年人模仿违反社会公德的行为和违法犯罪的行为的内容,不得含有恐怖、残酷等妨害未成年人身心健康的内容。

规定。例如，有虚假新闻、有偿新闻行为或者被吊销新闻记者证的，5 年内不得从事新闻采编工作。

(3)承担民事责任。这主要针对上述第③类情形，即媒体在涉案报道中因过错侵害他人的人格权利而须承担的责任，一般被称为“新闻侵权”。新闻侵权主要包括名誉侵权和隐私侵权。名誉侵权的一个关键性构成要件是报道失实，实践中以名誉侵权为由状告媒体而胜诉的案例，主要是因为媒体报道的事实不真实或评论依据的事实不客观，导致他人的社会评价降低。隐私权作为一种基本人格权利，是指自然人享有的私人生活安宁与私人信息秘密依法受到保护，不被他人非法侵扰、知悉、收集、利用和公开的一种人格权。隐私侵权是指媒体未经同意披露了他人的隐私，导致其精神痛苦。隐私侵权不以报道失实为构成要件，恰好相反，相关的隐私披露越真实，权利人的受损程度越大，媒体的责任越重。在新闻侵权发生之后，受害人可以依法向人民法院提起民事诉讼，媒体对此承担民事责任的形式包括停止侵害、赔礼道歉、赔偿损失等。

综上，媒体或者新闻从业人员在司法报道中的不当行为，由执法部门依法查处、追究责任，或者由权利人向法院起诉追究其责任，一般不由法院直接处罚，法院只能向有关单位“通报情况并提出建议”。《规定》的这种设置，体现了人民法院对媒体监督权的尊重，符合法院不直接处罚媒体的世界潮流和发展趋势。

当然，以上措施只是针对媒体与司法的，但是，网络时代处理好媒体与司法的关系，还要求全面依法综合治理互联网，为网络有害信息治理提供法律保障。

第四章

司法信息通过网络公开的新义务

自20世纪90年代以来,我国开始逐步探索推行司法公开。经过二十多年的纵深推进和有益探索,我国司法公开的范围不断扩大,从最初的庭审公开扩展到立案公开、庭审公开、执行公开、听证公开、文书公开、审务公开六个方面,实现了司法全过程的公开,为公正司法,以人们看得见的方式实现公平正义,奠定了坚实的基础。然而,司法公开的实现不是一蹴而就的,要想真正把司法公开落到实处,就必须借助一定的媒介,即司法公开方式。司法公开方式的高效、便捷,关系到司法公开的最终效果。

传统的司法公开方式包括:点对点的告知公开;以媒体报道和新闻发布的方式进行公开;以分发小册子的方式进行公开;以机构开放的形式进行公开等。不可否认,在过去信息不发达的年代,传统司法公开方式在推行司法公开的过程中发挥过重大作用。然而在计算机技术高速发展、信息呈爆炸式增长的今天,传统司法公开方式略显单薄、公开的时间周期略长,远远跟不上时代发展对司法公开提出的新要求。在网络时代,司法公开应以建设数字化法院为契机,充分发挥网络媒介高效传播信息的优势,全面推进审判流程公开平台、裁判文书公开平台和执行信息公开平台三大网络信息平台建设,以及人民法院官方微博、微信群等新媒体建设,形成立体化、多维度的公开方式,才能真正使司法公开深入普通民众的日常生活中去,增强人民群众对司法工作的理解和信赖。

网络时代通过网络方式进行司法公开,不仅是时代赋予我国司法机关的新任务,更是国际社会的通常做法。综观世界各地,不论是美国、英国、欧盟,还是俄罗斯、日本、韩国,通过网络平台进行司法公开已经成为实践工作中的常态。许多国家还制定了相关的电子政务法作为制度保障，为实践中的具体操作提供依据。因此，笔者借助对网络时代的司法信息公开方式进行论述和探讨，希望对我国司法公开方式的创新和发展起到抛砖引玉的作用。

一、电子形式公开司法信息是国际准则的要求

电子技术的飞速发展是近几十年间的事情，在较早的国际人权文件和其他国际准则中并没有针对电子形式信息公开的专门表述。比如，"寻求、接受和传递各种消息和思想的自由，而不论国界，也不论口头的、书写的、印刷的、采取艺术形式的，或通过他所选择的任何其他媒介。"（《公民权利和政治权利国际公约》第 19 条）这一条中的"任何其他媒体"当然可以包括电子形式，但是，国际准则并不强调或者要求电子形式的信息公开。

近年的国际性文件注意到了这个问题的重要性，2008 年 2 月国际会议上发布的《关于推进知情权的亚特兰大宣言与行动计划》[1]（《亚特兰大知情权宣言》）在会议结论中指出："新技术为信息公开提供了极大的潜在便利，但在获取和管理数据上的诸多限制不利于许多人受益于新技术。"

《全球信息技术报告 2008—2009：网络世界的灵活性》第 25 条也指出："实现无所不在的服务提供，需增强系统连接性的宽度和深度，从流动性走向无处不在的连接。"与此相呼应，其他多个国际评估报告中都体现出无缝隙连接、跨部门协同与整合、合作伙伴网络、整体性政府等理念。近年来，各国政府首脑和高级部长在联合国的讨论会上呼吁采取行动加快电子政府的进程。截至 2009 年 10 月，全球 50 多个国家承诺用共计 26000 亿美元用于电子政府的建设。[2]

《第 34 号一般性意见》（General Comment No. 34）第 14 条规定："缔约国应尤其重视鼓励独立和多元媒体，以此作为一种保护包括在族裔和语言

---

〔1〕 来自全球 40 个国家的信息公开团体的 125 位成员，代表政府、公民社会组织、国际机构和金融机构、捐赠机构和基金会、私营公司、媒体和学者，于 2008 年 2 月 27—29 日聚于佐治亚州亚特兰大市，在卡特中心的主持下，采纳该宣言与行动计划以推进知情权的通过、贯彻、执行和行使。参见 www. cartercenter. org/accesstoinformation. htm，访问时间：2008 年 7 月 1 日。

〔2〕 参见 http://www. 2dix. com/pdf-2010/united-nations-e-government-survey-2010-pdf. php，访问时间：2011 年 7 月 5 日。

上属于少数群体成员在内的媒体受众的权利，以及获得广泛信息的途径。”第15条规定：“缔约国应考虑互联网和移动电子信息传播系统等信息和通信技术的发展能够在多大程度显著改变全球通信业务。现在，交流各种观念和间接的全国网络已不必依靠传统大众媒介。缔约国应采取一切必要步骤，促进这些新媒体的独立，并确保个人能够接触这些媒体。”《第34号一般性意见》强调了公共组织利用新媒体和网络发布信息的责任。

2014年，联合国经济和社会事务部所发布的电子政务调查报告——《联合国电子政务2014调查：电子政务我们希望的未来》（United Nations E-Government Survey 2014：E-Government For the Future We Want）[1]指出：“国家经济社会发展水平是影响电子政务发展的重要因素，但并非决定因素。许多国家尽管国民收入水平较低，但通过多种方式大力推进电子政务的发展，取得了显著的成效。”截至2014年，联合国193个成员国全部实行了电子政务，但全球范围内只有极少数国家的电子政务发展处于优秀或落后阶段，绝大多数国家的电子政务建设仍处于中等阶段。因此，《联合国电子政务2014调查：电子政务我们希望的未来》中强调：“重视社会民众的电子参与、提升政府运用新媒体提供信息服务的能力、加强政府大数据建设，成为今后世界各国电子政务发展的方向。”[2]

电子信息公开不仅是国际准则和人权文件的要求，而且世界各国也把电子信息纳入立法范畴。2002年，美国制定了《电子政务法》，为联邦层面开展电子政务提供了法律框架，也为社会民众了解政府信息和提供相关服务提供了行动指南。其第205条规定：“所有联邦法院必须建立独立的法院网站，公开法院基础信息：（1）法院地址、联系方式，书记员、法官、法官内庭的联系方式；（2）法院的规章制度；（3）不同法官的个人准则；（4）每个案件的归档信息及记录；（5）不论具体案件的判决意见是否以法庭记录的刑事公开，都允许社会公众以可检索到的形式获取法官作出的实质性的书面意见；（6）允许社会公众获取法院以电子形式储存的特定文件；（7）其他任何对社会公众有用的法院信息（可下载）。”此外，美国设有法院电子记录公

---

〔1〕 参见 http://unpan3.un.org/egovkb/en-us/Reports/UN-E-Government-Survey-2014，访问时间：2014年8月18日。

〔2〕 参见 http://unpan3.un.org/egovkb/en-us/Reports/UN-E-Government-Survey-2014，访问时间：2014年8月18日。

共访问系统(Pacer. gov),社会民众在该网站上注册个人账号后即可查阅相关法院电子记录。

俄罗斯于2010年专门出台了《俄罗斯法院信息公开法》,其中对通过网络公开司法信息进行了专门的规定。其中第6条第3款规定:“在互联网和电信网络上公布有关法院活动的相关信息。”第14条、第15条对在互联网站上发布有关法院活动的信息内容和在互联网门户网站公布司法行为文书的具体要求进行了详细而具体的阐述和分类,为司法信息网络途径的公开提供了具体操作的指南。

电子政务不仅是政府履行管理服务职能的便捷方式,更是政府公开政务信息,满足公民知情权的有效途径。世界各国普遍认识到电子政务的重要性,积极探索推行电子政务,使其向纵深领域发展。我国电子政务建立在先前信息化建设的基础之上。在立法方面,我国于2008年开始施行的《政府信息公开条例》,对政府信息公开的范围、方式、程序、监督和保障进行了初步规划。2012年,我国颁布了《国家信息化领导小组关于我国电子政务建设的指导意见》和《国家电子政务总体框架》。2014年,国务院办公厅印发《2014年政府信息公开工作要点》,对政府信息公开进行部署,为信息公开的完善指明了方向。

在信息化时代,信息以爆炸式的速度不断增长,网络已经发展成为民众获取信息最便捷、最有效的途径。在现代信息爆炸社会,没有网络形式的信息公开,在有的情况下与不公开没有任何区别。〔1〕只有通过网络进行信息公开,才能扩大信息公开的辐射面,提高信息公开的透明度,从而保证权力在阳光下运行。国际社会已认识到这一点,以网络形式进行信息公开已经成为世界各国政府、司法机关应当履行的新义务。我国建设“阳光政府”,推行“阳光政务”的需要也决定了司法公开网络信息平台建设的必要性。司法机关应认识到通过网络公开司法信息是其应当履行的义务,不断加强数字化法院建设,逐步促使通过网络公开司法成为今后司法公开工作的新常态。

二、网络时代司法公开的主要方式

司法公开之初,司法公开的受众主要为案件当事人和新闻媒体,公开

〔1〕杨永纯、高一飞:《比较视野下的中国信息公开立法》,《法学研究》2013年第4期,第118页。

方式不外乎直接告知、公告栏、诉讼指南、报纸期刊以及新闻媒体几种。然而在网络时代,司法公开受众的范围不断延展,其不再局限于案件当事人、利害相关人或者是新闻媒体。在网络信息时代,社会公众才是司法公开中占绝大多数的受众。因此,网络时代司法公开的方式和传统意义上的司法公开方式存在很大的差异。概括而言,人民法院官方网站,司法公开三大网络信息平台,政务微博、微信等新媒体,适应了新时期信息传播的要求,成为网络时代司法公开方式的主要手段。下面就结合每一种网络司法公开方式的特点,进行具体的论述。

(一)人民法院官方网站

我国现代化的司法公开方式以法院官方网站建设为开端。20 世纪末,我国经济有了较快的发展,互联网技术也是日新月异。但与英美等发达国家相比,我国物质基础稍显滞后,网络信息技术相对不足,加之处于探索司法公开的初级阶段,法院官方网站建设并没有明确写入最高人民法院出台的各种相关文件。但这并不代表探索法院官方网站建设是近些年才提出的,法院官方网站建设从侧面以不同角度分散于最高人民法院出台的各种文件中。例如,2006 年《人民法院新闻发布制度》第 8 条规定:“新闻发布会结束后,新闻发布稿及其他新闻发布信息应及时在所属法院网或指定网络上公布。”2007 年《最高人民法院关于加强人民法院审判公开工作的若干意见》第 6 条规定:人民法院应当以建立网站等方便查阅的形式,公布本院管辖的各类案件的立案条件、由当事人提交的法律文书的样式、诉讼费用的收费标准及缓、减、免交诉讼费的基本条件和程序、案件审理与执行工作流程等事项。

人民法院官方网站是各级人民法院在信息化基础上建立起来的综合信息发布系统,涵盖法院内部机构设置、法院资讯、权威发布、审判业务、法院文化、办事服务等若干模块。不论是最高人民法院、省级人民法院、中级人民法院,抑或是基层人民法院,法院系统官方网站设立布局大体相似,基本上都是围绕着以上板块展开。借助人民法院官方网站的平台,法院工作人员能够及时发布司法信息,展示自身工作内容;社会公众也能够通过网络渠道,实现对司法信息的快速获取。司法公开在司法工作人员公开信息与社会公众积极获取之间得以实现。

法院官方网站可谓是网络时代多元化公开方式的初始形态。利用法院官方网站公开司法信息为审判流程、裁判文书、执行信息司法公开三大网络信息平台的出现奠定了基础。以诉讼流程为划分标准，就立案阶段而言，法院官方网站要公开各类案件的立案条件、立案流程、法律文书样式、诉讼费用标准、当事人权利义务等内容；就庭审阶段而言，法院官方网站要公开庭审活动的录音录像；就执行阶段而言，法院官方网站应公开执行案件的立案标准、收费标准、执行风险、执行规范、执行程序等信息；就裁判文书而言，法院官方网站应设立专门的裁判文书公开栏目。诉讼活动的整体性和阶段性决定了法院官方网站公开内容的多样性。

近些年来随着电子网络的发展以及电子政务的推进，全国各地法院官方网站建设取得了可喜的成绩。2014 年 2 月 24 日，中国社会科学院法学研究所发布的《中国司法透明度指数报告(2013)——以法院网站信息公开为视角》中显示："高院的建网率为 93.55%，其中，宁夏高院的网站无法正常打开，西藏高院的网站显示正在改版制作中。49 个较大的市中的中院有 46 个法院建有网站，呼和浩特中院、拉萨中院、淄博中院未找到网站，建网率为 93.88%。其中，苏州中院是 2013 年测评时新发现建有网站的，大同中院的网站于 2013 年 10 月份刚刚上线。"[1]

随着司法公开的力度不断增大，人民法院官方网站建设取得了很大的成就。与此同时，人民法院官方网站在不断推进建设的过程中也暴露出一些问题。全国各地法院官方网站的建设标准不统一，没有形成统一的官方网站建立范式。以河南省驻马店市中级人民法院网(http://zmdzy.hncourt.gov.cn/)为例，官方网站的下设板块分别为法院简介、新闻中心、荣誉展台、法律纵横、法官天地、审务公开、文艺天地、便民服务、法律法规。综观上述内容，法院上网公开的事项和内容主要集中在法院简介、新闻报道等方面，而对于案件开庭排期、案件进展流程、公告送达、裁判文书等有用的司法信息则涉及得相对较少。从某种意义上而言，人民法院官方网站的板块设立不合理反而阻碍了社会公众对相关诉讼信息的有效获取。与此同时，法院网站建设流于形式，信息上网更新迟缓则是制约人民法院官方网站发展的又一大障碍。以甘肃省天水市麦积区法院网(http://

[1] 王晓雁：《最高法首次进入司法透明度评估范围》，http://www.legaldaily.com.cn/index/content/2014-02/24/content_5300961.htm? node =20908，访问时间：2014 年 2 月 24 日。

www.mjfy.gov.cn/R_index.asp)为例,点击打开裁判文书一栏,最近更新的刑事裁判文书停留在2012年3月29日,同时裁判文书仅有案号标示,不点击具体的案件进行查阅则很难了解到裁判文书所涉及的具体内容。在案件快报、案例评析、法官论坛模块也同样存在信息更新较慢的问题。与网站设立标准不统一相比,法院网站建设流于形式、信息更新严重滞后的不良后果更加严重,是制约人民法院官方网站完善的关键性因素。

人民法院官方网站是法院系统对外展示自身工作的一扇窗口,同时也是网络司法公开的主要阵地。对于各地人民法院官方网站建设混乱、标准不统一的运行现状,最高人民法院应切实调研,了解全国法院官方网站建设中出现的各种问题,在调研的基础上对人民法院官方网站建设具体模块进行统一规范,使其标准化。同时考虑到法院级别的不同,以及东西部地区之间的差异,应具体问题具体分析,各地法院可以在遵从全国统一标准的前提下,结合自身特点进行创新,打造出实用、创新的人民法院官方网站。对于法院官方网站信息更新滞后的问题,应从软件和硬件两个方面着手:一方面,强化司法工作人员及时将信息上传至网的意识;另一方面,针对司法信息公开的不同内容,设立相应的公开时限,实现法院内部各个科室之间的联合联动。此外,对公开不及时的行为进行相应的程序性制裁。只有把法院官网建设中出现的问题解决好,才能谈得上把司法公开落到实处,满足人民群众对司法公开的新期盼。

(二)司法公开三大网络信息平台

2013年11月28日,最高人民法院通过《最高人民法院关于推进司法公开三大平台建设的若干意见》,首次提出"三大网络信息公开平台"的概念。具体而言,司法公开三大网络信息平台包括审判流程公开平台、裁判文书公开平台和执行信息公开平台。司法公开三大网络信息平台实际上是对通过人民法院官方网站进行司法公开内容的细化。把审判流程、裁判文书以及执行信息三者单列出来,使得司法公开更加科学化和合理化。司法公开三大网络信息平台的建设,标志着我国司法公开进入了新阶段。

1. 审判流程公开平台

顾名思义,审判流程公开即案件进入诉讼程序伊始,人民法院就应当向案件当事人、诉讼代理人和社会公众公开案件进展情况。《最高人民法院关于推进司法公开三大平台建设的若干意见》第4条指出："人民法院应当加强诉讼服务中心（立案大厅）的科技化与规范化建设，利用政务网站、12368电话语音系统、手机短信平台、电子公告屏和触摸屏等现代信息技术，为公众提供全方位、多元化、高效率的审判流程公开服务。"从上述表述中可以看出，审判流程公开平台形式多样，不仅包括网络形式公开，而且包括场所公开，涵盖场所、通讯、政务网站多种形式，构建起立体化、多角度的公开模式。

需要指出的是，受时间、空间所限，场所公开、通讯公开的效果并不太理想。由于现代日常生活的快捷性，除了案件当事人、利害相关人、辩护律师、诉讼代理人，其他社会民众通常不会抽出专门时间前往法院了解相关案件情况或是司法公开信息。这时候，网络渠道作为民众参与社会公共事务管理的优越性则不断体现。社会民众在家中足不出户，就可以利用计算机、手机等登陆相关网站，浏览获知信息。2014年11月13日，最高人民法院设立的中国审判流程信息公开网（http://www.court.gov.cn/zgsplcxxgkw/）正式开通运行，形成了全国统一的审判流程信息平台，除了可以查询最高院审理相关案件的流程信息外，还可以通过中国审判流程信息公开网上所附的相应链接查阅到各省市人民法院审理案件的审判流程信息（其中北京、天津、湖北等21个省、直辖市地方法院案件审判流程网已附链接，可进行相应查询）。

中国审判流程信息公开网的公开对象可以分为两类：一类是当事人，一类是社会公众。案件当事人可以在中国审判流程信息公开网上凭借证件号进行案件查询、文书签收、联系法官、接受电子送达、投诉举报等。社会公众则可通过中国裁判流程信息公开网了解法院的机构设置、公开指南、司法解释、审判信息、指导案例等内容。

除了中国审判流程信息公开网，庭审直播则是以一种更加直观、清晰的方式向社会公众公开审判流程信息。自2009年9月16日北京市高级人民法院开通全国首家法院庭审直播网以来，全国各地开展庭审直播录播的法院越来越多。2013年12月12日，由中国法院网开办的中国法院庭审直播网正式上线开通，公众足不出户就可以通过该网站观看到全国各地法院的庭审实况。[1]庭审直播网的设立，可以有效解决因审判场所、安全保卫

---

〔1〕 参见张先明：《中国法院庭审直播网正式上线开通　点击鼠标就可"旁听"庭审》，《人民法院报》2013年12月12日，第1版。

等客观因素对旁听的限制。此外,庭审直播,才能真正做到“纯粹视听”,避免民众受到“二手信息”的干扰,克服“视听”弊端,最大限度地满足公众的知情权与监督权。

2. 裁判文书公开平台

裁判文书上网公布是国际司法的惯例,不论英国、美国,甚至我国的香港、台湾地区,裁判文书生效后都必须上传至官方网络。我国跟随世界潮流,在司法公开之初就把裁判文书上网公开。早在2000年,最高人民法院发布的《裁判文书公布管理办法》就明确:在最高人民法院开通的政府网上公开裁判文书,是公布裁判文书的一种主要形式。截至目前,裁判文书上网公开已经推行了15年,裁判文书上网的平台已经不再局限于各地法院的官方网站,而是建立中国裁判文书网(http://www.court.gov.cn/zgcpwsw/),实现全国四级人民法院的全面联网,作为全国裁判文书上网公开的统一平台,以省、自治区、直辖市为划分标准,对裁判文书进行归类。这就意味着全国3000多个法院的裁判文书将集中传送到该网络平台上。地方各级人民法院也应当在政务网站的醒目位置设置中国裁判文书网的网址,进行相应的提醒。社会民众可以点击具体省份下设地区的法院进行选择,同样可以检索到相应的裁判文书。

2013年11月13日,最高人民法院出台《最高人民法院关于人民法院在互联网公布裁判文书的规定》,对裁判文书上网程序、范围、时间、技术处理等进行了明确的规定,为实践操作提供了指南。其中第8条明确规定:承办法官或者人民法院指定的专门人员应当在裁判文书生效后7日内完成技术处理,并提交本院负责互联网公布裁判文书的专门机构在中国裁判文书网公布。所谓迟到的正义非正义,裁判文书上网公开亦如此。如果一份裁判文书作出之后,不能及时上传至网,其程序公正就有待商榷。此项规定也能督促司法工作人员加快案件的办理,提高办案效率,减少诉累。

为保护公民的隐私权,人民法院应当严格依照《最高人民法院关于人民法院在互联网公布裁判文书的规定》,结合案件类别,对不宜公开的个人信息进行技术处理。对于因网络传输故障或技术处理失误导致当事人信息被不当公开的,人民法院应当依照程序及时修改或者更换。同时,中国裁判文书网还提供便捷有效的查询检索系统,社会公众可以通过关键词、案件类型、案号、审理法院、案由、审理时间等对相关裁判文书进行检索,确保裁判文书的有效获取。

裁判文书是法官办案能力与办案素质的体现，更是司法活动的最终载体。通过构建中国裁判文书网公开裁判文书，这样不仅能发挥其法学教育的功能，提高社会公众的法律素养，更能够满足社会公众的知情权，加强社会民众对司法工作人员的监督，形成倒逼机制，督促法官队伍提高自身业务素质，审慎行使司法权。

3. 执行信息公开平台

与案件流程信息公开、裁判文书上网公开相比，执行信息上网公开同样十分重要。当前执行公开面临的最突出问题，无疑是执行实施权封闭运行、执行法院与申请执行人信息严重不对称，这是造成“执行乱”和消极执行的重要原因。[1]同时，执行工作涉及上下级法院之间，异地法院之间，同一法院立案、审判与执行部门之间的信息对接公开，不仅要公开执行权，还要公开被执行人的信息，执行信息公开牵涉到不同部门之间的相互配合。因此，为了解决执行权封闭运行问题，使执行工作更加公开透明，建立相应的执行信息公开平台显得尤为必要。

为了把执行公开落到实处，也为了与案件流程信息公开平台、裁判文书上网公开平台相匹配，最高人民法院建成了中国执行信息公开网（http://shixin.court.gov.cn/），作为全国执行信息公开的统一平台。中国执行信息公开网下设被执行人、失信被执行人、执行案件流程、执行法律文书四个模块，对执行公开信息进行分类公开。同时，中国执行信息公开网设有专门的查询机制，输入被执行人姓名或名称、身份证号码或者组织机构代码、省份，就可以进行查询。

《最高人民法院关于推进司法公开三大平台建设的若干意见》则为执行信息公开平台提供了依据，其中第16条规定：“人民法院应当整合各类执行信息，方便当事人凭密码从执行信息公开平台获取以下信息：(1)执行立案信息；(2)执行人员信息；(3)执行程序变更信息；(4)执行措施信息；(5)执行财产处置信息；(6)执行裁决信息；(7)执行结案信息；(8)执行款项分配信息；(9)暂缓执行、中止执行、终结执行信息等。”对于社会公众公开的内容，第17条作出了相应的规定：“(1)执行案件的立案标准、启动程

---

〔1〕 参见朱嵘：《执行信息公开平台建设应予关注的九个关键词》，《人民法院报》2013年11月20日，第8版。

序、执行收费标准和依据、执行费缓减免的条件和程序;(2)执行风险提示;(3)悬赏公告、拍卖公告等。”

执行公开与被执行人、失信被执行人、执行案件流程以及执行法律文书密切相关。执行公开信息平台与案件流程信息公开平台、裁判文书公开平台共同构筑成为司法公开的三大主体。与庭审公开、裁判文书公开相比,执行信息平台显得略微不足。只有加强执行信息公开的力度,对重大执行案件执行中的听证、实施过程进行录音录像,实现执行过程全程公开,才能使执行的运行更加透明,最大程度缩小利用执行权寻租的空间,避免人情案、关系案、金钱案的出现,促进社会诚信体系建立。

最高人民法院在构建三大网络信息公开平台之初,就从整体着眼,构建全国统一的网络信息平台,对各地市人民法院司法公开信息进行整体梳理,使得司法公开更加具有科学性和条理性。这一出发点是好的,但是在具体的实践操作中,许多原则性的规定仍需细化。以裁判文书上网为例,中国裁判文书网还存在一定的问题。检索功能设置不当是影响裁判文书公开成效的决定性因素。再者裁判文书命名格式不统一,中国裁判文书网上不乏许多类似“常某某故意伤害一案一审刑事判决书”标题的裁判文书,被告人的姓名不完整,社会民众很难通过关键词检索到其需要获取的裁判文书。因此,在司法公开构建三大网络信息平台的过程中,不但要构建起平台架构,更要对平台运行中出现的各种问题进行积极的跟进,完善相应的检索功能,督促司法信息及时更新,这样才能保证社会民众能有效检索到所需信息,真正把司法公开落到实处。

(三)政务微博、微信等新媒体

随着网络信息的不断发展,以微博、微信、终端 APP 为代表的新媒体成为网络信息传播的新媒介。新媒体的一大特点就是信息传播主体多元化,人人都有麦克风,人人都是信息的传播者。而司法领域历来是产生新闻的“富矿”,如果人民法院不能利用新媒体平台及时发声,公开司法信息,社会民众极易因获取信息的渠道不通畅而造成信息不对称,进而误读司法机关工作人员的工作。因此,在网络时代,人民法院借助微博、微信等新媒体发声,公开司法信息,不仅能提高司法公开效率,同时也实现了人民法院单项宣传向双向沟通的转变。民众可以通过微博评论、微信私信回复的方式实现与法院的交流，从而实现人民法院听取民众意见、回应社会诉求的初衷。

2013 年可所谓司法公开的“微博年”“微信年”，全国各地法院的官方微博、微信等新媒体建设方兴未艾。2013 年 11 月 21 日，伴随最高人民法院开通首个官方微博和官方微信，一个涵盖全国 31 个省级法院及 150 余个地方中级法院的庞大微博群初步成形，我国法院的司法公开步入线上时代。[1]“微博发布厅”的出现，是利用新媒体推进司法公开的新尝试。人民法院可以通过微博及时发布政务信息，公开庭审过程，发布社会关注度高、具有指导意义的案件的裁判文书等，使社会民众以看得见、摸得着的方式切实感受司法公正。2013 年 8 月 22 日至 26 日，山东省济南市中级人民法院对薄熙来案进行了全程微博直播，在 5 天时间内发布了 150 余条微博，近 16 万字，此次公开的程度超出了很多人的预料范围。再者，以河南省为例，河南省始终走在利用新媒体进行司法公开的前列，早在 2011 年 7 月 7 日，河南省高院就开通了官方微博“豫法阳光”。2014 年 2 月 27 日，河南省进一步推出“微博、微信、微视”三微一体便民互动平台[2]，以更加开放的姿态面向社会公众，展示自媒体公开的新力量。

鉴于目前已步入“智能手机时代”，移动客户端当然不会被人民法院忽视。2013 年 12 月 26 日，最高人民法院入驻搜狐新闻客户端，人民从此可以通过移动媒体随时随地浏览法院新闻。截至 2014 年 3 月 5 日，搜狐新闻客户端订阅人数达 32.3 万人。[3]利用手机移动终端进行司法信息公开，成为继微博、微信应用后的新选择。2013 年 11 月 7 日，一款名叫“武汉司法公开手机平台”的 APP 在武汉市中级人民法院正式推出。[4]19 天后，上海市第一中级人民法院也发布了一款“移动在线诉讼服务平台”APP，把许多诉讼事务搬上移动终端。[5]2014 年，最高人民法院首次利用搜狐新闻客户端直播新闻发布会，许多网友表示此种做法拉近了司法机关与普通民众之间的距离。[6]

---

[1] 徐隽：《当司法公开遇上网络新媒体》，《人民法院报》2014 年 1 月 23 日，第 14 版。

[2] 《豫法阳光“三微一体便民互动”平台 2 月 27 日上线》，http://www.hncourt.org/public/detail.php?id=144616，访问时间：2014 年 2 月 27 日。

[3] 赵俊梅：《将司法公开进行到底》，《人民法院报》2014 年 3 月 6 日，第 5 版。

[4] 罗书臻：《司法公开：在阳光下见证公正》，《人民法院报》2014 年 2 月 22 日，第 1 版。

[5] 罗书臻：《司法公开：在阳光下见证公正》，《人民法院报》2014 年 2 月 22 日，第 1 版。

[6] 张雨：《最高法院首次利用搜狐新闻客户端直播新闻发布会》，http://www.chinacourt.org/article/detail/2014/02/id/1221540.shtml，访问时间：2014 年 2 月 28 日。

网络时代的社会舆论监督无所不在。新媒体平台无疑是人民法院回应社会民意的重要途径。以新浪微博为例,各地人民法院的官方微博大多充斥着法院新闻动态、图片等内容,要么就是转发最高人民法院、《人民日报》等主流微博信息,推送具有实质意义的司法信息则相对较少,司法公开信息的内容仍停留在宣传层面。此外,新媒体平台作为人民法院与社会公众之间相互交流的平台功能并没有得到最大限度的发挥。笔者浏览网络发现,人民法院发布的官方微博被转发和被评论的次数非常少,甚至为零。由此观之,新媒体平台在创新信息公开途径、疏通社会民意、化解社会纠纷方面的潜能还有待进一步发掘。

因此,首先,人民法院的司法工作人员要扭转思想,把新媒体平台列为司法公开的重要途径,而不是仅仅视其为形式上、辅助上的宣传工具,逐步适应在新媒体平台上公开信息的新常态。其次,人民法院要在新媒体平台上积极展开与网民的互动。新媒体平台只是搭建了沟通交流的渠道,在此基础上,司法工作人员仍需指导社会公众通过正常途径反映问题和解决问题。最后,人民法院在利用新媒体网络平台进行司法公开时,需严格遵守法律;发布权威信息,不能出现丝毫违背法律的地方。特别是发布重大疑难敏感案件的信息时,人民法院更要做好网络舆情监测跟进工作,发布信息前报主管领导进行审批,把利用新媒体平台公开信息的舆情风险降到最低。

网络时代司法公开方式以人民法院官方网站为基础,以三大网络信息公开平台为主体,以官方微博、微信、手机客户端为补充,共同构建起网络时代司法公开方式的全部内容。网络时代并不意味着传统的司法公开方式已经失去作用,新的司法公开方式取代旧的司法公开方式。在网络时代,通过网络方式公开司法信息不仅是时代的需求,更是新时代司法工作的需求。只有传统司法公开方式与网络司法公开方式相配合,才能不留空白和死角,司法公开的效能才能得到最大限度的发挥,我国司法运行环境也会更加公正透明,公平正义才能真正得以实现。

三、网络时代司法公开的主要例外

“最大限度的公开”“以公开为原则,不公开为例外”是政府进行信息公开的基本原则。社会公众有权知道“他们的政府在忙些什么”,这一点已为许多国际公约所肯定。和政府机关相同,人民法院在进行信息公开的过程中,应遵循同样的原则,充分满足案件当事人、利害相关人、新闻媒体及社会公众的知情权。同时我们应意识到,有原则就会有例外,在深化司法改革、落实司法公开的过程中,一定要处理好"公开"与"例外"之间的关系,明确"例外"的情形,才能够不留空白和死角,真正把网络时代的司法公开落到实处。

我国刑事诉讼法第 183 条规定:"人民法院审判第一审案件应当公开进行。但是有关国家秘密或者个人隐私的案件,不公开审理;涉及商业秘密的案件,当事人申请不公开审理的,可以不公开审理。不公开审理的案件,应当当庭宣布不公开审理的理由。"民事诉讼法第 134 条规定:"人民法院审理民事案件,除涉及国家秘密、个人隐私或者法律另有规定的以外,应当公开进行。离婚案件,涉及商业秘密的案件,当事人申请不公开审理的,可以不公开审理。"《最高人民法院关于人民法院在互联网公布裁判文书的规定》第 4 条明确规定:"人民法院的生效裁判文书应当在互联网公布,但有下列情形之一的除外:(一)涉及国家秘密、个人隐私的;(二)涉及未成年人违法犯罪的;(三)以调节方式结案的;(四)其他不宜在互联网公布的。"综合考量刑事诉讼法、民事诉讼法和《最高人民法院关于人民法院在互联网公布裁判文书的规定》中规定的不公开审判和不公开裁判文书的各种情形,以及相应的法理基础,我们可以把网络时代司法公开的例外限定在涉及国家安全、个人隐私和未成年人犯罪三类当中。

(一)涉及国家安全的例外

国家安全是国家的基本利益,是指一个国家处于没有危险的客观状态,也就是国家没有外部的威胁和侵害,也没有内部的混乱和疾患的客观状态。如果一个国家不能保证基本的安全和稳定,则很难把主要精力投入经济发展和提高人民生活水平当中去。因此,不论是采取传统的公开方式,抑或是在网络时代借助于网络手段公开司法信息,涉及国家安全、国家秘密等信息都不应公开,当然更不能纳入网络公开的范畴。

具体而言,涉及国家安全的司法信息可以分为两种情形。一是案件主要涉及国家安全,一旦进入诉讼程序,考虑到维护国家安全的需要,所有的信息都不予公开。涉及《中华人民共和国刑法》分则第一章的所有罪名,包括背叛国家罪,分裂国家罪,煽动分裂国家罪,武装叛乱、暴乱罪,颠覆国家政权罪,煽动颠覆国家政权罪,资助危害国家安全犯罪活动罪,投敌叛变罪,叛逃罪,间谍罪,为境外窃取、刺探、收买、非法提供国家秘密、情报罪,资敌罪在内,所有的案件信息都不予公开。二是案件部分涉及国家安全。如果案件的主体不涉及国家安全的其他罪名,在这种情况下并不能以案件涉及国家安全为由不公开司法信息。此种情况下,借以涉及国家安全为名,不公开司法信息,则背离了司法公开的初衷,是不符合“以公开为原则,不公开为例外”的。但同时也不可否认,司法机关具有相应的决定权,由它们决定最终是否公开,同时向社会大众说明不予公开的原因。

国家秘密通常和国家安全密切相关,因此,涉及国家秘密的案件信息也不应公开。《中华人民共和国保守国家秘密法》第 9 条对国家秘密的具体内容进行了相应的细化:“下列涉及国家安全和利益的事项,泄露后可能损害国家在政治、经济、国防、外交等领域的安全和利益的,应当确定为国家秘密:(一)国家事务重大决策中的秘密事项;(二)国防建设和武装力量活动中的秘密事项;(三)外交和外事活动中的秘密事项以及对外承担保密义务的秘密事项;(四)国民经济和社会发展中的秘密事项;(五)科学技术中的秘密事项;(六)维护国家安全活动和追查刑事犯罪中的秘密事项;(七)经国家保密行政管理部门确定的其他秘密事项。政党的秘密事项中符合前款规定的,属于国家秘密。”保守国家秘密法对国家秘密的细化规定为司法公开中有关国家秘密的认定提供了依据。

在网络时代,信息流转速度快,特别是重大刑事案件或是社会影响力比较大的案件信息更能吸引社会大众的眼球。同时,由于网络的互通性,如果在网络司法公开中公开信息不审慎,或是把涉及国家安全、国家秘密的信息纳入公开的范畴,那么在社会范围内会造成民众恐慌;从大的角度来看,则影响到国家的安全和稳定。因此,在通过网络公开司法信息的过程中要加强对于涉及国家安全、国家秘密的界定,严守涉及国家安全的例外规定。

(二)涉及个人隐私的例外

隐私权是指自然人享有的依法维护个人生活领域内的事和个人信息等,不受他人的非法侵犯和干扰的一种独立人格权。司法公开的初衷是把人民法院的工作暴露在阳光之下,接受社会各界对司法权运行的监督。如果在司法公开中,以公开为由,把与司法公开不相关的个人隐私纳入其中,实则是违背了司法公开的初衷,借监督司法权运行之名,侵犯公民自身的私有权利。

2007 年 1 月 17 日,国务院通过了《政府信息公开条例》,其中第 14 条明确规定:行政机关不得公开涉及个人隐私的政府信息。《政府信息公开条例》把个人隐私纳入其中进行规定,但这只是对政府工作信息公开的要求,我国目前并没有出台专门规范司法公开信息的法律。需要指出的是,自然人隐私权的保护在司法公开的范畴中与政府信息公开还存在一定程度的差异。在政府信息公开领域,只涉及行政相对人个人信息的公开与否,不会牵涉到其他人员。而司法公开领域的情形则相对比较特殊,以刑事诉讼为例,在整个诉讼环节,不仅包括犯罪嫌疑人、被告人、被害人,还包括证人、鉴定人等其他诉讼参与人。诉讼主体的多元化决定了在司法公开的过程中,应把相应的主体考虑全面,实现自然人隐私权保护与司法信息公开之间的平衡,而不是顾此失彼,侵犯公民个人隐私权。

此外,需要对涉及公民隐私权的具体情形进行界定。对隐私权下定义很容易,事实上具体到司法实践的具体操作过程中,何为涉及公民隐私权则是亟待解决的问题。如果不能明确涉及隐私权的情形,在实践操作中则极易出现标准不一、操作混乱的局面。以刑事诉讼为例,在实践操作中,司法工作人员很容易把强奸罪、强制猥亵侮辱妇女罪等性犯罪甄别出来,把其列入因涉及个人隐私不公开的情形。随着社会的发展,科技水平的不断进步,上述限定涉及隐私权的罪名已经不能满足实践操作中案件层出不穷的需求,如非法搜查、非法侵入住宅罪、侵犯通信自由罪、离婚案件等,都可能会出现涉及公民个人隐私的问题。涉及公民隐私的信息,司法公开理应把其排除之外。当前需要解决的就是对大而笼统的"隐私"进行相应的明确,或是设立相应的兜底条款指导实践操作。只有如此,才能在司法公开的过程中实现信息公开与个人利益保护之间的平衡。

(三)涉及未成年人犯罪的例外

网络时代的司法公开应当防止因公开损害未成年人的利益。未成年人是社会的弱势群体,不论其是犯罪嫌疑人、被告人或是被害人、证人等,都应当重视其合法权益的保护。特别是现在信息高度发达的社会，通过网络进行司法公开，信息传播速度更快，一旦把涉及未成年人的相关信息发布出去，则会对未成年人造成难以弥补的影响，干扰其正常的学习生活。因此，把未成年人犯罪纳入网络时代司法公开的例外，十分必要，也十分迫切。

涉及未成年人犯罪的例外是国际社会的一致共识。《联合国少年司法最低限度标准规则》（即《北京规则》）第8条就提到了对未成年人隐私权的保护，具体如下："应在各个阶段尊重少年犯享有隐私的权利，以避免由于不适当的宣传或加以点名而对其造成伤害。原则上不应公布可能会导致使人认出少年犯的资料。"〔1〕《儿童权利公约》第40条规定："缔约国确认被指称、指控或认为触犯刑法的儿童有权得到符合以下情况方式的待遇，促进其尊严和价值感并增强其对他人的人权和基本自由的尊重。这种待遇应考虑到其年龄和促进其重返社会并在社会中发挥积极作用的愿望。其隐私在诉讼的所有阶段均得到充分的尊重。"〔2〕我国也十分重视未成年人权益的保护，特别是刑事诉讼法中专门设立"特别程序"一章，对未成年人刑事案件诉讼程序进行规定；《最高人民法院关于人民法院在互联网公布裁判文书的规定》第4条也指明涉及未成年人违法犯罪的裁判文书不应在互联网上公开。

与以往相比，网络时代的信息传播和交换的速度更快、效率更高，司法公开中一旦疏忽，把未成年人的信息在网络上公开，则对未成年人的影响则是无法估量的。司法机关在网络上公开的信息是未成年人在求学或者寻找工作中的障碍，学校或者用人单位都会把司法公开的信息考虑进来，从而影响未成年人今后的人生道路。因此，司法公开应结合未成年人可塑性较强的特点，对其采取"教育、感化、挽救"的方针，使其能够迷途知返，及时回归正确的人生道路。

利用网络方式公开司法信息是今后司法公开发展的趋势所向。最高人民法院院长周强指出："要通过加强信息化建设，充分利用现代信息网络

---

〔1〕 http://www.un.org/chinese/esa/social/youth/beijing.htm，访问时间：2015年1月27日。

〔2〕 http://www.rmdbw.gov.cn/2011/0531/56244.html，访问时间：2011年5月31日。

技术，进一步丰富法庭司法公开的形式和内容，满足当事人的知情权。”[1]《人民法院第四个五年改革纲要（2014—2018）》规定：“进一步深化司法公开；完善审判信息数据库；加强中国裁判文书网网站建设；实现执行信息公开平台与各类征信平台的有效对接。”

综观世界发达国家，如美国、日本、俄罗斯等在传统信息自由法运行逐步成熟的基础上，制定电子信息公开法，对电子信息公开进行细化的规定。而我国目前只有《政府信息公开条例》，在司法公开领域并没有专门的立法，自然没有专门规范网络司法公开的相关法律。因此，在我国司法公开逐步推进的过程中，可以借鉴世界先进经验，把网络司法公开纳入立法考虑范围内，对网络司法公开方式的类型、通过网络进行司法公开的内容、权利救济、不公开应当进行的程序性制裁等进行细致周密的规定。

总之，我们在认识到通过网络方式进行司法公开的优越性的同时，也应认识到其存在固有的弱点与缺陷。信息传递的快速化、媒体评价、社会舆论与网络司法公开密切相关。因此，在利用网络进行司法公开的过程中要做好网络舆情收集工作，便于及时化解网络舆情。司法公开是司法权运行过程的公开，司法公开是形式上的公开，隶属程序公正范围。只有保证程序公正，在实现程序正义的前提下，才能以司法公开倒逼司法公正，让人民群众在每一起司法案件中感受到公平正义。

---

[1] 李婧：《最高法院院长周强：用司法公开倒逼法官提高审判质量》，http://news.china.com.cn/live/2014-07/08/content_27541033.htm，访问时间：2014年7月8日。

第五章

司法机关对网络民意的引导与回应

网络民意是时代的产物，是伴随着网络的不断普及与发展而来。网络平台作为新型的民意表达渠道和方式，开辟了民意表达的新途径，已成为公众表达观点、讨论公共事务、进行舆论监督的一项公共平台。根据中国互联网络信息中心（CNNIC）发布的《第 34 次中国互联网络发展状况统计报告》显示，截至 2014 年 6 月，中国网民规模达 6.32 亿人，较 2013 年年底增加 1442 万人，互联网普及率为 46.9%。[1]可见，网络的普及和网民的不断增多使得网络民意正以前所未有的态势影响到社会管理的各个方面。

就司法活动而言，网络民意既给司法活动带来了新的机遇，也带来了新的挑战。互联网在司法运作过程中的具体运用，颠覆了传统的司法运作方式，使司法运行不再拘泥于传统的公开方式，而是以更加透明、主动的形态直面社会公众，大大提高了司法公开的深度。公众对司法公开的要求，也不再拘泥于对某一司法个案裁判结果的知晓，而是贯穿于整个司法运作的过程。同时，公众也不再满足于过去的被动旁听，而是期待将自己的生活经验与价值目标融入司法运作过程之中，期望司法裁判结果能为包括自己在内的社会大众所接受。[2]民众的知情权显著加强。网络为公众了解司法、参与司法、监督司法提供了方便、快捷的途径，网络民意的表达也为司法机关审理案件提供了一定的参考和借鉴，是司法人员维系与人民群众关系的纽带。

---

〔1〕 参见 http://cn.chinagate.cn/reports/2014-07/23/content_33031944.htm，访问时间：2015 年 1 月 12 日。

〔2〕 参见陈发桂：《司法有效运作与网络主流民意吸收的制度逻辑》，《山西师大学报》（社会科学版）2013 年第 2 期，第 68 页。

然而,网络民意往往又具有一定的随意性和偏执性,民众往往会通过自身的感性认识来判断事物和表达观点,所形成的带有朴素正义观的民意往往与司法的理性不一致,再加之其又容易受到某些观点的影响和煽动,使得司法与民意的矛盾冲突时有发生。随着信息传播速度的加快,民意通过网络迅速聚集起来,法律的理性与民意的感性使中国司法与网络民意出现前所未有的碰撞和交锋。[1]作为社会普通民众,关注和评价社会中发生的司法热点事件,是民众自身猎奇心理的反映,也是实现其所拥有的公民知情权的体现,是一种对司法进行监督的方式。我们固然不能苛求所有普通民众都以法律专业技术人员的眼光来看待司法事件,但对于社会影响较大的网络热点案件,如果法院的判决不能被当事人和社会公众所尊重和信赖,违背社会公序良俗,那么就可能成为新的矛盾的爆发点,使人民对司法公正抱以怀疑态度,不利于构建社会主义和谐社会,更不利于社会的稳定和发展。而在司法实践中,法官在办理案件时必须遵守我国实体法和程序法的规定,必须依照案件的事实和现有的证据,依法、公正、独立地进行裁判。如果过度考虑民众的意见就会损害法律的独立性和权威性,有可能违背“司法机关独立进行审判,任何国家机关、社会团体和个人不得进行干涉”的基本准则,违背社会主义法治建设的初衷,造成冤假错案的发生。

可见,司法活动是一种理性活动。非理性的、违背事实的、虚假的网络民意使得司法不得不独立于网络民意,但司法又以维护社会的公平和正义为价值追求,过度地脱离网络民意会使得司法活动举步维艰。“任何社会中司法与政治以及其他社会现象之间都存在着一种互动关系,司法独立当然不意味着司法超然于社会力量的影响。”[2]因此,司法既要在网络民意面前保持定力,又不能脱离网络民意。实现司法与网络民意的良性互动,这既需要网络群体的自我约束以及自身素质的提高,又需要司法机关理性、辩证地对待网络民意。而后者将会对司法判决起着至关重要的作用,因此,笔者将以司法机关为视角,针对司法机关应当如何对待网络民意进行探讨,以期对司法机关与网络民意的良性互动有所裨益。

---

〔1〕 参见邓兰:《论网络民意与司法的良性互动》,湖南大学2012年硕士学位论文,第1—2页。

〔2〕 夏勇主编:《走向权利的时代:中国公民权利发展研究》,中国政法大学出版社2000年版,第179页。

一、网络民意的发展历程及其特征界定

网络民意伴随着我国互联网的兴起、普及发展而来,互联网的发展带来的自媒体技术的应用,为社会公众意志的表达提供了方便、快捷的物质载体。就司法活动而言,网络民意属于司法民意的一部分,同时,网络民意正以其自身特有的属性影响着司法活动的发展进程。

(一)网络民意在中国的发展历程

如前所述,网络民意在中国的发展历程伴随着互联网技术在中国的兴起、普及发展而来。因此,针对网络民意的发展历程,可以依照互联网在我国的应用、普及过程,将网络民意分为初始阶段、发展阶段和成熟阶段。

1. 网络民意的初始阶段(1987—1999 年)

与其他国家一样,中国的互联网技术起初只是运用于国防军事化建设上,直至改革开放后,互联网技术才开始运用到民间社会。1986 年,北京计算机应用技术研究实施启动了中国学术网的国际互联网项目,仅仅一年的时间,中国学术网正式建成了中国的第一个国际互联网电子邮件节点。1987 年 9 月 14 日 21 时 07 分,北京市计算机应用技术研究所向德国发出了中国的第一封电子邮件"Across the Great Wall we can reach every corner in the world."(越过长城,走向世界。)[1]实质上,"中国网络舆论发端的标志性事件是 1998 年 5 月印尼排华事件后全世界华人(也包括国内)在网上的抗议活动。"[2]这项网络活动就是"黄丝带"运动,尽管"当时很多抗议活动是由国外的网站发起或以国外网站为平台,但是这其中也体现了中国大陆网民的意见"。"而真正以国内网站为平台来表达民意的标志性事件,则应该是 1999 年 5 月 9 日人民网为抗议北约轰炸我国驻南联盟大使馆而开设抗议论坛一事,这是传统媒体网站开设的首个时事新闻类论坛。"[3]当时国人就是通过这个论坛来表达对美国行为的谴责与抗议,而后,人民

[1] 张明:《中国首封电子邮件:"越过长城,走向世界"》,http://www.chinanews.com/n/2003-07-17/26/325209.html,访问时间:2015 年 1 月 13 日。

[2] 林楚方、赵凌:《网上舆论的光荣与梦想》,《南方周末》2003 年 6 月 5 日,第 8 版。

[3] 林楚方、赵凌:《网上舆论的光荣与梦想》,《南方周末》2003 年 6 月 5 日,第 8 版。

网将这个论坛改版为沿用至今的、发表民意的“强国论坛”。[1]总体而言，这一阶段是中国互联网技术刚刚起步的阶段，尽管网民数量不断增加，但网民总量还是比较低的(组成人员多为高级知识分子)，公众借助互联网表达民意的内容主要集中在重大的国际国内关系热点问题之上，因此，这一阶段的网络民意还处于发展的初始阶段，民众对互联网的认识还并未普及，其影响力的范围还很有限。

2. 网络民意的发展阶段(2000—2007 年)

随着互联网在我国的不断普及，网民数量的不断增加，网络民意已不再仅限于对国际国内关系热点问题的关注，而且也越来越多地细化为对社会公共事件、居民生活的诉求。网络民意开始成为影响政府决策的重要因素。2003 年“孙志刚事件”发生后，立即引起了数十万网民的关注，并形成强大的维权舆论流，促使政府部门尽快破案。同时因为网络舆论对该事件的广泛关注，也促使了国务院废止已不符合当时社会民情的《城市流浪乞讨人员收容遣送办法》，重新颁布了《城市生活无着落的流浪乞讨人员救助管理办法》，对城市流浪乞讨人员由之前的“赶”，到现在的“管”，积极推动了城市务工人员人权保障的进程，网络民意的影响力与地位逐步提高。

不仅如此，政府在这一阶段开始通过立法等多种途径规范网络行为，打击互联网犯罪，为民意的表达提供方便。如 2000 年 12 月 28 日第九届全国人民代表大会常务委员会第十九次会议通过的《全国人民代表大会常务委员会关于维护互联网安全的决定》;2005 年 11 月 7 日信息产业部第十五次部务会议审议通过的《互联网电子邮件服务管理办法》，以及 2005 年 9 月 25 日由国务院新闻办公室、信息产业部通过的《互联网新闻信息服务管理规定》等法律法规。又如，2007 年 7 月，在中国股市热浪中号称“天下第一博客”的“带头大哥 777”博主王晓被吉林警方刑事拘留，案件定性为“新型涉众型经济犯罪”[2]，这也从侧面反映和表现出博客产品的负面效应和网络民意形成过程的新的复杂性。

3. 网络民意的成熟阶段(2008 年至今)

网络民意在这一阶段的发展日趋成熟，除了互联网技术与政府政策法

---

〔1〕 胡磊:《网络民意与司法公正关系研究》，辽宁师范大学 2013 年硕士学位论文，第 12—13 页。

〔2〕 中国互联网协会:《中国互联网发展史》，http://www.isc.org.cn/ihf/info.php? cid = 218，访问时间:2015 年 1 月 25 日。

规的变化发展外,网络民意主体的数量也发生了巨大的变化,网络民意从带有强烈的情绪性开始向理性化转变,网民的目的从对公共利益和居民生活的诉求开始向监督政府转变,政府与网络民意的互动也有了前所未有的深化。[1]

具体来说,首先,在网民的数量规模上,截至2008年6月30日,我国网民总人数达到2.53亿人,跃居世界第一。[2]其次,网络民意开始向理性化转变。针对某些网络谣言,特别是在涉及国家利益、民族尊严等重大事件和重大自然灾害面前,网络舆论能够迅速激发出众志成城、守望相助、同仇敌忾、共御外侮的舆论声势和爱国热情。近年来,在拉萨"3·14"事件、奥运圣火境外传递受阻和抗震救灾等一系列重大事件中,海内外中华儿女的爱国热情通过网络舆论的力量井喷式迸发出来,爱国网民作为一个新型社会群体走到了时代前台。[3]再次,网络民意对政府的监督,特别是在网络反腐方面,显现出前所未有的力量。如2008年发生的"周老虎事件",对政府品格进行了一次洗礼;2012年重庆市北碚区区委书记不雅视频、陕西省"表哥"等事件的曝光,2014年上海发生"外滩踩踏事件"时黄浦区区委书记等政府官员在高级酒店公款吃喝等,这些无不是对政府官员的行为和作风进行的一次次拷问。最后,网络民意重要的一个功效就是实现政府与网民的互动,这在司法机关中体现得尤为明显。如最高人民法院积极打造司法三大公开平台建设,为当事人查询案件信息提供了方便;同时,它还形成了司法倒逼机制,进一步提升了法官的司法技能和业务素养。

总之,自2008年之后,网络民意的发展已逐渐走向成熟,它将成为推动政府职能转变,实现依法治国的重要力量。

(二)网络民意有其自身的特定性

网络使"个人表达自由与言论自由第一次真正地实现了,每个人都可以成为自己的出版商,不受任何政治、意识形态、技术、文字和逻辑能力的

〔1〕 参见胡磊:《网络民意与司法公众关系研究》,辽宁师范大学2013年硕士学位论文,第14页。

〔2〕 参见中国互联网协会:《中国互联网发展史》,http://www.isc.org.cn/ihf/info.php?cid=218,访问时间:2015年1月25日。

〔3〕 参见http://media.people.com.cn/GB/40606/15571239.html,访问时间:2015年1月25日。

审查,经济能力的限制与以往相比可以说是微不足道的"[1]。可见,网络民意与传统形态的民意表达有着显著的不同。相对于一般的民意、传统的媒体意见而言,网络民意有其自身的特定属性。

1. 网络民意只是司法民意的一部分

"网络民意""民意""公共意见"都属于"公共舆论"。舆论本意是街谈巷议,是一种民间意见的表达。网络民意属于整个社会民意的一部分。网络民意能否代表社会整体民意,取决于上网表达人群的年龄结构、身份结构、性别结构等因素。[2]2014 年 7 月,中国互联网络中心所作的第 34 次《中国互联网络发展状况统计报告》显示,截至 2014 年 6 月底,我国网民男女性别比例为 55.6∶44.4,可以看出在网络民意的来源方面,男性比例高于女性 11.2 个百分点;在网民年龄结构的分布中,20—29 岁的网民占了最大的比重 30.7%,在所有网民中所占比例最大,10—19 岁的网民比重占到了 24.5%,30—39 岁的网民比重占到了 23.4%,网民的年龄构成主要集中在 10—40 岁;在网民学历结构分布中,小学及以下学历、初中、高中学历的网民比重分别为 12.1%、36.1%、31.1%,低学历网民占大多数,且互联网呈现出向低端学历群体渗透的倾向;在职业结构的分布中,学生依然是中国网民中最大的群体,占比 25.1%,互联网普及率在该群体中已经处于高位,个体户/自由职业者构成网民第二大群体,占比 21.4%,企业中管理人员占比为 2.9%,一般职员占比为 12.2%。[3]

可以看出,在网络民意的人员构成中,29 岁以下学生占大多数,而这一群体,由于年纪较轻,尚未踏入社会,思想尚未真正成熟、理智,容易受到其他思想的干扰,做事易冲动。其所表达出来的意见,更可能随着网络背后操控者的操控而形成所谓的"自由民意"。这一点在药家鑫案件中便可以得到佐证,在网络上有人指出药家鑫是"富二代""官二代"的时候,对于药家鑫谴责的词语甚是激烈。而在网络曝出药家鑫并不是所谓的"富二代""官二代"时,又有不少网民对药家鑫表示一定的怜悯与同情。[4]因此,由

---

〔1〕 闵丈洪:《在理想与现实的冲突中——新闻媒体网站电子论坛刍议》,《新闻与传播研究》1998 年第 3 期,第 12 页。

〔2〕 参见张建伟:《网络民意潮汐上的司法之舟》,《法制资讯》2012 年第 11 期,第 13 页。

〔3〕 参见 http://cn.chinagate.cn/reports/2014-07/23/content_33031944.htm,访问时间:2015 年 1 月 12 日。

〔4〕 参见聂子龙:《刑事司法与民意互动关系研究》,西南政法大学 2012 年硕士学位论文,第 17 页。

于网民结构构成的不均衡性,会出现部分群体因数量的优势而影响网络民意质量的可能,网络民意可能仅仅代表着这一网络优势群体的民意,并不能代表整体的司法民意。尤其是当网络民意被某一部分人操控时,网络民意甚至会出现背离民意真实意思的情形。

不过,即使互联网呈现的意见不能尽数代表整体民意,但也不可小觑网络意见的表达,尤其不能将网络民意与社会整体民意割裂开来。应当看到,互联网形成的舆论,往往反映了社会的民间意见,当这种舆论形成一定规模,传统媒体会被带动并介入报道和讨论,从而引起社会的关注;网络民意所具有的优势,是其他传统媒介无法比拟的。

2. 网络民意可以去"科层化"

所谓去"科层化",是指政治信息的传播打破科层体制内部的局限,克服层级传播中信息不对称的现象,减少传播中的层级,使信息的传播更加直接真实和透明。

从当代中国政治信息的流通的途径(这些途径主要包括会议、文件、选举、信访、视察、调研、媒体等)来看,每一种途径都带有鲜明的政治科层制的色彩。[1]在中国的政治组织格局下,政府单位众多,纵横交错,政治信息的传播为这样一个科层制所垄断和切割,科层内部及科层内外的沟通十分困难,不仅沟通效率低下,信息的失真与扭曲也成为一种常态。[2]可见,科层制的信息传播虽然可以保证组织效率,但其必然会具有垄断信息、扭曲信息的天性。再加上中国没有完全独立的信息收集组织,也没有完全独立的选举和媒体,政治信息的失真成为一种常态。互联网的出现使这种科层体制下的"传播失灵"现象得到了一定的改善。也就是说,互联网在一定程度上克服了科层制的这种传播困境,其最大的功能即体现为"去科层化"。

较之传统媒体,互联网增加了民主参与或者弱势群体的力量,这归根结底取决于其技术特征上的不可完全控制性,互联网传播的一些基础性架构和技术特性,如 TCP/IP 协议,使得互联网成了一个高度灵活的、去中心

〔1〕 参见潘祥辉:《去科层化:互联网在中国政治传播中的功能再考察》,《浙江社会科学》2011 年第 1 期,第 37 页。

〔2〕 参见潘祥辉:《去科层化:互联网在中国政治传播中的功能再考察》,《浙江社会科学》2011 年第 1 期,第 37 页。

化的媒介,比之于传统媒介,互联网也更加难以监管。[1]网络聊天工具的运用,尤其是自媒体工具的盛行,使得每一位公民都可以成为一个信息源,每一个网站都可以成为一家媒体。由于互联网的出现,政治信息传播系统中的各级把关人的作用“虚化”,老百姓甚至可以通过互联网直接将自己的问题呈现给上层领导或者上级政府,而不用经过中间各级政府或者官员的层层把关,更不需要层层过滤。上级政府也不用通过下级政府的汇报或代理就能够得到民间原生态的信息。

网络民意具有去科层化的优势,它甚至可以被称作监督政府和司法机关的“第四权力”,这是其他传统媒体所无法比拟的。

3. 网络民意具有的其他特性

“网络民意具有的去科层化性质”以及“网络民意只是司法民意的一部分”是网络民意最为显著的两个特征。除此之外,网络民意还具有传播的及时性、虚拟性以及互动性强等特点。

网络民意具有及时性。“网络是一种双向的交互式的信息传播通道,具有传播高速度、内容交互性、信息海量性的特征,使得相当数量的人群能够在非常短的时间在全球范围内积聚起来。”[2]网络信息的传播不像传统社会信息传播那样从信息的采集到发布要经过一系列繁琐的过程,它几乎不受时空限制,广大网民可以在第一时间就所发生的社会公共事件在网络社会中发布,并发表自己的观点。随着网民对该事件或主题的了解、讨论,引起社会对该话题的广泛热议,在较短的时间内演变成一个广泛的舆论氛围,整个过程十分短暂。

网络民意具有虚拟性。“没有人知道,网络对面是否坐着一只狗。”[3]这句话极其形象地刻画了网络社会的虚拟性。正是由于网络社会的虚拟性,使得网民在发布言论时可以不公布姓名和有效的地址,而是采用虚拟的网名形式。虚拟世界和现实世界是有差距的,而且,人在虚拟世界和现实世界中表现得也并非完全相同;网络民意的虚拟性决定了网络民意在一定程度上具有非稳定性和不可靠性的特征,这也决定了司法机关在采信网

---

〔1〕 参见潘祥辉:《去科层化:互联网在中国政治传播中的功能再考察》,《浙江社会科学》2011年第1期,第37页。

〔2〕 Nazli Choucri, Introduction, Cyber Politics in International Relations, *International Politics Science Review*, 2000(3), p. 78.

〔3〕 [美]尼古拉·尼葛洛庞帝:《数字化生存》,胡泳、范海燕译,海南出版社1997年版,第31页。

络民意时应当注意甄别。

网络民意具有较强的互动性。网络传播工具的出现,使得政府和司法机关不再仅仅是信息的传输者和发送者,其在多数情况下还需要对公众提供的信息进行分析。互动性是网络传播与生俱来的,其不仅弥补了传统媒体与公众在沟通渠道上较单一的缺陷,而且给公众提供了一个很好的发布信息和交流意见的平台,使网络成为一个网民思想集散地。为方便有效地传播和解答公众疑惑,各司法机关纷纷开通微博、微信等聊天工具,由专人对本机关内部处理案件信息进行及时发布。不仅如此,对于公众而言,其只需“@”所需要提问的司法机关就可以提问,司法机关只需打开聊天工具就可以实现对所提问题的回复,以一种轻松、快捷的方式实现司法机关与当事人、社会公众的良性互动。

网络民意是新生的产物,网络民意的初现到网络民意的发展成熟还不到三十年时间,但是网络民意正以其强大的优势主导着社会舆论,这是司法机关在司法活动中不得回避并且必须直面的事实。网络民意具有的特性,决定了司法机关必须通过完善的审前、审中网络民意收集、分析机制,完善的审后网络民意回应方式等措施,实现司法机关与网络民意的良性互动。

二、完善网络民意的多渠道收集机制

司法不能对民意视而不见,必须采取一定的程序步骤,使民意进入司法程序,这样就可以预防司法判决和民意出现激烈冲突。司法与民意之间不应当是完全对立的,应当积极建立它们之间的联系,实现司法的民主化。司法民意是网络民意的一部分,完善的网络民意收集机制可以为法官从不同角度提供较为丰富的感性资料,可以“兼听则明”,对案件作出正确恰当的判决。2009 年 4 月发布的《最高人民法院关于进一步加强民意沟通工作的意见》规定:“积极推行审判、执行信息网络公开制度;加大庭审网络直播力度;各级人民法院主要领导每年至少应参加 1 次与网民直接交流、沟通、互动活动,广泛听取网民意见;对于了解的民意、听到的反映,可通过在线解答、个别沟通的方式,让群众了解信息,感受人民法院对民意的尊重;完善通过网络及其他各种途径受理群众举报的工作制度,有条件的法院可开设专门的电子信箱,收集群众的意见、建议。”可见,人民法院正以规范的形式不断丰富和发展网络民意收集机制。

（一）对网络民意收集渠道的现状分析

当前，我国网络民意进入司法程序的途径主要有“官方网站收集网络民意”“‘三大平台’收集网络民意”“官方微博、微信实现网民互动”“电子邮箱收集网络民意”“直面交流收集网络民意”等多种方式。然而，就目前我国法院对网络民意收集的现状来看，还存在诸多需要改善的地方。

首先，从人民法院对民意收集的途径来看，上述几种民意收集方式还是远远不够的。网络平台的多样性决定了网络民意表达方式的多样性，如果人民法院在网络民意收集过程中仅仅将目标放在人民法院官方网站、官方平台、官方微博和微信中，就有可能造成所收集的信息不具有代表性。此外，人民法院在上述几种信息收集途径中（微博、微信除外），一般处于被动的地位，即只是被动地接受其所提供平台上的网络民意信息，造成浏览、收集其他网站、网络平台民意信息的主动性不足，这也可能造成所收集到的信息具有一定的片面性，往往属于“一家之言”。

其次，网络民意的表达空间也十分狭窄，网站设立的表达窗口十分有限，对具体的公开内容几乎没有设立特有的网评栏目。以重庆市高级人民法院官方网站（http://cqfy.chinacourt.org/index.shtml）和河南省高级人民法院官方网站（http://www.hncourt.gov.cn/）为例，二者都能在官方网站中开设“网评法院”和“群众监督举报”等网络民意收集大窗口，但是绝大部分法院网站公开的裁判文书、庭审直播、减刑假释公示等具体信息的内容下则没有设立专门的网评栏目，具体信息的公开依然保持着推送状态，网络民意互动性不强。“尽管信息化为社会公众查阅信息带来了便利，但公众必要的表达路径与表达空间却被忽视。”[1]

最后，法院对网络民意缺乏一定的预警性，只有当某项网络民意引起社会的普遍关注时，才能得到法院的重视。真正等到社会公众对人民法院的做法产生质疑和不满，再出面进行澄清和说明，必然会造成法院对事态处理的被动和低效，不利于司法机关公信力的维护。

---

〔1〕卢祖新：《司法公开的信息化实现路径——以重庆一中院司法公开为样本》，载王小林主编：《信息化时代司法公开的逻辑与进路》，人民法院出版社2015年版，第217页。

（二）网络民意收集现状的完善措施

针对当前我国司法机关网络民意的收集现状，可以采取继续拓展网络民意收集渠道，加强网络民意收集窗口建设，加强网络民意收集的主动性、及时性等方面的措施。

1. 继续拓展网络民意收集渠道

除前述几种网络民意收集渠道之外，人民法院还应当关注除官方网站之外的其他网站，建立以专业网站为主、以当前其他主流网站为辅的网络民意收集机制。具体而言，还可关注的网站和网络平台有：(1)主流新闻媒体和网站。政府的重大决策、重大事件所引起的探讨，社会思想潮流和理论发展动态引发的思考，以及对社会热点的讨论，首先都是由网络上主流新闻媒体和网站传播开来的。(2)新闻留言板块或专题网页。与传统字面上只阅读不讨论不同，网络的本质特性就是其互动性。诸多网站都有发帖、留言、评论的功能，并开设了专区，允许并鼓励网民积极发表意见、参与讨论，吸引和汇聚了大量的网民。(3)各大网络论坛。网络民意主要存在形式还包括人气较旺的大型论坛，比如，在我国国内论坛排行靠前的新华网的发展论坛、人民网的强国论坛，人民法院打造的法治论坛等。知名度比较高的社会论坛，比如天涯社区、猫扑网等；同时，还有青年人比较青睐的论坛和高校论坛，比如水木清华、北大未名等。(4)非官方的博客、微博、人人网、微信等各种新兴的网络形式。这些介于公开与涉及隐私之间的新兴网络形式，特点是彰显自主和独特的性格，正在被越来越多的公众所欢迎和喜爱。对这些非官方的网络工具，司法机关也应当关注和浏览，以提高网络民意收集的全面性。

2. 加强网络民意收集窗口建设

人民法院主动运用互联网技术进行司法信息公开是符合时代潮流、顺应民意的表现。虽然网络信息公开在提升法院司法公信力和法院形象方面起到了很大的促进作用，但是网络司法信息公开的主要目的并不在此，而是为了实现公民知情权的实现，方便人民群众表达司法意愿和诉求。人民法院在进行网络信息司法公开的过程中，必须破除“形象工程”“面子工程”“做给上面看”等错误观念。正如2013年11月27日周强院长在全国法院司法公开工作推进会上所言：“由于各地经济条件和发展程度不一，推进工作不能急躁冒进，更不能重复建设、浪费资源。要让司法公开三大平台的作用发挥在明处,坚决不搞'面子工程',以卓有成效的工作,努力维护司法公正,提升司法公信力。要厉行节约,务实有序,确保司法公开平台的各类信息一次录入、自动生成,不额外增加一线法官工作负担。"

因此,必须完善和增强网络民意收集窗口建设,增强法院舆论窗口建设,除原有"网评法院""群众监督举报"等大窗口外,还应当在"裁判文书""庭审直播""执行信息"等多项具体公开内容下设立网评窗口,接受网民对法院具体公开事项的评论,并及时回复。加强法院与网民之间的互动,使每一项公开事项都能让网民畅所欲言,让法院网络司法信息公开实现真正的便民、利民。

3. 加强网络民意收集的主动性、及时性

人民法院在进行网络民意收集时,应当积极主动。因为网络民意是需要依赖一定的主动调查手段而加以表现和反映的,而并非自动呈现给司法机关的。人民法院可以在案件审理之前采取如下方式积极主动地收集网络民意:(1)运用网络技术征求公众意见,也就是以某个主题发表信息,引发公众思考,鼓励大家发表意见。人民法院可以在制定某项方针政策草案之前,对某项问题或者全部内容征求网民意见,让网民对该问题畅所欲言。(2)发动网络投票。这是指在某个主题中设定选项,让网民自主选择。网络投票这种方式不仅有利于集中网民讨论的某几个方面,而且便于调查者针对集中讨论的方面进行分析,是一种针对性较强的网络民意收集方式,但是也应当看到这种方式存在一定的缺陷,即局限了网民的思想和观点的发挥。(3)设立网络舆情预警机制。网络舆情预警,就是发现对网络舆情出现、发展和消亡具有重要影响的因素,并连续不间断地动态监测、度量以及采集它们的信息,根据预警体系的内容,运用综合分析技术,对当前网络舆情作出评价分析并预测其发展趋势,及时作出等级预报。[1]设立网络舆情预警机制,人民法院可以综合案件性质、网络舆情的特征为案件设立一定的预警标准;可以为网络舆情设置标签,将一些可能引起社会舆论的敏感词语(如富二代、官二代、强拆、暴力执法、刑讯逼供)等输入网站关键词检索中,优先处理上述案件,对发现可能引起网络舆情的案件,主动回答公众质疑,增强法院应对网络舆情案件的主动性。

---

〔1〕 参见吴绍忠、李淑华:《互联网络舆情预警机制研究》,《中国人民公安大学学报》(自然科学版)2008年第3期,第32页。

人民法院在进行网络民意收集时,还应当坚持及时的原则。对可能引发网络舆情的案件,在不泄露审判秘密的前提下,要抢占先机,适时发布信息,保证信息透明。对于舆情危机案件,司法机关要争取在第一时间介入,发布权威信息,让公众及时了解案件的事实和真相。司法机关不仅可以通过接受媒体采访、召开新闻发布会等方式发布信息,也可以通过官方主页、微博等网络载体回应舆论质疑,在必要情况下还可与网民进行在线交流和互动,以保证信息的公开透明。〔1〕

三、完善网络民意的引导与分析

如果说网络民意的多渠道收集机制属于人民法院对网络民意感性资料的收集,那么完善网络民意的甄别与分析则属于对所收集的网络民意进行去粗取精、去伪存真的过程。显而易见,我们的公众舆论是间歇性地同各种情绪发生着联系,同野心、经济利益、个人仇恨、种族偏见、阶级感情等联系在一起,它们以各种方式歪曲着我们的看法、想法和言谈举止。〔2〕“网络民意只能代表司法民意的一部分”和“网络民意的虚拟性”决定了司法机关收集到的网络民意具有一定的片面性、非理性甚至可能存在一定的虚假性。因此,司法机关必须针对网络民意的特性,对所收集的网络民意进行甄别和分析。正如皮罗·克拉玛德雷所言:“法官作为法律的官方解释者,必须在自身中寻求法律得以生成的社会良知的映像,必须从自身良知来解读他的同胞打算通过法律事先确定的普遍目标。”〔3〕对此,人民法院在吸纳网络民意过程中,必须学会区分收集起来的民意是真正的民意还是伪装的民意(理性的民意还是非理性的民意),正确引导网络民意向理性方向发展。

(一)正确判断与应对网络民意

网络民意甄别的核心是确立一个适当的标准对所收集到的网络民意

〔1〕 参见黄晓亮、徐文文:《刑事案件网络舆情及其司法应对措施》,《江苏警官学院学报》2012 年第 4 期,第 20 页。

〔2〕 参见[美]沃尔特·李普曼:《公众舆论》,阎克文、江红译,上海世纪出版集团 2006 年版,第 56 页。

〔3〕 参见[意]皮罗·克拉玛德雷:《程序与民主》,翟小波、刘刚译,高等教育出版社 2005 年版,第 1 页。

进行不同程度的分类，对可以作为参考因素的网络民意和不可以作为参考因素的网络民意应区别对待。可参考的网络民意应受到法官的重视并予以吸收，而不可参考的网络民意则需要对其作出及时反馈，对此需要对以下两种非理性网络民意分别进行判断。第一，网络民意能够较真实地反映民意，但表现出了非理性特征。这种非理性或表现为公民权利与司法机关权力的冲突，或表现为公众传统道德和法律规则的冲突；在相当长时期内，这是无法避免的，是司法机关可接受的或在其意料之中的，需要长期引导才能改变。如出于好心搭载他人，可是由于违反交通规则造成交通事故使得被搭载人重伤或者死亡的情形。网民可能会出于"好心办坏事"的理念产生对该行为免予处罚的倾向。第二，网络舆情不能真实反映民意，表现出严重的非理性特征。这种非理性除了具有上述第一个层面的特征外，主要表现为网络环境下多方面因素干扰导致的一种偏激、情绪化倾向。如被害人家属基于对被告人的仇恨在网络平台上所作的评论。只有对网络舆情的非理性特征进行上述两个不同层面的区分，司法机关才能根据不同情况采取合理的应对措施。

因此，针对上述网络民意，司法机关在舆情应对时应该对其非理性程度进行"两个层面"上的判断。如果该案网络舆情的非理性特征仅仅表现为道德性的倾向，而没有受到其他因素干扰，则属于第一个层面的非理性；虽然并不能直接推定其是民意的真实反映，但至少不会太过偏离民意，司法机关在审理案件时应该适当予以考虑。如果该案网络舆情的非理性特征不仅表现为道德性的倾向，还受到网络推手、众多网络意见领袖和网络媒体的非理性引导，就属于第二个层面的非理性。此时的网络舆情不是民意的真实反映，司法机关在舆情应对时一定要避免受其干扰，并及时通过各种方法对其进行正确引导。〔1〕

另外，为减少司法机关网络舆论评断的工作量，提高进入司法机关网络民意的真实性，人民法院还应当设置网络民意进入司法机关的门槛和程序，应当逐渐普及网络注册信息实名制，尤其是司法机关官方网络平台，公众如果要在该平台上发表评论或者提供举报信息，必须输入身份证号码等验证信息。从当前我国司法机关的网络平台来看，官方网站以及三大平台

〔1〕　参见黄晓亮、徐文文：《刑事案件网络舆情及其司法应对措施》，《江苏警官学院学报》2012年第4期，第20页。

基本都能实现网络实名制，但是像微博、微信等较为新兴的交流工具（尤其是微博，甚至在不需要加为好友的情况下就可以对对方的微博信息进行评论），由于其并非司法机关所能控制和掌握，仅靠司法机关一己之力还很难予以改变；但司法机关可以对该平台所获得信息进行适当筛选，或者可以适当降低该平台网络民意的“真实力”。

（二）引导网络民意向理性化发展

正确引导网络民意进入司法程序，实现网络民意理性化发展是司法程序应对网络民意的关键。网络民意的特性决定了其对司法活动既有积极的促进作用，也有消极的不利影响。正确引导网络民意，促使网络民意不断地推动着司法改革顺利进行，就司法机关而言，正确引导网络民意可以采取如下途径。

第一，通过增加司法透明度引导网络民意。司法公开是满足民众司法需求的途径，是实现民意沟通的载体和通道，也是民众准确评价司法机关和司法行为的依据。通过建立司法公开机制，增加司法透明度，将司法的真实状况向民众反映，能有效增进网民对于司法的认知、理解和信任，有利于引导网民的法律意识，促使网络民意向理性化发展。自2009年《人民法院第三个五年改革纲要（2009—2013）》实施以来，司法公开已进入了全面公开时期，司法公开的范围不断扩大，司法公开的方式不断扩展，司法公开的对象也逐渐平民化。但同时应当承认，司法公开的实际运行情况还不够理想，实施运行效果还达不到真正的司法透明状态。如司法公开的理念存在一定的保守性，一些法院始终有恐惧、拒绝、防范网络舆论的错误观念，总是想方设法对旁听公开审理施加各种限制，大案要案更是尤其谨慎，一遍又一遍审查媒体名单；司法公开的范围还有待扩展；审判管理信息公开还有待深化，“考虑到管理工作及管理者更易接受现代信息技术，而审判方式具有保守性，较难适应现代技术，我国司法信息化建设在当下的主要切入口在于审判管理方面而非审判本身”[1]；“自由进入法庭旁听”在英美国家从来不是问题，但在我国却一直困难重重[2]。因此，让司法取信于民，

---

〔1〕 左卫民：《信息化与我国司法——基于四川省各级人民法院审判管理创新的解读》，《清华法学》2011年第4期，第32页。

〔2〕 参见高一飞、贺红强：《庭审旁听权及其实现机制》，《社会科学研究》2013年第1期，第78页。

引导网络民意向理性化发展,司法机关就必须转变司法理念;善于利用网络公开平台不断拓展司法公开的范围,增强审判公开的实效性;完善裁判文书说理制度,加强判决书事实和理由部分的分析论证,在证据和事实认定上有疑难之处的要加以重点说明,杜绝含糊其词、抽象模糊的表达。

第二,通过司法宣传、说理引导网络民意。司法机关通过审判达到法制宣传的效果,使民众按照司法改革纲要引导的路径进行评价。司法增加裁判说理,以法律理性对抗网络民意的道德诉求,正确引导民意而不是盲目顺从民意。另外,人民法院还可以通过提供司法新闻引导民意,人民法院整理归纳网络民意关注的问题,并通过中国法院网、新华网、人民网等主流网络媒体,及时、主动发布信息、表明立场,正确引导民意向理性化方向发展。应当注意的是,除了对案件、法理的宣传之外,人民法院还应当注重通过某些具有典型意义案件的宣传教育推动社会的法制建设进程,要用发展的眼光对待网络民意,而不应仅将目光放在对网民舆论的平息上。以刘涌案为例,刘涌案二审之所以改判死缓,是因为法院适用了非法证据排除规则,对能够证明刘涌指使宋建飞故意伤害的证据进行了排除。对于刘涌案件的改判,无论是出于对平息民怨的考虑,还是因为刑讯逼供情形的存在,但至少对大多数公众来说,经过了长时间的热烈讨论过后,却根本不知道这个案件的判决结果被改来改去是由于一个“非法证据排除规则”的理由,这不得不说是一个遗憾。因此,在民众关注个案中,司法机关除了合理辨识、及时引导网络民意外,也应当敏锐、积极地把握个案传播现代法治理念、推进法治进程的机遇,这未必有助于平息当前的网络民众对司法判决的不满,但对网络民意逐渐向理性化发展是十分有益的。[1]

第三,借助“网络领袖”引导网络民意。在网络时代,网络主流民意对司法个案的信息具有非常强大的舆论聚集、扩散和放大的功能,在短时间内能迅速集中反映网络民众对司法个案的主导性处置意见和意向。[2]我国互联网的发展为网络主流民意以及“网络领袖”的兴起提供了广阔的空间。他们自身的“名人效应”,在网络中的发声甚至比政府还要有号召力(有的网民所使用的微博,仅“粉丝”就上百万人,影响力甚至超过官方的网

〔1〕 参见罗薇:《民意与司法应对》,湘潭大学2014年博士学位论文,第82页。

〔2〕 参见陈发桂:《司法有效运作与网络主流民意吸收的制度逻辑》,《山西师大学报》(社会科学版)2013年第2期,第71页。

站、报纸),因此,人民法院在引导网络民意时,要抓住重点,加强与“网络领袖”之间的沟通和交流,引导网络领袖作出正确、理性的报道。同时,人民法院在进行网络民意筛选时,也可以借助“网络领袖”的主流意见引导民意的方向。一是以法律学者为主的专家学者。他们一般具有扎实的理论功底、丰富的专业知识和开阔的学术视野,眼光独到,分析深刻,在民众中影响力巨大。二是媒体评论员和媒体编辑。他们掌握发表平台,具有发表和评论观点的便利条件,也知道如何恰当表达观点。三是论坛版主和论坛中的活跃分子。他们了解网民的心理和需求,善于在多元分散的舆情中找寻共同点,能较好地把握和引导民意走向。〔1〕

四、建立健全网络民意回应机制

及时对所收集到的网络民意作出回应,是司法机关贯彻司法为民的重要体现。司法吸纳民意绝不是对民意中情绪性因素的简单接纳和妥协,而要善待和敬畏民意,兼听、区分并有效引导民意。为有效应对民意,司法机关应构建回应民意的技术性通道。随着我国网络技术的逐步发展成熟以及司法公开建设的不断加快,人民法院回应网络民意的途径也在不断丰富和发展。除传统的信件回复、短信回复、电话回复、传真回复、报刊回复等方式之外,人民法院逐渐实现了网站评论窗口回复、电子邮件回复、新闻发布会回复、“两微”(微博、微信)回复等更加有效、快捷的网络民意回应方式。但是,从现有的网络民意回复方式来看,回复网民依然是人民法院的一项“权利”,人民法院对网络民意的回复存在相应的反馈评价和监督机制;网络民意回复方式还存在拓展的空间。

(一)继续拓展网络民意的回应方式

除前述网络民意回应途径之外,人民法院还应当逐渐推广网络新闻发言人制度,建立专家与咨询机构支持制度,开拓多种网络民意回应方式和途径。

1. 逐步推广网络新闻发言人制度

“只有建立健全收集、分类、交办、督查、反馈的网络问政链条,形成网

〔1〕 参见罗薇:《民意与司法应对》,湘潭大学2014年博士学位论文,第81页。

上听民意、汇民智、聚民心的长效机制，才能促进党委、政府与网民通畅、充分、有效地沟通与互动，实现现实世界与网络世界的有机对接。”[1]网络新闻发言人制度是传统新闻发言人制度在互联网空间的延伸和拓展。从网络发言人制度的适用来看，网络新闻发言人制度最先适用于政府的信息公开，“2009 年 7 月，云南、贵州、南京、安徽、天津等地顺应网络时代要求，纷纷试点建立网络新闻发言人制度。”[2]与传统新闻发言人制度相比，网络新闻发言人制度有其自身独特的优势：网络新闻发布由网民通过网络平台向发言人提出问题，新闻发言人直接回答，实现发布者和受众者的直接传播；公众直接面对发言人，可以随时通过各种通信工具与新闻发言人进行沟通，正如视频聊天一样，可以实现新闻发言人和网民之间信息的随时互动和双向沟通；它还打破了传统新闻发布会中时间、空间和参与者数量的限制，网民甚至可以在任何地方参与“新闻发布会”，省时省力，效率提高。“网络新闻发言人”的出现，是政府信息公开的新渠道和新方式，也是政府改进作风、促进勤政廉政建设，践行执政为民理念的重要途径之一。

不仅如此，为丰富和拓展网络民意回应方式，人民法院也在建立“网络新闻发言人制度”。河南省高级人民法院继建立新闻发言人制度之后，也于 2009 年 11 月建立了网络新闻发言人制度，第一时间向新闻单位通报发生在河南的重大新闻，回答记者提出的问题，建立法院和新闻单位的网上对话平台。[3]河南省高级人民法院对网络新闻发布制度的内容、程序、发言人答记者问的方式、新闻记者注册要求、发言人特别提示等作了专门规定，这是河南省高级人民法院继建立新闻发言人制度后，推出的保障新闻单位对河南法院工作的知情权、咨询权、采访权、监督权，主动接受新闻舆论监督的积极探索。但是，美中不足的是，该制度将新闻发布的对象规定为新闻记者，片面限制了新闻发布的对象。另外，从人民法院网络新闻发言制度的适用来看，由于各地区网络技术以及资金投入等情况的不平衡性，网络新闻发言制度只是个别法院根据本院的实际情况的一种有益探

---

〔1〕 程小旭：《政府部门网络发言人凸显网络民意重要性》，《中国经济时报》2009 年 8 月 17 日，第 6 版。

〔2〕 相德宝：《探析网络新闻发言人制度》，http://media. people. com. cn/GB/22114/206896/223800/14861459. html，访问时间：2015 年 2 月 2 日。

〔3〕 参见陈海发、冀天福：《河南高院建立网络新闻发言人制度》，http://news. xinhuanet. com/legal/2009-11/09/content_12414773. htm，访问时间：2015 年 2 月 2 日。

索,目前还没有在全国法院普及,也没有一项适用于各地法院统一的规范机制。不过,相信随着网络技术的不断发展,网络民意需求的不断增加,比传统新闻发布制度更加简便快捷的“网络新闻发言人制度”会得到越来越多法院的青睐和采纳,积极探索并逐渐推广网络新闻发言人制度指日可待。

2. 建立专家与咨询机构的支持制度

社会生活的多样性决定了法官处理社会纠纷的复杂性和专业性,然而,法官毕竟仅在法律专业知识上精通,面对所处理案件涉及问题的专业性和复杂性,必须借助更多的专家与咨询机构的支持。如法官在处理专门案件中,往往会聘请专门的司法鉴定机构、鉴证机构。对网络民意的回答也是如此。对于某些专业问题的回答,法官如果仅靠自己所拥有的知识,或者仅仅通过自己从专家、专门机构获得的知识作出回应,往往会回答得不全面,甚至会闹出笑话,由此会严重损害司法机关的威严和公众对司法机构的信任度。因此,司法机关在进行专业问题的回应时,必须借助专家与咨询机构,不能形成信息的“孤岛效应”;借助专家的智慧与咨询机构的专业知识,对法院的案件裁判结果进行专门的分析和回答,进而帮助民众理解法院裁判,强化网络民意对人民法院的支持度。

具体而言,专家与咨询机构组成人员应当是法院以外的,具有专业知识的专家、组织机构,包括相关领域的专家、律师协会、消费者协会、法学会、鉴定机构、鉴证机构等。专家与咨询机构的职能并不仅仅在于对事后网民的回复,其在审判过程中是以专门的鉴定机构和专家意见的形式存在的。只是事后为了协助法院对网络民意的回复,对网民提出的专业性问题进行进一步的具体回答。专家与咨询机构出具的回复意见一般具有权威性、专业性和具体性的特点。人民法院可以借助案件审判过程中所聘请的专家机构,与其建立网络链接系统;该专家机构除出庭作证对所鉴定的问题进行当面说明之外,还应当根据人民法院的要求,为人民法院事后不能为网民解答的专业性问题进行解答和回复,并对其回答的真实性负责。人民法院也可以集中网民的专门问题,以信件、邮件等书面方式寄送给该专家和咨询机构,对该专家和咨询机构的回复内容,以拍照、扫描或者在线抄送的形式发送给网民,实现对网民专业知识方面的回答。

在我国的司法实践中,出现最多的是专家法律意见书——一些法律专家就疑难案件的争议焦点、证据运用等方面向法院提交意见书，以帮助法官正确适用法律，促进法院公正判决，并维护当事人的合法权益。但是这些专家意见书主要存在于案件审判中，真正以官方名义正式对网民专业问题疑问回复的则少之又少。实际上，建立专家与咨询机构并不困难，因为它们大多数已经参加了案件审判，事前已经得到了相关机关或者当事人的聘请，人民法院只需要在现有基础上，依托当前的网络沟通平台，加强与该专家、机构的沟通交流即可实现对网民的专业回复。当然，应当注意的是，专家与咨询机构只能就法律适用和专业知识出具意见，不得对法庭应当如何裁判发表倾向性意见，更不能出具具有煽动性和违背事实的评论。

（二）建立网络民意的反馈与评价机制

人民法院回应网络民意要想取得良好的效果，就必须根据回应后网民的反应来判断是否要对回应作出调整。网民的反馈可分为“正反馈”和“负反馈”。“正反馈”表明法院对网络民意的回应得到了网民的普遍认可，取得了良好的效果；“负反馈”则表明法院对网络民意的回应未能为网民所认同和理解，没有取得良好的效果，需要政府进一步作出回应。〔1〕在实际运作中，不管法院是否需要作出进一步回应，这个反馈过程都是必要的。建立部门反馈的在线回复机制，不仅要及时回复那些民众强烈关注的问题，而且对于少数民众关注的问题也要给予及时的回复。就人民法院网络民意的反馈机制建设而言，第一，人民法院应当建立和健全网络评阅员队伍，负责每日浏览网络信息，回复人民法院官方网络平台和交流工具的提问，对于民众提出的问题及时进行分类整理，并将其分别提交给相关问题的主管部门。〔2〕第二，人民法院及其相关部门能够及时回复网民的在线咨询和投诉事宜，要对回复的时间和程序作出具体规定。一般来说，回复的时间不超过5个工作日，否则不仅会影响民众对法院办事效率的质疑，也会造成网民对人民法院公信力信赖的丧失，使得所谓的“大法官邮箱”“院长邮箱”等成了摆设。第三，设立相应的责任追究制度，对人民法院应当回复而

〔1〕参见胡宾：《当代中国政府回应网络民意机制研究——以政治沟通理论为视角》，上海师范大学2012年硕士学位论文，第20页。

〔2〕参见张杰：《微时代背景下法院“双微”公共平台建设机制研究——基于“沉默的螺旋”理论假设》，载王小林主编：《信息化时代司法公开的逻辑与进路》，人民法院出版社2015年版，第89页。

不回复的情形，情节严重的可启动责任追究机制，扣除该法院年度考核分数，对具体法官也要进行相应的考评处分。

当然，仅仅对网民进行回复还是不够的。为了提高人民法院对网民回复的质量，除了人民法院的内部回馈机制之外，人民法院还应当建立网络民意评价机制。评价体系的建立能为人民法院提高自身服务能力提供标准和参照。法院回应网络民意评价指标应包括网民对政府回应时效性、客观性、公开性、公正性、回应态度、回应效果及总体的满意度等。网络民意评价机制的建立主要应以网民的态度和需求满足为主导，如对人民法院回应的态度和诚意是否满意、对回应的解释和处理是否满意、对人民法院回应的及时性是否满意等。另外，为实现网络民意评价机制的贯彻实施，同样应该把人民法院评估体系的建设与绩效评估及问责制建设结合起来；将回应网络民意评估结果及时传达给上级人民法院，作为对相关人员进行奖惩的依据，对回应不力的部门领导进行问责，对评价分数较低的法院进行通报批评，以此提高人民法院提升回应网络民意的效率。

（三）健全司法回应网络民意的监督机制

人民法院回应网络民意还需要一个监督的过程。只有明确有效的监督机制，才能使人民法院转变权力观念，将网络民意回复由“权利”变为“义务”。正如国际非政府组织“第 19 条组织”在其制定的《公众的知情权——信息自由立法的原则》中的“原则五”规定的那样：“便于获取信息的程序对信息索求应当快速和公正地进行，应当存在对任何拒绝的独立审查程序。在所有情况下，法律应当规定个人有权就公共机构拒绝披露信息向独立的行政机构申诉。这样的机构可以是现有的，如巡视官或人权委员会，也可以是为此而专门设立的。在两种情况下，该机构都要满足某些标准和具有某些权力。其独立性应当通过组织形式和通过负责人和/或理事会的任命过程来获得保证。”

从我国人民法院对网络民意的回应的监督机制来看，健全人民法院回应网络民意机制，需要人民法院内部和外部的监督。外部监督主要是指包括网民在内的广大人民群众、社会媒体、人民检察院以及其他社会组织的监督。这些群体是最想从人民法院那里得到解释回应的，将这部分群体纳入人民法院回应网络民意的监督过程中，有助于确保人民法院回应的客观、公正，增强回应结果的说服力；内部监督主要是指人民法院体制内的监督。对外而言，人民法院是一个独立审判的司法机构。但是对内而言，人民法院依然存在着内部管理、组织和行政管理等工作，内部工作依然需要监督机制的运行，具体包括院长监督、庭长监督、监察部门对本院和下级法院工作人员的监督、特邀监督员的监督，以及其他司法行政部门对司法行政工作所进行的某一方面的监督等。法院回应网络民意代表的是法院的立场和观点，如果处理不好，就会对法院形象和司法公信力产生负面影响，所以需要相关监督部门及上级法院严格把关，在规范有序的操作流程下作出客观的回应。

就内部监督而言，最高人民法院可在法院内部以及各高级人民法院设立网络民意回应监察小组，由最高人民法院和高级人民法院对下级人民法院回应网络民意的收集、过滤、处理、回应、反馈等进行全程监控，制定相应的考核标准，进行详细测评。通过安装定制的统计软件监督各级人民法院网站、"两微"平台对网络民意的回复和处理情况，要求各级人民法院网站定期向上级人民法院汇报回应情况。加大对网络民意所反映问题调查处理过程的监督力度，对一些重大网络事件的调查要指派专人进行全程跟踪、重点监控。就外部监督而言，应充分发挥人民检察院的检查监督作用。人民检察院为本级人民法院网络民意回应的监督机关，接受公众和网民对本级人民法院"应当回应而不回应"或者"网络回应不当"等情形的申诉。对于人民法院确有错误、需要进行改正的，人民检察院应当作出检察建议书要求该人民法院进行改正；人民法院拒不改正的，人民检察院可以上报其上一级人民检察院，由上一级人民检察院向其同级人民法院提出检察建议，上级人民法院查证属实后应当责令下级人民法院改正，并作为年度考评是否合格的依据。

司法公正的实现是必要的，而且必须以看得见的方式实现。在互联网科技迅猛发展的今天，网络已不再仅仅是人与人之间交流的工具，它已经转化为社会民众表达民意、参与政府决策的重要载体。网络民意如同一把双刃剑，正确应对好网络民意，可以推动我国司法改革的顺利进行；不当应对网络民意，必然会造成司法改革步履维艰，带来司法危机。

然而，网络民意自身具有的分散性、虚拟性等特征决定了其往往受到某些偏激舆论的控制；以现有的力量应对数量庞大的网民需求，其所承担的工作量的繁重是可想而知的。应对网络民意,单靠司法机关的力量是远远不够的,民意的解决还需要政府机关乃至社会各个组织、团体的共同努力,传统的管理网络民意的办法因其管理方式明显滞后,已经很难适应时代的需求。因此,更新网络民意的管理,畅通民意表达,有必要成立一个在全国范围内适用的、具有权威效力的网络民意管理部门。该网络民意管理部门是连接网民和权力机关的桥梁。一方面,该部门可以对众多网民反映的社会焦点问题进行收集、甄别与分析,进行整合后,根据网民反映的情况,分别传送到不同部门进行处理;另一方面,各部门对网络民意管理部门传送的网络民意进行再分析后,根据网民的要求,及时进行回复。如果网民对该部门的回复不满意的,可以向网络民意管理部门反映,网络民意管理部门可以要求回复部门对回复内容进行解释或者责令其重新作出回复。

这样,一方面,对于政府部门来说,网络民意管理部门对网络民意进行初步加工、处理,对明显虚假的网络民意进行排除,减少了各有关部门的工作任务量,使各有关部门将更多的精力放在本职工作中;另一方面,对于广大网民来讲,网络民意管理部门可以代表网民对各政府部门对网络民意的处理、回复进行监督,为网民伸张权利,减少网民的诉累。网络民意管理部门的设立可以更好地推进网络民主,改善官民关系,缓解社会矛盾,提高国家机关的工作效率。

第六章

我国检察机关重要案件信息发布制度

2014 年 10 月 1 日,《人民检察院案件信息公开工作规定(试行)》(以下简称《信息公开工作规定》)开始实施。人民检察院案件信息公开网自 2014 年 10 月 1 日正式运行以来,已建成了案件程序信息查询平台、重要案件信息发布平台、法律文书公开平台以及辩护与代理预约申请平台。

一些在社会上引起广泛关注的案件,比如刘铁男涉嫌受贿案、郭美美涉嫌开设赌场罪被批捕、张默涉嫌容留他人吸毒罪被批捕、徐才厚案等,其案件信息已发布在人民检察院重要案件信息发布平台上。

在通过新闻发言人、新闻发布会、新闻稿等传统方式以及人民检察院案件信息网发布重要案件信息的同时,检察机关也积极开拓新的发布方式以便更好地发布重要案件信息。根据最高人民检察院统计的数据,最高人民检察院官方微博、微信和新闻客户端,订阅数已从 2014 年 4 月初的 120 多万人上升到 2014 年 10 月 28 日的 1416 万人。[1]其中最高人民检察院新浪微博从 2014 年 3 月 3 日开通到 2015 年 8 月,不到一年半的时间就吸"粉"51 万多人。各级人民检察院也纷纷开通微博、微信和新闻客户端。

2015 年最高人民检察院再发力,2 月 28 日出台了《关于全面推进检务公开工作的意见》,有助于进一步提高检察工作透明度,方便人民群众参与和监督检察工作,确保检察权在阳光下运行。这个意见的出台也为检察机关重要案件信息制度的推进和完善提供了指导方针。

---

〔1〕 参见王治国:《开通人民检察院案件信息公开网》,http://news.jcrb.com/jxsw/201410/t20141029_1445146.html,访问时间:2015 年 6 月 1 日。上述数据中,新闻客户端和微信的订阅数据只有管理者自己知道,在网络上无法直接统计。

在《信息公开工作规定》中,我国检察机关在西方国家所谓"公众人物犯罪""严重犯罪"案件之外独创了一个新名词,即"重要案件",对于这类案件,其信息倍受关注,人民有知情的期待和要求,应当公开。在坚持允许报道公众人物的同时,我们发现,对于"公众人物"的含义很难把握,我国检察机关对"公众人物"一词加以改造和完善,用"重要案件"代替"公众人物案件",并明确了其具体内涵,是对信息公开的制度创新和重要贡献。

一、检察机关重要案件信息发布制度的历史沿革与现实意义

《信息公开工作规定》明确了重要案件信息发布的内容范围、发布方式、发布程序、审核把关机制等,要求各级检察机关在通过新闻发言人、召开新闻发布会、提供新闻稿等方式发布重要案件信息的同时,还要将相关信息发布在人民检察院案件信息公开网上。《信息公开工作规定》的出台使得检察机关案件信息公开从一般性要求变成了刚性制度约束,从部分地方的实践探索变成了全国各级检察机关的规定动作。

(一)检察机关重要案件信息发布制度的历史沿革

我国检察机关重要案件信息发布作为检务公开的重要组成部分,早期主要是规定在新闻发布制度、检察工作情况通报制度之中,直到《信息公开工作规定》的出台,才有了专门的、体系化的规定。

1998年10月,最高人民检察院下发了《关于在全国检察机关实行"检务公开"的决定》(以下简称《"检务公开"决定》),并提出了"检务十公开"[1]。作为"检务十公开"的重要组成部分,检察机关重要案件信息的公开主要体现在第二部分,即检察机关司法活动相关信息的公开。公开的方式见于《"检务公开"决定》的第3条的规定,即采取多种形式实行"检务公开":(1)通过报刊、电台、电视等新闻媒体,公布和宣传"检务公开"的内容;(2)采用设置专栏、制作牌匾和印发小册子等形式公布"检务公开"的内容;(3)检察人员执行公务活动要通报姓名、身份和执行检察活动的事由,

---

[1] "检务十公开"大致可概括为:(1)检察机关行使职权及法律依据的公开;(2)检察机关司法活动相关信息的公开,涉及国家秘密、个人隐私和未成年人案件的除外;(3)诉讼参与人权利义务的公开;(4)检察人员职业纪律及监督方法的明示;(5)法律救济的途径方法的公开。

告知公众对象有关法定权利和义务必须知道的具体内容，告知对检察活动如有异议，可以投诉及其投诉办法。由此可以看出，早期的检务公开方式比较简单，只包括通过传统新闻媒体发布、展示和告知三种方式。囿于时代和技术，作为“检务公开”一部分的重要案件信息也只有通过这些方式进行发布，就更不用说通过专门的发布平台。

1999 年 1 月 4 日颁布的《人民检察院“检务公开”具体实施办法》（以下简称《具体实施办法》）第 3 条要求各级人民检察院对具有较大社会影响、公众关注的重大刑事案件、职务犯罪案件的查办情况，在逮捕或提起公诉后，适时予以报道。如果说《“检务公开”决定》给了检察机关重要案件信息发布的可能性，那么《具体实施办法》就给了检察机关重要案件信息发布的可行性。《具体实施办法》首次提出运用现代信息手段进行公开，要求有条件的地方建立检务公开的信息台、咨询台和网址。

1999 年 4 月 6 日发布的《最高人民检察院关于建立检察工作情况通报制度的通知》[1]确立的通报制度又对《具体实施办法》的第 3 条予以重申，并要求各省级检察院建立新闻发言人制度，适时通报检察工作的情况。可以说情况通报制度是重要案件信息发布制度的雏形。2005 年郑州市人民检察院通报了 2004 年的重大职务犯罪案，包括蜜蜂张派出所所长、副所长滥用职权案，司法学院基建办工作人员受贿案，嵩岳石油有限公司经理贪污案等。[2]2011 年 10 月 24 日，在国务院新闻发布厅举办的新闻发布会上，最高人民检察院通报了国家统计局原干部孙振、中国人民银行原干部伍超故意泄露国家机密一案的查办情况并就案件查办情况答记者问。[3]2015 年 6 月 8 日，石家庄市人民检察院召开新闻发布会，通报了 7 起检察机关查处的贪污贿赂和渎职犯罪典型案件。[4]

2006 年《关于进一步深化人民检察院“检务公开”的意见》（以下简称

---

〔1〕 其第 2 条规定：各级检察机关对于具有较大社会影响，公众关注的普通重大刑事案件、职务犯罪案件的查办情况，在逮捕或提起公诉后，可适时予以通报。

〔2〕 参见孙娟等：《郑州市检察院通报 2004 年重大职务犯罪案》，http://www.ha.xinhuanet.com/add/hnnews/2005-06/21/content_4481314.htm，访问时间：2014 年 12 月 20 日。

〔3〕 参见《国新办就重要涉密经济数据泄露案件查办情况举行新闻发布会》，http://webcast.china.com.cn/webcast/created/10079/152_1_0101_desc.htm，访问时间：2014 年 12 月 20 日。

〔4〕 参见蔡艳荣：《石市检察院通报七起贪贿渎职犯罪案件》，http://epaper.yzdsb.com.cn/201506/09/547078.html，访问时间：2015 年 6 月 10 日。

《"检务公开"意见》)指出要建立网站,并明确提出应主动公开依法可以公开的诉讼程序、诉讼期限、办案流程、案件处理情况、法律文书、办案纪律等信息。2010年《检察机关新闻发布制度》再次提及门户网站在新闻发布中的作用,要求除了传统发布方法,也要通过门户网站及时发布检察新闻。

2013年12月26日实施的《最高人民检察院工作规则》规定加强网络新媒体公开平台建设,自觉接受监督,及时回应群众关切。2014年7月出台的《最高人民检察院新闻发布会实施办法》明确指出,除了通过召开新闻发布、门户网站的方式之外,还可以采取在最高人民检察院门户网站、微博、微信、新闻客户端发布新闻的形式,灵活发布检务信息。

早在2006年3月,地方检察机关中较早探索检察信息网络公开的重庆市人民检察院就已经开始尝试针对案件"动态进程"打造"案件查询系统"。到2014年,最高人民检察院依托国家电子政务网站建立了一个全国统一的"人民检察院案件信息公开网"(www. ajxxgk. jcy. gov. cn),进行专门的案件信息发布工作,以实现检察机关案件信息的动态公开。

经过全国各地检察机关长时间的探索,最高人民检察院出台了《最高人民检察院职务犯罪大要案信息发布暂行办法》(2014年7月9日发布),要求及时公布检察机关办理职务犯罪大要案的进展情况,该办法明确了职务犯罪大要案的范围和内容;随后不久,最高人民检察院又出台了《人民检察院信息公开工作规定(试行)》(2014年10月1日开始实施),健全了重要案件信息发布机制,明确了重要案件信息发布的内容范围、方式方法、内部分工、审核把关机制等。

(二)检察机关重要案件信息发布制度的现实意义

在互联网迅猛发展的大背景下,信息的封闭导致了公众对司法公正、公开、公平的误解和质疑。在信息大爆炸的今天,检察机关推行重要案件信息发布制度,向公众公开大要案信息是大势所趋。检察机关重要案件信息发布是保障公民司法信息知情权,提高检察机关司法公信力,加强对检察机关权力监督的需要。

1. 保障公民司法信息知情权的需要

"知情权"即"知的权利"(right to know),其基本含义是公民有权知道他应该知道的事情,国家应最大限度地确认和保障公民知悉、获取信息尤其是政务信息的权利。[1]“知情权”是公民参与、良好治理、行政效率、问责制和打击腐败、新闻媒体和新闻调查、人类发展、社会包容及实现其他社会经济和公民政治权利的基础。[2]

在我国,一切权力属于人民,人民将权力授予个人或机关行使,人民有权知道他们的公仆是如何行使权力的,对此,检察机关也不例外。由于检察机关的特殊地位,公众对检察机关进行的案件信息公开有更多的期待和关切。

检察机关负责侦查的案件是职务犯罪,人民希望检察机关严肃查办损害群众利益的贪污贿赂、渎职侵权案件,依法惩处职务犯罪者,保障公权力正当行使。同时检察机关作为专门的法律监督机关,代表人民对权力进行监督,人民既有权知道权力的行使情况,也有权知道监督权的行使情况。

检察机关拥有着刑事案件的追诉权,追诉权的行使本身就是群众密切关注的事。不仅仅是因为民众关注检察机关公权力是否妥善行使,也因为刑事诉讼涉及的不仅是金钱,更是自由,甚至是生命。群众关注检察机关追究、惩治犯罪分子的同时,还有另一种原因:没有人能断言自己、亲人朋友不犯罪或者不成为犯罪嫌疑人,今日的犯罪嫌疑人、犯罪分子所遭受的很有可能发生在自己或者身边亲朋身上。

民众对检察机关重要案件信息知情权的实现,有赖于检察机关的主动发布。但检察机关要认识到重要案件信息发布不仅是检察机关的权力,更是保障公民知情权的责任和义务。

2. 提高检察机关司法公信力的需要

司法公信力来源于司法公正,司法公信力的最终目标、最终表现是让人民群众在每一个案件中感受到公平正义。司法公正不仅要实现,而且要让人民群众以看得见、听得到、感受得到的方式实现。

信息的封闭导致公众对司法公开、公平、公正的不信任,一个看似很平常的事件发生后,经过网络的发酵,网络各方的推动,短时间内就可能演变成严重的舆论事件。只有公开才能赢得公信,在信息化时代,检察工作越公开就越有公信力,越是及时主动公开,就越能促进公正执法、赢得群众信赖。

---

〔1〕 孙笑侠:《法律对行政的控制——现代行政法的法理解释》,山东人民出版社1999年版,第43页。
〔2〕 高一飞:《媒体与司法关系研究》,中国人民公安大学出版社2010年版,第172页。

公开是一种胸怀,是一种自信,更是一种倒逼机制。在新一轮司法体制改革的大背景之下,检察机关进行重要案件信息公开,力求以公开促公正、以公开倒逼司法改革。检察机关通过发布重要案件信息,主动“晒出”执法办案过程,使得检察业务活动被置于几亿网民的眼皮之下,民众近距离“围观”检察机关在各类刑事案件的立案、逮捕、提起公诉等环节的具体工作,以民众看得见的方式实现正义。

3. 加强对检察机关权力监督的需要

在我国,人民不仅有权知道检察权是如何运作的,更有权监督其运作。检察机关作为刑事诉讼活动的参与者,承担着侦查犯罪、提起公诉以及法律监督等职能;权力具有天然的扩张倾向,不受制约的权力必然被滥用。

重要案件信息发布制度是检察工作主动适应司法民主化和现代化的内在要求,是加强对检察权运作的外部制约、实现群众监督权的重要举措。民众对案件信息的了解是民众对检察机关办案执法行使监督权的前提,检察机关办案执法信息的公布能让社会公众了解检察机关办案的过程,有利于人民群众有效地行使监督权。“阳光是最好的防腐剂”,在检察机关负责侦查、控诉的刑事个案中,提高检察机关执法办案的透明度,规范司法办案行为,防止“暗箱操作”、说情干预,有利于促进检察机关公正执法。

此外,《中共中央关于全面推进依法治国若干重大问题的决定》提出实行国家机关“谁执法谁普法”的普法责任制,2015 年 7 月 1 日通过的《最高人民检察院关于实行检察官以案释法制度的规定(试行)》进一步要求检察机关结合所办理的典型案例,积极开展向社会公众以案释法工作。检察机关重要案件信息的发布实际上也是检察机关向社会公众以案释法、普法的过程。如 2015 年 2 月湖南省沅江市人民检察院在办理社会关注“抗癌药代购第一人陆勇”妨害信用卡管理和销售假药案中,沅江市人民检察院在对犯罪嫌疑人陆勇作出不起诉决定的同时,还同步发布了不起诉决定释法说理书,从事实证据、法律适用、刑事政策等多个角度阐述了作出不起诉决定的具体理由。[1]

---

〔1〕 参见《对陆勇不起诉决定书》,http://www.hn.jcy.gov.cn/xwfb/qwfb/gg/2015/content_47623.html;《对陆勇决定不起诉的释法说理书》,http://www.hn.jcy.gov.cn/xwfb/qwfb/gg/2015/content_47624.html,访问时间:2015 年 7 月 25 日。

二、检察机关重要案件信息的发布机制

根据最高人民检察院发布的相关文件，我国检察机关重要案件信息发布制度主要包括以下几项内容。

（一）重要案件信息的发布范围

根据《信息公开工作规定》第三部分“重要案件信息发布”的规定，重要案件信息主要包括以下几个方面。

一是有较大社会影响的职务犯罪案件的立案侦查、决定逮捕、提起公诉等情况。结合2014年7月9日最高人民检察院发布的《最高人民检察院职务犯罪大要案信息发布暂行办法》，第一类案件信息主要是指省部级、厅局级领导干部，县级党委、人大、政府、政协主要领导干部涉嫌职务犯罪案件；重大责任事故、重大食品药品安全事故等产生重大社会影响事件背后的职务犯罪案件以及需要由最高人民检察院对外发布的其他职务犯罪案件信息。2014年，检察机关依法查办贪污、贿赂、挪用公款100万元以上的案件3664件；查办原县处级以上国家工作人员4040人，其中原厅局级以上干部589人，依法办理周永康、徐才厚、蒋洁敏、李崇禧、金道铭等28名省部级以上干部犯罪案件。[1]检察机关加大了对职务犯罪的查处力度，查办危害民生民利渎职侵权犯罪专项工作，紧盯社会热点事件。比如广东检察机关2014年开始开展查处毒品犯罪背后“保护伞”专项行动，查办了一批滥用职权、玩忽职守、徇私舞弊等充当毒品犯罪“保护伞”的职务犯罪案件，其中仅“雷霆扫毒”专案就查处国家工作人员充当保护伞案件50件58人[2]；陕西省检察机关开展了查办“毒豆芽”案件背后渎职犯罪专项活动，集中查办对“毒豆芽”生产、销售负有监管职责的国家机关工作人员的失职、渎职犯罪案件[3]；辽宁、江苏、陕西、福建、四川、贵州等地检察机关查办了

---

〔1〕数据来源于2015年最高人民检察院工作报告。

〔2〕参见詹奕嘉：《广东“雷霆扫毒”查办58名充当“保护伞”的国家工作人员》，http://news.xinhuanet.com/legal/2015-06/17/c_1115650489.htm，访问时间：2015年6月20日。

〔3〕参见倪建军、王璞：《陕西：依法查办食品监管渎职犯罪效果好》，http://www.jcrb.com/procuratorate/highlights/201408/t20140828_1427088.html，访问时间：2014年11月25日。

“地沟油”“病死猪”“疯牛肉”等事件背后的渎职犯罪案件。〔1〕

二是社会广泛关注的刑事案件的批准逮捕、提起公诉等情况，主要是指人民群众关注的、社会影响大的一般刑事案件的诉讼进展消息。比如郭美美案、呼格吉勒图故意杀人案、郑州“皇家一号”案等。

三是已经办结的典型案例。对于涉及人民群众切身利益，有助于普法和预防犯罪发生的案件，可以在办结后，作为典型案例发布，全面介绍案件情况，以案说法，发挥警示教育作用。〔2〕比如2014年10月11日珠海市人民检察院发布的“2012年度珠海最具警世意义的十个公诉案件”〔3〕、最高人民检察院发布的2014年检察机关纠正冤错案五大典型案例。

四是重大、专项业务工作的进展和结果信息。比如2014年最高人民检察院部署开展的以破坏环境资源犯罪为重点的专项立案监督活动、安庆市人民检察院发布的“安庆市人民检察院监所部门开展减刑、假释、暂予监外执行专项检察活动”〔4〕等。

五是其他重要案件信息。作为对前四条的一个补充，指前四条以外的其他重要案件信息。如具有案例指导意义、需要对错案挽回影响并恢复当事人名誉、受到国际社会关注、对社会稳定能起到及时的警示作用的案件信息。

从范围的规定模式来看，这是一种许可性的列举式规定；但是，从重要案件信息发布的性质来看，它是检察机关履行职能、接受民众监督的体现，这更多的是一项义务性事项而不仅是一项权力性事项。作为检察机关的义务，检察机关应当坚持公开是原则、不公开是例外，能够发布的、有能力发布的重要案件信息应当尽可能发布。2015年2月发布的《最高人民检察院关于全面推进检务公开工作的意见》规定：涉及国家秘密、商业秘密、个人隐私、未成年人犯罪和未成年被害人的案件信息，以及其他依照法律法规和最高人民检察院有关规定不应当公开的信息，不得公开。当事人申请

〔1〕参见《检察机关2年查办14521件案件》，http://www.gog.cn/sjb/system/2015/03/06/014157575.shtml，访问时间：2015年6月20日。

〔2〕参见王晋：《〈人民检察院案件信息公开工作规定（试行）〉解读》，《人民检察》2014年第21期，第26页。

〔3〕珠海市人民检察院：《珠海最具警世意义的十个公诉案件》，http://www.ajxxgk.jcy.cn/html/20141010/1/20533.html，访问时间：2014年11月20日。

〔4〕安庆市人民检察院：《安庆市人民检察院监所部门开展减刑、假释、暂予监外执行专项检察活动》，http://www.ajxxgk.jcy.gov.cn/html/20150313/1/394645.html，访问时间：2015年4月22日。

不公开且理由符合法律规定的，不向社会公开。除此之外，其他重要案件信息，应当主动、及时发布。

（二）重要案件信息的发布方式

根据2014年7月出台的《最高人民检察院新闻发布会实施办法》以及2014年10月出台的《信息公开工作规定》[1]，如今检察机关重要案件信息的发布是两种方式的结合，即互联网发布方式+传统发布方式，以互联网发布方式为主，传统发布方式为辅。互联网发布方式即利用互联网、信息通信技术进行发布，而传统发布方式即通过新闻发言人、召开新闻发布会、提供新闻稿等方式进行信息发布。

"现代信息爆炸的社会，没有网络方式的公开，在有的情况下与不公开没有任何区别。"[2]网络平台发布已成为社会大众普遍接受和采纳的公开方式，其针对的对象广泛、查询方式方便、内容丰富全面、更新速度及时等特点较之传统重要案件发布方式更具有优势。

互联网发布方式包括门户网站、微博、微信、客户端、重要案件信息发布平台。截至2013年11月30日，已有26家省级人民检察院建有可以打开的官方网站，建网率达到83.88%，有38家较大的市的人民检察院建有可以打开的官方网站，建网率达到75.55%。[3]截至2014年10月17日，全国已有27个省级检察院及1600多个地市检察院和基层检察院开通官方微博，400多个检察院开通官方微信。"广西检察院"微信公众号的"案件发布厅"栏目，第一时间发布广西检察机关查办的重要案件信息，2014年共向社会发布重要案件信息25条。[4]

---

〔1〕2014年7月出台的《最高人民检察院新闻发布会实施办法》明确指出，除了通过召开新闻发布会、门户网站的方式之外，还可采取在最高人民检察院门户网站、官方微博、微信、新闻客户端发布新闻的形式，灵活发布检务信息。2014年10月出台的《信息公开工作规定》健全了重要案件信息的发布机制，要求各级检察机关通过新闻发言人、召开新闻发布会、提供新闻稿等传统方式对外发布重要案件信息时，同时在人民检察院案件信息公开网上向社会大众发布这些信息。

〔2〕杨永纯、高一飞：《比较视野下的中国信息公开立法》，《法学研究》2013年第4期，第118页。

〔3〕参见王晓雁：《2013中国检务透明指数报告发布——81家被检测检察院建网率高达80%》，http://www.legaldaily.com.cn/index/content/2014-02/24content_5300938.htm? node=20908，访问时间：2014年2月24日。

〔4〕参见http://www.spp.gov.cn/ztk/2015/qmtjjwgk/dxsl/201502/t20150228_91782.shtml，访问时间：2015年2月28日。

在检察机关官方“双微”之外，又涌现了一批检察官“双微”，形成了检察院微博和检察官微博相互补充的格局，对推进司法公开、检民良性互动发挥着不可忽视的作用。2012 年 7 月，186 个实名认证的北京市检察官在新浪微博上线，同时@海淀微博、@延庆微博、@海淀检察院未检处也对检察官微博进行了有效补充，形成了以基层检察官个人实名认证微博为主的“北京检察模式”。〔1〕部分检察官微博微信拥有大批听众，有很大影响力，如湖北省人民检察院检察官袁明的腾讯微博@检察官阿明拥有听众 491233 人（数据截至 2015 年 8 月 4 日）。

门户网站、“两微一端”等新媒体平台成为电子检务公开的主要阵地，发布重要案件信息是其主要目的之一。从 2014 年 4 月 9 日开始，最高人民检察院通过官网、微博、微信等网络渠道密集发布重大案件信息。截至 2014 年 10 月 13 日，全国检察机关依法立案侦查县处级以上贪官 191 人，平均每天都有 1 名厅局级以上贪官被查处。〔2〕检察机关通过传统发布方式以及开通的微信、微博、客户端等平台发布的信息并不限于案件信息，包括检察机关的司法解释、事务信息、工作部署、重大政策等。如 2014 年 8 月，重庆检察微信公众平台和手机微官网开通，设立举报申诉、案件查询、律师预约、检务指南、人民监督之窗等栏目。〔3〕

没有专门的案件信息发布平台，就无法满足社会公众对重要案件信息的关注。2014 年 10 月 1 日，最高人民检察院建立的人民检察院案件信息公开网全面上线运行，网站中的重要案件信息发布平台作为全国统一的、专门的重要案件信息发布平台，截至 2015 年 8 月 4 日 24 时共发布了 30592 条重要案件信息（含上级人民检察院与下级人民检察院同步发布的重要案件信息），其中职务犯罪案件信息 12148 条，热点刑事案件信息 8711 条，其他案件信息 9733 条。职务犯罪案件信息发布的数量在重要案件信息中所占比重近 40%，这反映了职务犯罪案件信息是检察机关重要案件信息的发布重点。

---

〔1〕 参见《新浪发布 2012 年度政法微博报告》，http://news.nen.com.cn/system/2012/11/29/010145930_01.shtml，访问时间：2014 年 12 月 20 日。

〔2〕 参见温如军：《最高检半年曝光 191 贪官》，http://www.fawan.com/Article/gn/2014/10/14/133003263301.html，访问时间：2014 年 10 月 20 日。

〔3〕 参见重庆市人民检察院：《重庆检察："键"对"键"公开 "点"对"点"服务》，http://www.spp.gov.cn/ztk/2015/qmtjjwgk/dxsl/201502/t20150228_91784.shtml，访问时间：2015 年 2 月 28 日。

随着社会发展，包括重要案件信息发布平台在内的互联网发布方式是重要案件信息的主要发布方式，是全面公开；而新闻发言人、新闻发布会、提供新闻稿等传统发布方式是必不可少的发布方式，是有侧重的公开。

（三）重要案件信息的发布程序

不论是按传统发布方式，还是以“两微一端”、重要案件信息发布平台等互联网方式发布，重要案件信息的发布都是一个系统化的事情。一般而言，谁办理、谁审查、谁把关、谁负责，重要案件信息由办理该案件的人民检察院负责发布，做好公开信息的内容审查、技术处理和质量把关工作。

根据《信息公开工作规定》第 13 条：“重要案件信息由办理该案件的人民检察院负责发布。对于重大、敏感案件以及上级人民检察院交办、督办的案件，在发布信息前应当报上级人民检察院批准；对于在全国范围内有重大影响的案件，在发布信息前应当层报最高人民检察院批准。上级人民检察院可以与下级人民检察院同步发布已经获得批准的重要案件信息。”第 14 条规定：“各级人民检察院案件办理部门负责拟制本部门应当发布的案件信息，经分管副检察长或者检察长批准后，由本院新闻宣传部门负责发布。没有设立新闻宣传部门的，由案件管理部门负责在人民检察院案件信息公开系统上发布，需要向其他媒体发布的，由办公室或者其他指定的部门负责发布。”第 15 条规定：“新闻宣传部门、案件管理部门发现有应当发布的案件信息没有及时发布的，应当协调案件办理部门及时发布。”

检察机关重要案件信息的发布具有官方性、专业化、书面性，由专人或者特定的部门遵守语义规范和发布规范统一发布是出于多方面的考量。首先，这体现了检察机关内部的监督制约。为了更好地保障重要案件信息的可靠性和正当性，办案人员不能发布自己办理的案件信息，而由专人或特定部门做好案件信息内容的把关审核。其次，在重要案件信息的发布模式和信息结构上，专人或者某一部门统一发布有利于进行技术处理、规范发布用语、统一发布标准。根据重要案件信息类别、定密标准建立分级审查程序，有利于明确审查责任。最后，专人发布有利于更好地进行信息研判和风险预测。对拟公开的内容应当进行风险评估，对可能因公开而引起较大负面社会影响的，提前做好风险预案，加强风险防控，以更好地应对案件信息发布，尤其要重视重大疑难敏感案件信息发布后的社会舆情。这也表明除非特殊情况下的授权,否则禁止办案人员直接发布案件信息。这样做是因为办案人员发布信息主观性强,也为了避免办案的同时陷入舆论纷争、泄露办案秘密等。

三、检察机关重要案件信息发布制度存在的问题

在肯定检察机关重要案件信息发布制度的作用以及检察机关的努力时,也要正视现有制度的不足和实施上暴露出来的问题。

(一)重要案件信息发布执行被打折扣

截至2014年12月1日,在重要案件信息发布平台上,各检察院发布的重要案件数量差异明显。其中四川省检察院发布了41条,江苏省检察院27条,安徽省检察院19条,重庆市检察院8条,上海市检察院8条,山西省检察院4条,湖南省检察院2条,浙江省检察院3条,青海省检察院3条,新疆维吾尔自治区检察院0条。就同一省而言,点开广东省区域内的检察院,可以发现仅发布1条案件信息的检察院不在少数,比如韶关市检察院、珠海市检察院、东莞市检察院等,更不乏在重要案件信息平台上没有发布任何消息的检察院。综观全国各地人民检察院,相当一部分的人民检察院在重要案件信息发布平台上挂"0"。这远非笔者所预料的情形,重要案件信息发布制度作为检务公开的重要组成部分,虽然全社会给予了热切关注、寄托了深切期望,但是它并没有我们想象中那样得到不打折扣的执行。这些"无案可示"究竟是真的因为无案?还是对重要案件信息发布的具体实行处于观望、学习阶段?还是反映了有的检察院还没有转变观念,对自己责任的懈怠?

2015年8月4日24时,笔者又在重要案件信息平台检索了上述检察院中的部分检察院,发现:山东省检察院发布31条,重庆市检察院发布37条,新疆维吾尔自治区检察院发布5条,青海省人民检察院发布6条。从中可以看出各地检察院的努力,但还需继续加大对重要案件信息的发布力度。

此外,检察机关发布的重要案件信息缺乏统一规范。比如,河北省霸州市人民检察院2015年3月27日发布的题为《批捕,非法吸收存款》以及

《批捕妨碍公务传销人员》的消息，模式为动作加涉嫌罪名，而标题中谁批捕、批捕谁，指向不明。发布重要案件信息时，有的信息指明了检察活动的对象，如江油市人民检察院依法决定对董绍柏涉嫌贪污犯罪立案侦查，而有的没有指明。

除此之外，部分重要案件信息发布不及时，且发布后缺乏更新。如2014年5月9日，北京市朝阳区人民检察院以涉嫌容留他人吸毒罪对犯罪嫌疑人李代沫提起公诉，而4个多月后的9月18日朝阳区人民检察院才在案件信息公开网发布这条案件信息。“李代沫案”早已于2014年5月27日宣判并生效，而朝阳区人民检察院却并没有更新案件发布信息，案件信息公开网上的信息仍然停留在“提起公诉”阶段。2014年9月24日，河北省廊坊市人民检察院对国家发改委原副主任、国家能源局原局长刘铁男涉嫌受贿案开庭，但是在重要案件信息发布模块只查到6月23日刘铁男被提起公诉，直到2014年12月10日才发布刘铁男被判处无期徒刑的信息。

《信息发布工作规定》规定：人民检察院可以通过新闻发言人、召开新闻发布会、提供新闻稿等方式对外发布重要案件信息，并且应当同时在人民检察院案件信息公开系统上发布该信息。但部分检察机关甚至最高人民检察院通过“两微一端”发布重要案件信息的时候，并没有在案件信息公开网上进行同时发布。最高人民检察院官方微博2015年3月13日发布了2014年度打了“大老虎”28只（“打虎”时间按立案侦查时间）、14日发布了2014年检察机关纠正冤错案五大典型案例。但是截至2015年3月15日，重要案件信息平台上仅能检索到有关季建业、廖少华、陈安众、陈铁新、韩先聪、金道铭、孙兆学的信息；五个纠正冤假错案的典型案例仅能查到广东徐辉强奸杀人案（2014年9月28日发布）。

案件信息公开网的重要案件信息发布平台，作为全国统一的、专门的重要案件信息发布平台，理应成为重要案件信息发布的主阵地，在其他平台上发布的重要案件信息应当同步发布在此平台上，这样才能产生良好的集聚效应，有利于民众更好地对重要案件的查办进行监督。

（二）重要案件信息发布效果反馈渠道不畅

检察机关就某重要案件进行信息发布后，媒体、民众对发布的内容、发言人的表现等方面是否满意，案件信息发布是否达到了预期的效果，这些信息都需要检察机关加以收集、整理，只有总结经验、吸取教训，检察院案件信息发布制度才能长远发展。可以说，外界对案件信息发布效果的反馈信息对重要案件信息发布制度的进一步发展及完善非常重要。

《信息发布工作规定》第 24 条要求检察机关全面收集、研判案件信息公开工作引发的社会舆情，并会同相关部门及时处理，这在某种程度上将反馈机制纳入了检察机关重要案件信息发布制度之中；2015 年 2 月出台的《关于全面推进检务公开工作的意见》再次强调要密切关注案件信息发布后的舆情态势，认真做好处理应对等工作，并提出要建立健全民意收集转化机制、探索建立检务公开需求收集和分析机制。

虽然检察机关重视对案件信息发布后的效果反馈，但效果反馈机制并没有实现制度化、规范化，也并没有嵌入全国检察院系统的重要案件信息发布执行中，信息流动主要是单向的；虽然有效果反馈渠道，但发布效果反馈渠道不畅。重要案件信息发布平台更侧重发布功能，并没有开放对要案信息的留言、评论，换言之，在重要案件信息平台，没有提供发布效果的反馈渠道。对于最高检官方微博发布的重要案件信息，除去其他地方检察机关对信息的转载评论，可以看到其他个人微博账号的评论和意见反馈。不过并未看到最高检官方微博对这些评论的回复。最高检官方微信中的权威发布与正义网的新闻中心相衔接，发布新闻中心中的重要案件信息，如 2015 年 7 月 31 日最高检依法决定对杨卫泽立案调查、7 月 31 日最高检依法决定对仇和立案调查，但是最高检官方微信权威发布以及正义网新闻中心发布的要案信息都没有开放评论功能。

许多电子政务平台，刚开始时热热闹闹，渐渐就“门庭冷落鞍马稀”。原因在于部分政务微博长时间不发微博或者对网友的评论回复不理不睬。有一部分检察机关的“僵尸微博”“僵尸微信”并不发表信息，或者基本不发表信息，只转发最高检的微博、微信充数，“双微”公开停留在了只“开”不“公”的状态，没有发挥微博、微信应有的作用，未将电子检务公开落到实处。

公众的信息反馈总是存在的，若信息反馈机制运行不畅，则无法形成互动的信息传播，信息传播链条也因此断裂。检察机关如若无法了解民众对重要案件信息发布乃至检务公开的意见和态度，也就难以进一步完善案件信息发布制度、促进检务公开及加强民意沟通。

（三）重要案件信息发布监督与救济困难

检察机关在决定案件是否属于重大案件，是否应发布以及发布内容上具有很大的自由裁量权，而对权力的不当行使缺乏行之有效的监督问责和救济机制。虽然《信息公开工作规定》第 11 条规定了“人民检察院对正在办理的案件，不得向社会发布有关案件事实和证据认定的信息”，但并没有提及相应的违背规定的惩罚与救济措施。对于案件信息发布活动中的失职行为，如蓄意封锁案件消息导致舆论引导不力而造成重大消极影响和严重后果的，包括新闻发言人在内的检务工作人员在重要案件信息发布中的严重失职行为，检察机关工作人员未经授权违规发布信息、评论或接受采访的，造成了重大不良影响且新闻发言人或者案件信息发布机关负有主要责任的，仍没有追究其责任的制度性规定，且未明确责任承担方式。

“没有惩罚的制度是无用的。只有运用惩罚，才能使个人的行为变得较可预见。”[1]严格进行监督问责，能够强化检察机关在案件信息公开和接受监督上的责任意识。因此，监督问责机制的建立是促使检察机关主动进行重要案件信息发布且顺利完成发布任务的必备条件。

西方法谚有云“无救济即无权利”，没有救济的权利就不是权利。对此，英国著名宪法学家戴雪也有如下论述：“对权利的保护和救济，比宣示人的权利更为重要和实在。只有具备有效的救济方法，法律下的权利才能受到尊重，名义上的权利才能转化为实在权利。”[2]

《信息公开工作规定》提到案件当事人及其法定代理人、近亲属、辩护人、诉讼代理人或者其他单位、个人认为人民检察院发布案件信息不规范、不准确的，可以向人民检察院案件管理部门反映。但是，此处的向案件管理部门反映，仅限于发布不规范、不准确的案件信息。如果重要案件信息不予发布、发布不及时、发布什么都由检察机关“一言堂”，那么重要案件信息发布只会沦为“走过场”。如果检察机关重要案件信息发布只是检察机关自我约束、自我管理、自我监督的一种方式，案件信息发布仅是一种自觉

---

〔1〕 姜国兵等：《论新闻发言人制度的建设——基于广州、深圳的调查分析》，《中共贵州省委党校学报》2010 年第 3 期，第 104 页。

〔2〕 转引自李龙主编：《西方法学经典命题》，江西人民出版社 2006 年版，第 174 页。

行为，而不是法定责任，更没有救济机制，那么公民对检务信息的知情权就难以落实。

四、检察机关重要案件发布制度的完善

在论及完善我国检察机关重要案件信息发布制度时，必须重提检务公开的最大限度公开原则，即“公开是原则，不公开是例外”。一方面，检察机关作为政府机关的一部分，重要案件信息公开作为政务信息公开的一分子，理应坚持“公开是原则，不公开是例外”的最大信息公开标准。

在全面推进检察机关重要案件信息发布制度的同时，还应当正确处理好“检务公开”和检察保密工作的关系，实现“公开”与“例外”的平衡。就我国检察机关重要案件信息发布而言，除涉及国家秘密、商业秘密、个人隐私以及工作秘密事项外，检察机关应当对所有信息进行公开。而案件信息部分保密，不代表对案件整体进行保密。此外，保密时限完成或者保密事由消失后，应当及时解封信息。检察机关依法、如实发布重要案件信息的同时，也应做到重要案件信息的及时、便民、充分公开。这是坚持最大限度公开的必然要求，也是促进检务公开的应有之义。

（一）规范重要案件信息的内容构成和更新

承载着检务公开使命和社会殷切期望的检察机关重要案件信息发布制度必须从规定走向实践，从纸上走到地上。目前而言，检察机关对于重要案件信息发布所付出的心血和努力值得肯定，但有的地方仍需改进。

首先，检察机关发布的重要案件信息在数量上应当增加。检察机关职务所辖的案件信息、人民关注的案件信息、容易引发舆论争议的案件信息等都应尽可能发布，且尽可能及时发布。此处的数量增加并不单指时间上的延续，同时也指时间上的回溯。如前文所提到的在重要案件信息发布平台上挂“0”的检察院，若说有的检察机关暂时没有案件信息可以发布，这或有可能，但不可能从未办理过重要案件，总该有可以发布的重要案件信息。检察机关，尤其是“无案可示”的检察院可以发布以前所办理的重要案件信息，如以“某年所办理的重要案件信息汇报”等形式来发布历年所办重要案件信息；或倾听民众心声，发布他们关注的案件信息。

其次，检察机关发布的重要案件信息数量上的增加不能代替信息内容质量上的优化。在重要案件信息的构成模式上，某检察院某时对某人进行某检务活动，这样的一句话模式并不符合最大限度公开原则，也不能满足公众对重要案件信息的合理期待。检察机关发布的重要案件信息，案中是否采取强制措施？强制措施时间多长？如被批捕，羁押何处？涉案财物查封、扣押、冻结情况如何？这些信息检察机关可以根据案件具体情况予以发布。在重要案件信息的构成模式上，应当坚持最大限度公开原则，做到重要案件信息发布的充分公开，不断拓宽信息发布的广度和深度，从质上优化重要案件信息。

有的检察机关把普通盗窃、故意伤害案件的批捕、起诉情况也放到网上公开发布，把一般的流程信息混同于重要案件信息发布，这既不符合最高检的规定，也不符合人民群众的要求。当前，发布重要案件信息，应当把重点放在职务犯罪案件的办理进展上；对于刑事犯罪，应当发布在社会上产生重大影响的案件信息。[1]

重要案件信息若不及时发布，不仅公民知情权会受损，检察机关的公信力也将受损。部分省市对重要案件信息的发布时效有具体规定，如2015年1月9日发布的《四川省检察机关案件信息公开工作细则（试行）》中规定，重要案件信息应当在各检察环节办结后3个工作日内予以发布，这一做法值得推广。

最后，检察机关及时发布重要案件信息之后，也要加强重要案件信息的实时更新，更新“案流信息”。检务活动是按程序进行的动态活动，重要案件的办理是具有一定流程的。在更新重要案件信息时，可以直接将之前发布的案件信息粘贴在更新的案件信息中，或者在更新的案件信息下方作提示。在重要案件终结时，应当在重要案件信息发布平台上发布包括所有办理流程甚至终结性裁判文书在内的案件信息。

（二）建立重要案件信息发布双向交流机制

舆情民意的双向交流包括重要案件信息发布前、发布中、发布后三个

---

〔1〕 参见王晋：《〈人民检察院案件信息公开工作规定（试行）〉解读》，《人民检察》2014年第21期，第26页。

阶段。在案件信息发布前,检察机关应根据重要案件信息发布工作的需要,由负责信息发布工作的人员对受众的心理及需求进行收集、分析,充分了解公众想知道什么案件信息、想知道案件的哪些信息、想怎样知道案件信息,只有对民意进行舆情分析、研判、引导,才能有针对性地进行案件信息发布,才能真正达到案件信息发布目的。检察机关在发布重要案件信息时,要尽可能保障公民的知情权,能告知的尽量告知,能公布的尽量公布,不论是以传统方式发布还是通过重要案件信息发布平台发布,都要给公众回应的空间和方式。重要案件信息发布后,也应对发布效果的相关情况,媒体及公众对重要案件信息发布方式、发布内容、发布口径等的意见进行收集、分析,让媒体及公众对案件信息发布的反馈意见能够顺利流向检察机关。据此,进行新闻发布活动的三个阶段,负责检察机关重要案件信息发布的工作人员都应主动积极收集媒体及公众的意见,确保信息的双向流动,确保要案信息发布与媒体、公众的双向沟通。

目前人民检察院案件信息公开网仅有案件程序性信息查询、辩护与代理预约申请、重要案件信息及法律文书公开四个方面,忽视了舆情民意模块设置的必要性。重要案件信息的公开使得公众的知情权得到保障,但网络举报、异议答复的空白也会造成公众监督的无力。因此,检察机关不仅应当建立一个要案信息的发布平台,更应打造一个与公众对话的双向交流平台,变静态的公开为动态的交流,变单向的发布为双向的互动。在这你来我往双向互动中,一种更和谐的检民关系才会形成。

具体而言,检察机关应着手建立民意吸纳反馈机制,通过与公众的交流了解其诉求,并正面回应、及时处理、化解矛盾。检察机关可以在发布的重要案件信息下面设置评论板块(留言板块),让公众畅所欲言,由案件的承办人和专门负责案件信息发布及答复的人员定期对公众评论进行梳理并形成处理意见,及时向公众反馈。同时可以在每一条重要案件信息下标注"异议处理程序",明确表明对发布的案件信息提出异议的救济措施;对于提出异议的公众意见,相关人员应当作出优先处理,让民众方便快捷地寻求救济渠道,对某些不应发布和发布不当的重要案件信息及时反应,及时救济,争取将影响降到最低。[1]

---

〔1〕 参见高一飞等:《检务公开基本原理》,中国检察出版社2015年版,第227页。

（三）建立监督与救济互补的双重保障机制

我国立法机关目前并没有法律法规对监督检察院的重要案件信息发布活动作出明确的规范性要求，检务公开只是通过检察机关自己的文件进行规范，检察机关也并未明确对不及时发布信息、发布不完全真实信息、拒绝发布对不该保密的信息的具体惩处和救济措施。

在我国尚无"信息公开法""信息自由法"等法律时，加强对检察院案件信息新闻发布活动的监督，只能依靠检察院内部出台相关制度，建立行之有效的监督机制，这个监督机制应当包括检察机关的上下监督、媒体监督、民意监督。2014 年的《信息公开工作规定》虽然赋予上级检察院对下级检察院在案件信息公开工作中存在不合法、不适当情形的及时纠正效力，但是"不合法""不适当""及时"语义模糊，并且对于"纠正"后的执行与监督也没有进行详细规定，这种"保障"程序的实效让人怀疑。[1]

重要案件信息发布制度的问责机制，需在现有基础上，拓宽责任追究的范围，并在相关制度中加以明确规定。责任追究的范围应包括检察机关发布不真实案件信息、不及时发布重要案件信息、拒绝发布应该公开的重要案件信息等行为。上级检察机关发现下级检察机关在重要案件信息发布工作中存在不合法或者不适当的情况的，应当及时予以纠正。上级检察机关还可把发布重要案件信息的质量、时效、范围与深度纳入检察院绩效考核和检察官业绩考核，根据具体情况对重要案件信息公开不及时、数量少、错误多、错项严重的检察院进行通报、问责；而检察机关对本检察机关内部的相关责任人可以按照内部规定进行行政处分。

进行案件信息发布问责的同时，应为知情权受到损害的公众及媒体提供有效救济的途径。公众及媒体可以向上级检察院申诉，要求下级检察院准确、及时地发布。上级检察院受理申诉后，应及时进行相关调查，对查证属实的，应当指令下级检察院即刻整改，并将有关情况向申请人反馈。检察机关在进行主动发布的同时，还应当建立相应的依申请公开制度，增强公民参与的积极性和主动性。具体而言，可以在检察机关设立相应的信息查询室的同时建立网上申请平台，设立专员受理相关当事人以及社会大众要求公开的申请，积极详细地答复不发布的理由。

---

〔1〕 参见王晋：《〈人民检察院案件信息公开工作规定（试行）〉解读》，《人民检察》2014 年第 21 期，第 26 页。

第七章

网络时代犯罪现场新闻报道的限度

对犯罪现场的新闻报道进行限制，首先需要弄清楚犯罪现场的范围，在此基础上对犯罪现场的报道进行限制。本书所说的犯罪现场，是犯罪分子实施犯罪活动的地点和遗留有与犯罪有关的痕迹和物证的一切场所。[1]犯罪现场包含两个方面：第一是警方控制下的已经发生或正在发生犯罪的现场；第二是警方尚未控制的潜在的犯罪现场。

具体来说“犯罪现场”的地点与刑法中“犯罪地”的概念相吻合，刑法中“犯罪地”包含犯罪行为地与犯罪结果发生地，犯罪行为地包含犯罪预备地、犯罪实施地。犯罪结果发生地指危害结果发生地，而危害结果有广义和狭义之分。广义的危害结果，是指由行为人的危害行为所引起的一切对社会的损害事实；狭义的危害结果，是指作为犯罪构成要件的结果，通常也就是对直接客体所造成的损害事实。[2]犯罪现场的地点不仅包含犯罪预备地、犯罪实施地，还包括犯罪行为所引起一切社会损害事实的地点，即广义的犯罪结果发生地。

因此，犯罪现场的报道是指新闻记者在已经发生、正在进行或潜在的犯罪的现场，对犯罪分子实施犯罪活动的地点、犯罪危害结果发生的地点和遗留有与犯罪有关的痕迹和物证的一切场所采用拍照、采访等方式，将犯罪现场的人、物、环境等进行报道的过程。

---

〔1〕 参见公安教材编审委员会《刑事犯罪现场勘查》编写组：《刑事犯罪现场勘查》，中国人民公安大学出版社 1987 年版，第 5 页。

〔2〕 参见高铭暄、马克昌主编：《刑法学》，北京大学出版社、高等教育出版社 2010 年版，第 80 页。

一、犯罪现场报道的意义及其边界

(一)犯罪现场报道的意义

犯罪现场报道是侦查机关执法公开的一环,是媒体对公权力的监督及对公民知情权的保障。近年来,对国家机关公开执法信息的要求逐渐提高,法律法规规定也趋于具体明确。如公安部印发的《公安机关执法公开规定》,明确规定进一步规范和加强公安机关执法公开工作,保障群众的知情权、参与权、监督权,促进便民利民,实现公正廉洁执法。因此,犯罪现场报道能为公众知晓案件信息提供渠道,一方面保障新闻自由,另一方面保障公民知情权。新闻自由的基础是公民的知情权,为了保障公民知情权,就必须给予媒体采访的自由,而对犯罪现场的采访正是媒体采访自由的一部分。公众靠媒体知道案情,媒体通过了解司法过程把信息提供给公众以后,公众据此了解案件的信息并对其中存在的问题加以批评。当然通过这个过程也增强了公众对司法的信心。

对犯罪现场进行报道,一方面,扩大了侦查机关信息公开的范围,使媒体报道犯罪信息更具有及时性,促进新闻自由的发展;另一方面,犯罪现场新闻报道使媒体、公众知晓案件信息,使公民知晓真相而防止随意猜测、对案件不当推论等。

2015 年 8 月 12 日发生的天津滨海新区爆炸案,是一个潜在的犯罪现场,最高检于 8 月 16 日介入调查事故中可能存在的渎职犯罪。作为一个潜在的犯罪现场(涉及危险物品管理、渎职等方面的犯罪),应当对其进行适当的报道,但是在此次爆炸案中,官方新闻发布机构信息存在严重问题。正如李克强总理所言,权威发布跟不上,谣言就会满天飞。天津这次爆炸事件之后民众不知道是什么物质形成的爆炸?是什么原因形成的爆炸?不知道现场存放了多少危险品?不知道公司的负责人是谁?也不知道本次救援现场总指挥是谁?不知道现场当时有多少人?为救火进去了多少人?现在失联了多少人?……这些问题都体现出官方新闻发布机构公布信息的不及时、不全面,未形成良好的犯罪现场报道制度。而在爆炸伊始,便有公民记者开始在自媒体上发布消息,随后记者也开始报道爆炸案的信息。

犯罪现场的报道不仅能满足公民知情权,还有以下好处。

第一，犯罪现场报道可提供破案线索、保存犯罪证据，有利于追究犯罪。对犯罪现场进行报道，特别是警方尚未到达时的犯罪现场，犯罪嫌疑人可能已经逃匿，现场证据可能会遭到破坏或者灭失，媒体对犯罪现场的报道可以起到保存现场证据、提供破案线索等作用。在记者的暗访中，记者通过“卧底”等特殊方式获得相关的犯罪信息，侦查机关可以依据这些报道对案件进行侦查、确定犯罪嫌疑人等；对于犯罪嫌疑人的对话或其他可能随时灭失的证据，记者通过采取录音、摄像、拍照等方式对证据进行保存，有利于打击犯罪。

第二，犯罪现场报道可贯彻舆论监督，防止侦查机关渎职。公众为了知道他们要监督的机构和个人的情况，自由的媒体就是必需的，舆论监督与新闻自由、公民知情权是息息相关的。而舆论监督的重大作用是防止公权力的暗箱操作，通过犯罪现场的报道，使记者、公民一定程度上知晓案件信息，防止侦查机关对犯罪嫌疑人追查不力、采集证据不充分。

第三，犯罪现场报道可减少犯罪损失。犯罪现场报道不仅可以使公民知晓信息，也可以为侦查机关等提供第一手资料。天津滨海新区爆炸案现场，新闻机构发布消息不及时，但是记者主动获得信息进行犯罪现场报道，为后来的救灾行动提供了积极的帮助。所以，充分的犯罪现场报道不仅保障了公民的知情权，也为公权力机关提供了信息。公权力机关不应当把记者看成对立方，而应与记者积极配合，减少损失。

（二）犯罪现场报道的边界

犯罪现场的报道可以促进警方的信息公开，保障公民知情权等。但是，犯罪现场的报道也存在弊端，如记者的报道会妨碍警方的侦查行为、侵犯个人隐私、妨碍公正审判等。综合犯罪现场的新闻报道利弊，应建立起以限制报道为原则、允许报道为例外的犯罪现场报道制度。[1]

犯罪现场不当报道的一个著名案例白晓燕绑架案——台湾著名歌星白冰冰的女儿白晓燕被绑架，白冰冰随即报警。而报警的结果就是使与警方有联系的媒体记者都知晓了这一案件，导致媒体肆意报道，影响警方侦

---

〔1〕 这里限制报道只是约束犯罪现场这一阶段，但是当案件已经进入起诉、审判阶段后，除涉及国家秘密、个人隐私等的案件之外都应当公开。

查,也间接导致了白晓燕的死亡。

可以说,媒体在这一案件中对白晓燕的死亡起到了推波助澜的作用。具体来说,白晓燕案中媒体报道的出格之处在于以下几点。[1]

第一,记者全天候跟踪报道,干扰警方秘密侦破活动,妨碍人质解救工作。第二,记者使用高科技产品,不仅现场采访,还实时转播,导致警方侦查活动全部暴露在犯罪分子面前,为犯罪分子提供了便利。第三,媒体不顾当事人的隐私权,刊发了不应当公布的图片或细节,严重侵犯了个人隐私。第四,媒体为了追逐利益,无视新闻道德。

通过白晓燕案可以看出犯罪现场报道存在很大问题,如导致犯罪分子知晓案件信息,从而导致证人、被害人被打击报复;妨碍警方开展侦查等,具体来说,犯罪现场报道的界限如下。

1. 犯罪现场报道不得妨害侦查

台湾"报业道德规范"第3条规定:"采访重大犯罪案件,不得妨碍刑事侦讯工作。"犯罪现场新闻报道的确可以保障公民知情权,但是也会使案件信息公开,使犯罪分子等知晓案件情况,不利于侦查活动的开展。

第一,犯罪现场新闻报道与侦查过程不公开原则相违背。在大陆法系国家,传统的预审程序完全是在保密状态下进行的,侦查的进展情况绝不允许向犯罪嫌疑人透露,甚至不允许犯罪嫌疑人在场。即使有犯罪嫌疑人和辩护律师在场的程序,也是在对外严格保密的情况下进行的,程序的参与者对于程序实施过程中的情况有一定的保密义务。随着犯罪嫌疑人和辩护律师在侦查阶段参与权的扩大,现代大陆法系国家针对犯罪嫌疑人的保密要求有所松动,但对外界仍要求履行保密义务。在英美法系国家,侦查不公开原则比大陆法系控制得更为严格。这一方面表现在新闻媒体基本被禁止对具体特定案件的侦查情况进行报道,另一方面表现在侦查过程中对犯罪嫌疑人和辩护律师采取一些防备性的措施。[2]因此,侦查中不公开的事项虽然减少,但是侦查过程不公开仍然是侦查中应当坚守的原则。

我国立法没有明确侦查过程不公开原则,但是在保守国家秘密法第9条第1款第6项中规定,要维护国家安全活动和追查刑事犯罪中的秘密事项,而公安机关公开刑事案件的内容是案件处理依据、调查进展及处理结

---

〔1〕 参见赵民:《从白晓燕案看新闻职业道德的自律》,《中国记者》1997年第11期,第37页。

〔2〕 参见孙长永:《侦查程序与人权——比较法考察》,中国方正出版社2000年版,第36页。

果[1],并不包含对侦查过程的公布;公安机关定期发布的内容中也主要是刑事案件的破案、侦破情况[2],不能对侦查获得的证据、证人信息等进行公开,这种公布是警方的事后公布,事后报道的内容当然也应当是有限度的。

第二,犯罪现场报道使警方侦讯信息泄露,导致在逃的犯罪分子获悉信息,使警方的抓捕活动难以进行。在白晓燕案中,媒体进行了长达七个多月的新闻战,为了抢新闻和增加所谓的"报道的深度"屡屡介入警方的办案行动,除了正常的采访途径外,甚至使用电子技术监听警方的电话,以掌握最新的、最可靠的、最里层的讯息。媒体如此详尽的报道,虽说满足了"读者观众知的权利",但同样也让歹徒掌握了警方的资讯。[3]

第三,犯罪现场信息之泄露会导致对被害人、证人的保护难以进行,增加警方的工作难度。在绑架案中,犯罪现场报道极易导致被害人被撕票。在其他一些案件中,特别是黑社会犯罪案件、毒品犯罪案件中过分暴露被害人、证人,可能会导致被打击报复。所以,犯罪现场报道一方面会使警方工作量增加,另一方面会对被害人、证人人身安全形成较大威胁。

2. 犯罪现场报道不得侵犯个人隐私

犯罪现场报道的另一弊端是侵犯公民隐私权。新闻自由与个人隐私权保护之间的争议从未停止。对犯罪现场进行报道,可能会对个人隐私产生侵害,但是,媒体对犯罪现场的报道并非必然侵犯隐私权;另外,即使对某些人的隐私有所泄露,有时也是必要的,可能有利于侦查的进行、公共利益的保障等。

在美国,法院通过一些判例来确认媒体的现场报道是否侵犯隐私权。第一个案件发生在1980年,一家电视台正在准备报道一名面临刑事指控的药剂师。摄像记者来到已经关门的药房的窗户外面,透过窗户拍摄正在

---

〔1〕 2012年10月30日公安部颁布的《公安机关执法公开规定》第2条规定:本规定所称执法公开,是指公安机关依照法律、法规、规章和其他规范性文件规定,向社会公众或者特定对象公开刑事、行政执法的依据、流程、进展、结果等相关信息,以及开展网上公开办事的活动。

〔2〕 2006年公安部发布的《关于在全国公安机关实行定期新闻发布制度的规定》中明确规定,发布内容主要是刑事、治安案件的发案、破案情况,重大案件发生、侦破情况,道路交通事故、火灾及其他治安灾害事故情况,以及与群众生产生活关系密切的重要措施、办事程序和重要治安警示性信息等。在定期举行新闻发布活动的同时,对于即时发生的重要新闻,公安机关将随时予以发布。

〔3〕 参见林怡君:《由白晓燕案引发对台湾媒体的思考》,《新闻知识》1998年第4期,第15页。

里面打电话的药剂师。[1]第二个案件发生于 1986 年的俄勒冈州，一位电视台新闻摄像记者拍摄了一起交通事故的现场，其中包括一名流血的受害者接受紧急医疗救护的镜头。这个片子并没有在当晚的新闻节目中播放，但电视台之后在预报有关紧急救护的特别报道中使用了这个片子。事故受害者提起了肖像权诉讼，但是，俄勒冈州最高法院作出了有利于电视台的判决。[2]第三个案件是 1998 年的舒尔曼诉 W 集团出版公司（Shulman v. Group W Productions）[3]案。舒尔曼出车祸而被压在汽车下需要营救，一家电视台的摄像组来到现场拍摄营救活动，记者拍摄了急救队在将舒尔曼搬出汽车时舒尔曼和护士间的对话。而当舒尔曼被安置在救援直升飞机中时，摄像记者也和病人一起上了飞机，并继续拍摄舒尔曼与护士的对话，而这位飞机上的护士还佩戴着麦克风。虽然拍摄活动得到了空中救护车相关人员的同意，但是舒尔曼并不知道自己被拍摄了。舒尔曼因此起诉节目制作人侵犯其隐私权。加利福尼亚州最高法院判决认为，虽然摄像机在事故现场的存在和对事件过程的拍摄不能被视为对舒尔曼独处空间的侵扰，但摄像记者的行动所表现出来的两个特别方面可以等同于侵扰：第一，在救援直升飞机的内部，舒尔曼拥有合理的隐私权预期。第二，舒尔曼在事故现场与急救护士的交谈内容在一定程度上受隐私权保护。记者给护士佩戴了麦克风，放大并记录了她所说的及所听的一切，摄像记者偷听了舒尔曼曾合理地期望为私密性的对话。[4]

通过这三个案件的发展，可以看出法院在媒体犯罪现场报道中对隐私权保护有不同的看法，但均在隐私权保护与新闻自由之间进行衡量。第一个案件中，虽然药剂师处于密闭空间，但媒体拍摄的照片是外界路人可以看到的，所以媒体的拍照没有侵害药剂师的隐私权。第二个案件中，虽然该新闻镜头被用于商业目的，但是受害者的形象对于该目的而言是偶然的、次要的，而且事故受害者的身份在报道中并不重要。第三个案件，法院扩大了密闭空间的范围，把隐私权从私人居所扩大到了较为密闭的空间，并排除密闭空间中媒体的现场报道。因此，犯罪现场报道与个人隐私权的

---

〔1〕 Mark v. King Broadcasting, 618 P. 2d 512, 519 (Wash. Ct. App. 1980).

〔2〕 Anderson v. Fisher Broadcasting Co., 712 P. 2d 803 (Or. 1986).

〔3〕 Shulman v. Group W Productions, Inc., 955 P. 2d 469 (Cal Sup. Ct. 1998).

〔4〕 参见[美]约翰·D. 泽莱兹尼：《传播法：自由、限制与现代媒介》（第 4 版），张金玺、赵刚译，清华大学出版社 2007 年版，第 75—100 页。

界限在于:第一,犯罪现场是否处于较为密闭的空间,如果是,则一般情况下不能进行报道;第二,对处于密闭空间下的犯罪现场进行报道的一个例外是该现场暴露于公众的视野下,记者不进入该密闭空间也是可以获得该信息的;第三,为了公共利益可以在一定程度上侵犯个人隐私权。

3. 犯罪现场报道不得损害公正审判

公正审判是司法追求的价值目标,是司法获得公信力的基础。对公正审判的价值追求包含两个方面:一是要求司法公开、提升司法透明度;二是要求司法独立,使法官能独立于其他机关、个人,根据证据裁判。所以,公正审判的价值理念既支持媒体进行犯罪现场报道,也内在制约着犯罪现场报道的尺度。

公正审判与犯罪现场报道具有一致性。犯罪现场报道是必要的,负责任的媒介为公正审判提供了契机。犯罪现场报道不仅是对案情的介绍,而且是对公安侦查行为的监督,使侦查人员按照既定的程序办案,减少刑讯逼供,防止冤假错案并达到公正审判的目的。我国为了提高司法透明度,对刑事案件不仅要定期报道案件进展、结果,还要及时报道案件相关信息。

当然,公正审判与犯罪现场报道也存在矛盾。

(1)犯罪现场报道不客观会影响审判结果。犯罪现场报道是媒体在案件发生后较短时间内采取的报道行为,没有专业人士进行指导,只依靠媒体人员自己的非专业观察进行报道,因此,报道内容有严重的倾向性,容易导致公民对案件事实认识有误,从而形成偏见。

犯罪现场报道中经常出现两种极端:一是把犯罪分子英雄化,在白晓燕案中,媒体就把犯罪嫌疑人陈进兴刻画为英雄式人物,颠倒黑白、是非不分。二是对犯罪嫌疑人有偏见,这一情形比较常见。为了保证犯罪现场的报道客观公正,要做到:第一,媒体自身定位要准确,犯罪现场报道不能以"冲突与激情"作为新闻重点的报道模式,不能为了引起噱头而采取极具激情的描写手法来吸引眼球。第二,犯罪现场报道内容要公正。《加拿大媒体报道司法指南》对公正报道提出几点要求:"报道的内容关乎公共利益;报道的内容是记者的客观感受;报道必须以事实为依据,即使是常识也可以报道,但是要避免断章取义;报道必须客观公正,不能恶意攻击。"第三,犯罪现场报道中不能对犯罪手法进行报道,否则可能导致潜在犯罪者模仿,引起反面的社会效果。习近平总书记指出:"要处理好监督和干预的关系，坚持社会效果第一，避免炒作渲染，防止在社会上造成恐慌，特别是要防止为不法分子提供效仿样本。”[1]犯罪现场报道把犯罪分子英雄化的一个很大的问题就是可能“为不法分子提供效仿样本”，可能诱发他人犯罪。

（2）犯罪现场报道极易对审判人员形成干预。媒体的犯罪现场报道直接来源于现场，在事实认定上更可能被认为是真相，如果法官、陪审员在审理案件之前观看了媒体的犯罪现场报道，特别是视频、音频等，就会倾向于认为报道揭露的事实即为案件事实，形成预断。《中国新闻工作者职业道德准则》明确规定：为了“维护司法尊严，媒体依法做好案件报道，不干预依法进行的司法审判活动，在法庭判决前不做定性、定罪的报道和评论”。

二、警方允许下的犯罪现场报道

2009 年《公安部政府信息公开工作年度报告》中指出：“公安部深入贯彻落实科学发展观，以加强刑事执法监督制约为重点，以实现刑事案件信息的透明化为目标，进一步探索建立刑事案件统计信息公布制度、办案公开制度以及接受社会监督的责任追究和监督保障机制等，充分满足人民群众对刑事司法信息的需求，以公开促进公正，努力使公平正义以群众看得见的方式得以实现。”公权力的运行应当受到监督，对于警方的侦查行为，必要时必须予以公开，让媒体进行采访。犯罪现场以限制报道为原则，但是并非绝对禁止媒体进入犯罪现场。

（一）前提：允许报道的内容与时机

犯罪现场以限制报道为原则，以允许报道为例外，我国明确规定侦查机关对刑事案件的依据、流程、进展、结果等主动予以公布，其中刑事案件在侦查阶段的流程、进展是犯罪现场报道涵盖的内容。当然，法律规定比较抽象，必须明确允许犯罪现场报道的内容。

第一，对涉及公共安全的犯罪事件应当允许媒体报道，但前提是不影响警方开展工作。第二，在犯罪现场的侦查过程中，可以报道犯罪嫌疑人

---

〔1〕 习近平：《严格执法，公正司法》，载中共中央文献研究室编：《十八大以来重要文献选编》（上），中央文献出版社 2014 年版，第 723 页。

的个人信息、危害大小、作案地点等案件的客观信息。对警方自身的工作安排中的涉密事项,不得报道。第三,对侦查获得的证据与查获的犯罪事实,不得报道,防止证人作伪证以及造成媒体审判的后果。2014 年 10 月 1 日发布并实施的《人民检察院案件信息公开工作规定(试行)》第 11 条首次在我国规定了这一内容:"人民检察院对正在办理的案件,不得向社会发布有关案件事实和证据认定的信息。"2015 年,《人民日报》刊发了一篇名为《公安部揭开"维权"事件黑幕》的新闻报道[1],其中,媒体对警方审讯现场进行报道,但是在报道中将被告人供述等证据内容进行了公布,却严重违反了犯罪现场报道的内容限制。

对允许进行犯罪现场报道的,媒体必须注意介入报道的时机。绑架案中应当以被害人的生命安全为首要考虑对象,通常在被害人脱险之前不得对犯罪现场进行报道。对这一类案件,因为犯罪分子危害性大,在未与绑匪沟通、救出人质之前,把案件信息公之于众会对被害人造成不利后果。所以在涉及人质安危时,不能让媒体介入犯罪现场,这是对媒体报道时机的第一个限制。

在警方采证时,媒体不得介入影响警方侦查,所以,媒体进入犯罪现场也应当在警方取证结束后,避免记者对犯罪现场证据造成破坏。这是对媒体报道时机的第二个限制。

对危及公共安全或他人人身安全的犯罪现场、救灾现场,媒体介入犯罪现场必须在救援完成后,这是对媒体报道时机的第三个限制。

(二)事前:媒体以抽签方式进入现场

对于进入犯罪现场的媒体,为了防止对侦查行为造成干扰、侵犯他人隐私权,应当规定哪些媒体可以进入现场、媒体不听从现场指挥时的责任追究,以及媒体对犯罪现场报道不符合规范时的后果。

对媒体发放信任证书和颁发新闻通行证(press pass)进入犯罪现场采访是美国采取的做法。在犯罪现场,警察为了公共安全利益设立防线以封锁某一地理区域。实际上,经认可的记者常常得到警察当局的准许而越过

---

〔1〕 参见黄庆畅,邹伟:《公安部揭"维权"事件黑幕:律师勾结假访民闹事》,《人民日报》2015 年 7 月 12 日,第 2 版。

防线。但是，如果作出这样的批准，即必须是在无歧视的基础上，以发放适当的信任证书的形式向所有记者提供，同时，信任证书的发放须公正且不带任何歧视。[1]对于事故现场，未获许可便进入，可能被捕并受到轻罪的指控。当然，新闻记者被允许进入已经成为惯例。一些执法机构向现职的新闻记者发放新闻通行证，它是颁发机构用来允许可信任的新闻记者快速通过警戒线的一种新闻媒介身份证。[2]

我国应当由现场办案人员发放媒体通行证，以控制进入现场的记者的数量，在媒体的选择上，可以考虑用现场抽签的方法公平选择记者进入现场。当然对违反规定进行犯罪现场报道的媒体，可以剥夺其进入犯罪现场报道的资格，将其排除于抽签行列之外。

（三）事中：警方合理引导报道秩序

在取证、救灾未完成时，警方可以把媒体排除在外，这是警方对犯罪现场排他管理权的表现。当然，任何权力都是有边界的，对已经取证完毕或者没有危险发生时，应当允许媒体进入现场报道，并由警方告知媒体注意事项。如果媒体不服从秩序，警方可以及时把该媒体驱逐出犯罪现场。

媒体在现场应当听从警方指令，表现在以下几个方面：

第一，警方决定媒体进入犯罪现场的时间。当然这一时间一般是取证结束后或是在危险排除之后。

第二，媒体进入现场后应当听从警方的安排，遵守采访的秩序。警方虽然有维持采访秩序的权力，但是却无决定媒体报道内容的资格，媒体的采访内容不受警方的制约。只要不存在造谣诽谤、泄露国家秘密和他人隐私等违法行为，媒体发布的信息与警方主动发布的信息可以不同。媒体拥有新闻自由权，可以自主决定采访的内容，媒体不能作为警方发布案件的工具，不能丧失独立性，否则媒体报道的价值就会丧失。

第三，在发生突发状况后警方要求媒体撤离的，媒体应毫不迟延地退出犯罪现场，否则可能会被追究责任。在白晓燕一案中，媒体跟随白冰冰交赎金的行为遭到警方制止，但记者却理直气壮地抵制称“他们（警方）不

---

〔1〕参见［美］约翰·D. 泽莱兹尼：《传播法：自由、限制与现代媒介》（第4版），张金玺、赵刚译，清华大学出版社2007年版，第75—100页。

〔2〕参见［美］T. 巴顿·卡特等：《大众传播法概要》，黄列译，中国社会科学出版社1997年版，第162页。

撤,我们也不撤”,对警方的指令置之不理,而对警方的侦查活动造成严重阻碍,所以当媒体违反警察命令时,可以对其进行相应的处罚。

警方在犯罪现场维持秩序,必不可少地要与媒体接触,媒体也可能以采访警察的方式获取信息,那么媒体可否记录其与警察的互动呢?在美国一些州严厉禁止公民、记者记录与警方的谈话,否则可能被追究刑事责任。如伊利诺伊州规定,不论谈话是否秘密进行,也不论是否偷录,没有经过双方当事人的一致同意记录谈话内容都是要负刑事责任的,个人不能记录警方日常工作中公开的谈话。马萨诸塞州法院确认,将会话秘密录音的行为是犯罪,该州高级法院裁决禁止新闻记者在州内对谈话进行秘密录音。[1]但是,媒体记录与警方的谈话并不涉嫌违法,警方与媒体互动是公开的,媒体记录与警察的谈话并不侵犯警察的隐私权;而且当记者与警方出现纠纷时,录音可以作为证据解决纠纷。所以在犯罪现场采访时,记者记录与警察的互动很有必要。

三、未经警方允许的犯罪现场暗访报道

媒体进入警方控制下的犯罪现场是通过表明记者身份进入,当然,存在着记者不表明身份进入犯罪现场的情况,一般称之为“暗访”,又称“隐性采访”,分为介入式采访和非介入式采访两大类。非介入式采访,是记者不显露自己的身份,以旁观者的眼光观察,没有介入或干预事件的发生、发展过程而获得新闻信息,包含两种情况:一是记者并未表明其身份而进入警方控制下的犯罪现场;二是记者隐藏身份进入警方尚未控制的犯罪现场,包含记者不表明身份而只作为普通公民传播信息。介入式采访,是记者通过假冒身份,与事件的当事人交往,以获得新闻信息。

当记者作为普通公民进入警方控制下的犯罪现场时,因普通公民在警方控制犯罪现场时不享有进入犯罪现场报道的特权,因此,记者隐藏身份在很大程度上会被拒绝于犯罪现场之外。当记者以普通公民身份进入警方尚未介入的犯罪现场以及记者进行介入式暗访两种情况下,记者一般意义上是充当犯罪的揭露者,通过报道犯罪现场情况揭露案件事实。特别是

---

[1] Editor, The ACLU can Record the Public Interactions of Police, Court Rules Feature, *The News Media and The Law*, Summer 2012, Vol. 24, No. 3, p. 29.

介入式暗访,记者身处犯罪现场与犯罪分子互动,对犯罪进程造成影响,所以对记者的介入式暗访必须持谨慎态度。

(一)对犯罪现场进行暗访的正当性及其危害

对犯罪现场暗访存在的根本性问题在于是否具有正当性。加拿大广播公司(CBC)认为秘密方法采访的最大害处是降低普通公众对媒介的信任和尊重,但在合法的目标下,新闻工作者可以不暴露其身份或职业,而作为一般公众成员去获取信息。如果新闻媒介认为信息很重要,且有益于公众,新闻工作者也可以在一般公众无法到达的地方从事隐性采访。[1]暗访受争议还包括可能侵犯他人隐私、涉嫌犯罪。对犯罪现场暗访有危害,但是对真相的探求、对公共安全的需要又使暗访具有正当性,关键在于使暗访符合规范。

美国明尼苏达州的一名电视记者,为了暗访精神病康复机构,向当地一家宗教组织申请了一个志愿者职位,她没有透露自己的记者身份,并秘密地拍下了自己的所见所闻。电视台播出了使用部分录像制作的报告,称康复机构的工作人员没有很好地照顾病人。明尼苏达州上诉法院在判决中指出,虽然该机构最初是欢迎记者担任志愿者的,但是"如果她偷拍他们的活动,并越过了其获得同意的范围,那么她的继续存在将变得不被允许和非法"[2]。该案中,记者通过非介入式暗访报道精神病院黑幕涉嫌侵权而受到法律的否定性评价,但是,记者通过对可能涉嫌犯罪的现场进行非介入式报道发现了精神病康复中心存在的问题,是对公共利益的维护,可以阻却违法,不过记者应当立即退出,不能继续实施暗访。所以,对非介入式暗访,法律并不完全禁止。

当然,与犯罪现场的非介入式暗访可能会对记者的人身安全造成威胁相比,介入式暗访极易使记者涉嫌犯罪而受到更大的诟病。介入式暗访中记者在"参与"犯罪行为,尽管记者的动机看起来是好的,但他们的行为本身是在犯罪,法律惩处是以行为而不是以动机为衡量尺度的。[3]

---

[1] 参见郭镇之:《采访、暗访与偷拍——美国关于新闻采访中涉及隐私权的若干法律规定》,《电视研究》2000 年第 6 期,第 38 页。

[2] Special Force Ministries v. WCCO Television,584 N. W. 2d 789,792(Minn. Ct. of Appeals,1998).

[3] 参见陈力丹:《介入式暗访不能作为采访的常规》,http://academic. mediachina. net/academic_zjlt_lw_view. jsp? id =5170&peple =642006-11-27,访问时间:2015 年 7 月 2 日。

广东某报社记者为报道毒品犯罪内幕而假扮贩毒人员深入毒穴进行犯罪现场采访,结果无法脱身,弄假成真,事后只得向警方自首,面临被追究刑事责任的命运。中央电视台某栏目记者在西安假扮文物贩子到当地有名的盗墓村进行了历时七天七夜的暗访,偷拍了盗墓者团伙分工合作、包干到人、责任明确的犯罪全过程,一共挖出了13件距今2000多年的西汉文物,为了防止文物流失,记者花1.4万元将文物买回,事后,记者向陕西省文物局报案,节目播出后,栏目组将这批文物无偿捐给了陕西省文物局。[1]在这两起事件中,记者都假冒了有"犯罪嫌疑"的当事人,实施对犯罪现场的暗访,而记者介入式暗访与警方内部严格批准下实施的技术侦查措施不同,记者并非警方的"线人",即使其揭发了犯罪事实,但是并不阻却违法,所以对介入式暗访应持否定态度。

(二)对犯罪现场暗访的规范化

对于暗访的制约,不仅需要新闻道德自律,也需要行业自律和法律规范,形成一套制约体系。英国独立委员会制定的《节目标准》规定了隐性采访的四个程序:第一,不论播出与否,凡采用偷拍偷录方式采访均需电视台最高负责人同意;第二,偷拍镜头播出前仍需电视台最高负责人同意;第三,所有这类采访的素材及程序性文件均需存档保留,以备答复公众的投诉;第四,如果违反第三条规定将给予罚款处罚。[2]这一程序性规定确保每一次偷拍都经过慎重权衡和考虑,限制了偷拍这种有争议的采访方式的滥用,一旦发生冲突有据可查且出现问题有人承担责任。对暗访的规范化具体体现在:

第一,以新闻道德伦理限制犯罪现场暗访。《中国新闻工作者职业道德准则》中只有一条间接涉及对暗访的规范:"要通过合法途径和方式获取新闻素材。"新闻道德是所有新闻从业人员的行为准则,但它主要是对个人进行教化,依靠个人自省自律来实现约束作用,不具备强制力。[3]虽然新闻道德是软性的、无强制约束力的限制,但是在媒体内部形成良好的氛围

---

〔1〕 参见王军:《隐性采访中的权利冲突与平衡》,《电视研究》2001年第6期,第35页。

〔2〕 参见魏永征:《偷拍偷录应当慎用——说新闻记者采访权》,《新闻三昧》2000年第2期,第46页。

〔3〕 参见《致命的媒体追逐》,http://barb.sznews.com/html/2012-12/26/content_2329814.htm,访问时间:2015年7月1日。

也是有必要的。

第二,对犯罪现场暗访的行业自治要严格,可以采纳英国做法,进行暗访首先要经过严格的行业内部审批程序,对违反行业规范的媒体要进行惩罚。

第三,对犯罪现场暗访的范围、方式和条件要进行规范。首先,从源头上制约,明确规定哪些案件的犯罪现场允许进行暗访。可以正面列明以下事件可以暗访:该事件或行为非常重要;无法通过公开途径获得信息;与非法、反社会或欺骗行为有关;明显地或严重地侵犯公众利益。反向规定不得针对未成年人、国家秘密、个人隐私等法律特别保护对象的犯罪现场进行暗访。其次,对于暗访的法律定位是非常规的采访方式,即能采取其他替代方式的,不能以暗访方式进行。而公共利益是采取暗访的合法性根据,不得为了媒体部门利益或个人私利而进行暗访。再次,立法上应明确排除对犯罪现场采取介入式暗访。最后,明确以暗访方式获得的犯罪现场的信息能否在审判时作为证据使用。在刑事诉讼中,记者获得的信息不能直接作为控方证据使用,但是侦查机关可以利用报道的信息去收集证据,即暗访获得的信息可作为获取证据的线索以及可以转化使用。当然被告人可以利用犯罪现场报道来支持己方的观点,如被告人不在犯罪现场、没有参与案件等。

(三)犯罪现场暗访记者的拒绝作证权问题

记者通过对犯罪现场暗访所获得的信息,或者是通过线人获知的信息,能够对案件事实查明起到帮助作用,当法院传唤记者出庭说明获知消息的渠道时,记者是否有不予出庭的权利?为采集犯罪现场新闻而同意不公布信息源的做法通常是非常必要的:一是记者被迫说出信息来源,被泄露的信息源将不愿再提供进一步的秘密信息;二是泄露犯罪现场的信息来源,可能会危害信息提供者的人身安全,使其遭受打击报复。但是,如果记者享有保密的权利,则不利于案件的查明。

在美国,布兰兹伯格诉海斯案(Branzburg v. Hayes)表达了法院对记者拒证权的看法。1969 年 11 月 7 日,布兰兹伯格在《信使报》刊登了一篇文章,报道描述他所看到的将大麻提炼为麻醉剂的过程。他被允许观看这一过程是因为他发誓要保密。公开的报道也注明了这一保密诺言。布兰兹伯格被县的大陪审团传唤,他出庭了,但是拒绝回答有关素材来源的问题。[1] 1971 年 1 月 10 日,布兰兹伯格又发表了一篇关于在肯塔基州法兰克福市的毒品使用情况的报道,大陪审团再一次寻求他的证词。该报道的一部分也是基于匿名的承诺才得到的。布兰兹伯格要求取消大陪审团的传唤。他确实获得了一个保护他不必披露“秘密的社团、新闻来源或信息”的命令,但是要求他必须就他所看到的事情作证。他拒绝出庭,上诉法院再一次拒绝了他的特权主张。[2] 这两个案件中,美国法院都否认了记者具有拒证权,记者必须就其知晓的案件信息作证。

记者是否必须就其知晓的所有案件事实作证?记者是否在一定程度上享有拒证权?

支持记者应当出庭作证的观点在于:第一,记者通过采访获知犯罪现场情况,是知晓犯罪事实的最佳证人,记者出庭作证可以查清案件事实,对于法院正确定罪量刑具有帮助作用。第二,我国法律明确规定知晓案件事实的公民都应当出庭作证,而记者作为公民也应当出庭作证。

反驳记者出庭作证的观点在于:第一,记者许诺不泄露犯罪分子的身份信息以作为获得新闻来源的交换,如果破坏许诺,可能导致再次采集信息的困难,不利于对新闻自由的保护。第二,记者不是侦查人员,不是政府打击犯罪的工具,所以他们不能成为政府获得犯罪证据的工具。美国最高法院针对记者是否出庭作证这一问题的意见认为,法庭试图通过将记者作为政府的调查工具,而通过州及联邦政府的权威来破坏历史上的新闻独立性,这样不仅会损害受宪法保护的新闻界的功能,而且从长远来看,不仅不会对司法体系有帮助,反而会对司法体系造成破坏。[3] 第三,对案件事实真相的寻求并非我们追求的唯一价值,还存在着高于追求事实真相的价值。

笔者认为,记者拒证权是极其必要的,是保护新闻自由的重要手段。在权衡记者是否应当出庭作证时不能一概而论,从政府方面应当合理考虑以下几个问题:第一,政府必须出示证据证明该新闻记者所掌握的信息与某一具体的违法行为是密切相关的;第二,政府阐明该信息不能通过对公

---

〔1〕 Branzburg v. Hayes,408 U. S. 665,682(1972).

〔2〕 参见[美]唐纳德·M. 吉尔摩等:《大众传播法:判例评析(第 6 版)》(上),梁宁等译,清华大学出版社 2002 年版,第 302 页。

〔3〕 Branzburg v. Hayes,408 U. S. 665,682(1972)中少数法官意见。

共利益损害较小的其他方式获得;第三,阐明该信息中包含有强制的且高于一切的利益。[1]从记者角度而言,其并非对犯罪现场观察到的所有犯罪情况都享有保密的权利,其享有拒证权的目的是保护信息来源,包含拒绝公开信息来源的身份,拒绝开示可能曝光提供者身份的信息内容,拒绝接受询问,拒绝接受搜查、扣押,但拒证权不是为了保护信息本身,当记者收集的犯罪现场的信息来自他人,那么就该信息的来源记者有保密的权利,但是这一权利可以因公共利益而受到限制;如果记者获得的犯罪现场的信息并非来自别人提供,而是通过自己"卧底"知晓案件情况,那么记者应当作为证人出庭作证。[2]

四、不当犯罪现场报道的防治

限制媒体新闻报道的方式很多,不仅是单方拒绝媒体进入犯罪现场,而且必须对警方行为进行制约,且重点在于对警方行为的控制上。对于刑事案件,在侦查过程中,警方不得随意向外界透露应当保密的案件信息,特别是涉及他人隐私、犯罪嫌疑人在逃的案件,且警方不能在侦查过程中随意把媒体带入犯罪现场等。

(一)警方通过采取技术手段防范案件信息泄露

在不允许媒体介入犯罪现场报道时,为了防止保密信息的泄露,警方应当采取技术手段防范媒体非法获取信息。在美国,一些地区警察局采取通过无线电系统设置加密程序,以防止警察记者报道的内容外传,这是限制媒体通过访问无线电而获知警方的侦查信息的手段,如华盛顿特区和帕萨迪纳市。因受害人的姓名、地址以及其他个人信息往往会显示在扫描仪上,该设备同样会通知在警方管理下的听众,也给那些犯罪分子在警察到来之前提供武装自己的机会,因此警察局将加密系统作为维护官员和受害者安全的一种方式。在佛蒙特州伯灵顿市,警察无线电通信系统已加密近两年,一旦记者通过社会媒体或其他方式获知某事件的发生,他们就会向警察局打电

---

〔1〕 参见[美]约翰·D. 泽莱兹尼:《传播法:自由、限制与现代媒介》(第4版),张金玺、赵刚译,清华大学出版社2007年版,第155页。

〔2〕 参见高一飞、陈小利:《论记者拒证权》,《浙江大学学报》(人文社会科学版)2009年第2期,第181页。

话了解具体情况。佛罗里达州结束了用以允许新闻媒体成员租用扫描器以及对警察频道的充分访问的程序,取而代之的是一个应急广播。[1]

通过采取技术措施,如对无线电采取加密手段、关闭网站等手段,可以防止案件信息泄露,白晓燕案中警方就采取信号加密措施防止记者窃取侦查信息。但是对于媒体成员来说,技术手段的采取削弱了记者的报告信息的完整性、准确性和及时性,使记者对案件的报道存在时滞。但是为了警方侦查行为的顺利进行,使警方保有资讯优势,对一些案件采取技术措施是不可避免的。因此,必须确定哪些信息是需要采取技术手段防止泄露的保密信息,而且即使是保密信息,也应当明确信息需要保密的时间。

(二)禁止警方邀请媒体进行犯罪现场报道

在发生刑事案件后,媒体进入犯罪现场进行采访的条件是经媒体自发申请并获得进入犯罪现场的资格后,在警方的安排下进入犯罪现场采访。所以,在侦查阶段警方不能主动邀请媒体跟随其进入犯罪现场。威尔逊诉莱恩(Wilson v. Layne)一案中,威尔逊的儿子因犯罪遭受刑事逮捕,联邦司法执行官与代理治安法官持逮捕证去威尔逊住处逮捕他的儿子时,邀请了一名报社记者与摄影师陪同。记者对房间进行了拍摄,但没有在报纸上刊登。威尔逊一家提起诉讼,声称警方的行为侵犯了宪法第四修正案授予他们的权利。为了平衡隐私与警方邀请媒体陪同的目的,联邦最高法院指出:对警察来讲,良好的公共关系的潜在价值不足以成为媒体陪同到私人住宅的正当理由,甚至准确报道警务的需要也与警察侵入住宅逮捕重罪犯在宪法上的正当理由无直接关系。[2]因此,在警方开展侦查的过程中,应当禁止媒体的搭便车行为。当然还有1986年的米勒诉全国广播公司案(Miller v. National Broadcasting Co.)[3]、汉隆诉伯杰案(Hanlon v. Berger)[4],都禁止警方在侦查过程中邀请媒体跟随进入现场。

警方办案不能邀请媒体陪同,法律没有赋予记者参与警方侦查、逮捕

---

[1] Rachel Bun, Nothing but Static: Police Radio Encryption Continues to Hinder Cops Reporters, *The News Media & The Law*, Spring 2012, p. 24.

[2] 参见[美]罗纳尔多·V. 戴尔卡门:《美国刑事诉讼法——法律与实践》(第6版),张鸿巍等译,武汉大学出版社2006年版,第205页。

[3] Miller v. National Broadcasting Co. ,232 Cal. Rptr. 668(Ct. App. 1986).

[4] Hanlon v. Berger,526 U. S. 808(1999).

活动的权利，所以，记者随同警方活动是不合法的，且记者搭便车的行为可能侵害公民隐私权、扰乱侦查秩序等。

（三）警方人员跟随拍摄并主动公布现场情况

2010年《公安部政府信息公开工作年度报告》中指出："公安部开展多次专项治理活动，包括经侦工作、治安管理、刑侦工作等方面，刑侦方面包括公开全国公安机关刑侦工作座谈会、全国公安机关刑侦部门'网上作战'经验交流会、打黑除恶专项斗争、打击严重暴力犯罪、打击电信诈骗犯罪专项行动、打击拐卖儿童妇女犯罪专项行动等信息。"我国警方经常对一些犯罪开展专项治理活动，而且经常邀请媒体进行现场采访，或是主动召开新闻发布会对一系列犯罪进行报道。

在警方专项治理中，警方自身的宣传人员跟随拍摄无可厚非，而且拍摄的材料是警方向媒体公布警务信息的基础。因此，这些专项治理中，警方应当自己收集犯罪现场信息，随后主动向媒体公布。当然警方自身公布的犯罪现场信息应当遵守犯罪现场报道规范，对主动公布的内容进行限制，如不得对犯罪嫌疑人进行猜测性、偏见性的报道；不能在侦查阶段公布案件的证据；不得公开保密信息等。但是在专项治理中，警方不能让媒体跟随行动进而对犯罪现场进行报道，因为一旦媒体跟随行动，就会对专项治理犯罪的揭露过程、犯罪嫌疑人抓捕过程、犯罪分子本身进行现场报道，会把一些需要保密的内容公布，或者是对案件信息在不适当的时间公布，不仅违背了犯罪现场报道的限度，而且极易形成有偏见的报道，导致对犯罪嫌疑人未审先判的后果。因此，正确的做法是由警方人员跟随拍摄并及时、主动公布犯罪现场情况，既可以保证公民的知情权，又可以防止不当的犯罪现场报道。

（四）规范公民记者的犯罪现场报道

犯罪现场报道已经不是职业记者的独有领域，公民在犯罪现场报道中也可以体现出巨大的作用，成为"公民记者"。公民主要利用自媒体进行犯罪现场的报道。自媒体是一种私人化、平民化、自主化的媒体，其核心在于普通市民的信息自主提供与分享。[1]公众有权利自由传递信息给别人，也

---

〔1〕 参见余欢欢：《危机事件中的自媒体及其传播对策》，《青年记者》2008年第24期，第72页。

有权利从别人那里得到信息,保障公民知情权是自媒体发展的原由。

自媒体有信息制作周期短、新闻传播速度快、受众反馈快且不受限制、传播内容和方式个性化、信息的可信度低等特点。当然,由于是公民之间的信息传播,没有官方或权威机构认可,信息很容易失真,因此自媒体极易充当谣言传播的载体,助长危机事态的恶化,不利于危机舆论的引导。[1]所以,自媒体传播信息也是一把双刃剑,关键在于如何做到扬长避短。

公民记者利用自媒体进行犯罪现场报道在天津爆炸案中表现得特别明显,一些公民利用手机拍摄了爆炸的情形,利用微信、微博等发布到互联网上,随即得到快速传播。可以说,这种传播方式较旧有新闻传播方式而言,传播速度快且转播没有限制。正是因为有这样的特点,利用自媒体传播的犯罪现场报道更具有及时性。但是,公民记者拍摄的犯罪现场报道极易产生一些问题,如报道的只是犯罪现场的一部分,不具有广泛性、全面性;报道不客观,极易产生情绪化的报道和谣言;报道了一些不应该泄露的内容,对后续的侦查行为造成阻碍;公民记者在犯罪现场报道时容易对自身安全产生威胁等。

如何规范公民记者在犯罪现场的报道行为呢?首先,公民记者在对犯罪现场报道时应注意自身安危,危及自身安全时应当及时退出;警方到达时应当听从警方的安排,不得与警方产生冲突。其次,负责任的公民与负责任的媒体在传播信息中具有同样重要的作用,因此,公民在传播消息时应当具有客观的态度,不制造新闻、不编造谣言;客观地传播犯罪现场的具体内容,不断章取义。再次,官方应当及时跟随报道,公民报道可能无法摆脱偏见,那么官方应当及时在权威媒体上公布犯罪现场的信息,公布真相以阻断谣言的传播。最后,政府不得随意删除公民传播的信息,即使官方要删除公民的报道,也必须要有正当理由,如对侦查行为产生不利影响,对国家秘密、个人隐私等造成侵害等情形。当然,对于恶意传播谣言者应当追究刑事责任。

(五)警方应当适当公开犯罪现场侦查信息

犯罪现场报道是对刑事案件侦查阶段的报道,是警务公开在侦查阶段

---

〔1〕 参见余欢欢:《危机事件中的自媒体及其传播对策》,《青年记者》2008年第24期,第72页。

的表现。随着警务公开层次的推进,犯罪现场报道也成为警务公开的重要范畴。犯罪现场报道不仅是媒体单方面对侦查阶段案件的报道,也表现为警方主动公开案件信息。

公安机关应当主动公布案件信息,向社会公众或者特定对象公开刑事执法的依据、流程、进展、结果等相关信息;向社会公开涉及公共利益、社会高度关注的重大案件调查进展和处理结果,以及公安机关开展打击整治违法犯罪活动的重大决策。当然,公开的范围应当受到限制,对涉及国家秘密,以及可能妨害正常执法活动或者影响社会稳定的执法信息不得公开;不得向权利人以外的公民、法人或者其他组织公开涉及商业秘密、个人隐私的执法信息,但是,经权利人同意除外。[1]因此,对于犯罪现场的执法信息,警方应当主动公开,但是应当受到限制,对公开的内容进行筛选后再公开。

警方应当拓宽公布的渠道,如通过新闻发言人公布案件信息并回答媒体的提问;通过完善主动发布案件信息的机制统筹信息公布,确保媒体公布的案件信息的准确性;通过微博、微信等手段及时与媒体、公众沟通犯罪现场的相关信息;通过建立专家解读向媒体、公众解释专业问题;通过建立健全信息回应机制,对媒体发布的有误的犯罪现场的信息及时澄清,起到积极的引导作用。[2]公安机关应当适应社会发展的需要,充分利用信息技术手段,丰富公开内容,创新公开方式,拓宽公开渠道,提供便捷的执法公开服务。

(六)对违反限制报道规范行为的责任追究

犯罪现场报道以限制报道为原则,以允许报道为例外。违反犯罪现场报道的应当受到处罚。在美国,对违规进入犯罪现场、不当获取信息并进行报道的记者,处以罚款、行政拘留甚至追究刑事责任。自由职业摄影记者埃里克森就因强行进入犯罪现场采集新闻而与警方发生冲突受到处罚。第一次是在1989年,埃里克森在一个停车场拍摄一个重大火灾现场时被县治安官逮捕。第二次是在1991年,在警察追击犯罪的过程中,埃里克森

---

〔1〕 参见2013年1月1日施行的《公安机关执法公开规定》第2条、第4条、第9条。

〔2〕 参见2013年10月1日公布的《国务院办公厅关于进一步加强政府信息公开回应社会关切提升政府公信力的意见》。

离现场太近,造成干扰而再次被捕。第三次是在1998年12月,在加利福尼亚州的一个犯罪现场,当埃里克森到达犯罪现场的时候,警方正在检查一辆被银行抢劫嫌疑人遗弃的汽车。警方阻碍埃里克森进入犯罪现场,而他认为自己有进入现场的权利,双方发生冲突,埃里克森被逮捕和定罪。后来警察说埃里克森接近现场的时候警方并没有完成证据收集。[1]埃里克森前两次行为因对警方的行为产生妨碍而受到逮捕。第三次是在警方尚未完成证据收集的情况下,记者在不适当的时机介入犯罪现场而被追究刑事责任。

我国尚未明确规定对违反犯罪现场报道原则的记者应当采取的措施,当记者违规采访时不能很好地对记者的行为进行矫正。记者违反犯罪现场的报道规则,应当按照其责任大小、行为性质相应地追究其刑事、行政、民事责任。第一,记者违法对犯罪现场采取暗访,涉嫌犯罪的,追究其刑事责任;情节轻微的,给予行政处罚。第二,当警方封锁犯罪现场时,记者违反规定强行进入犯罪现场,对其应当给予行政处罚;严重扰乱犯罪现场秩序的,追究刑事责任。第三,当记者被允许进入警方控制下的犯罪现场报道时,不遵守介入犯罪现场报道时间、管理秩序的,可以剥夺其进入犯罪现场的资格,将其驱逐出犯罪现场;记者与警方或其他记者发生冲突的,按照严重程度对其处以行政处罚或刑事处罚;隐藏警方尚未发现的证据、破坏犯罪现场的,追究其刑事责任。第四,记者合法进入犯罪现场,但是采取不当方式进行报道,可以剥夺记者进入现场的资格。记者在犯罪现场报道中侵犯公民合法利益的,公民均可以采取民事手段维护其合法权益。

犯罪现场的报道十分常见且意义重大,但实践中操作很混乱,不适当的报道对侦查机关侦查行为的开展、被害人的救济、犯罪嫌疑人的抓获等都会造成很大的障碍,因此,规范记者的报道行为十分重要。当然,警方作为警务公开的主体,应当主动、适当地公布犯罪现场情况。构建犯罪现场的报道机制必须坚持以限制报道为原则、允许报道为例外,而犯罪现场的报道又划分为经警方允许的犯罪现场报道和未经警方允许的犯罪现场报道,必须针对两种不同的报道类型制定不同的报道规范。笔者通过分析犯罪现场报道的意义及界限,初步对不同类型的犯罪现场报道进行规范,以期进一步的完善。

---

〔1〕 RCFP, Reporter Starts Seven-month Jail Term over News Scene Incident, *The News Media & The Law*, Summer 2000, Vol. 24, No. 3, p. 9.

第八章

自媒体直播庭审的规则

“言论自由与公平审判是我们文明中两种最为珍贵的权利,实在难以取舍。”[1]如何在言论自由与公平审判之间寻求平衡是一个经久不息的永恒的话题。随着科学技术的发展,传播技术的平民化以及公民意识的觉醒,自媒体开始异军突起,公民记者的队伍迅速壮大。“自媒体”的身影“无微不至”地出现在社会生活的每一个角落,当然也包括司法领域。2012 年,贵州“黎庆洪等涉黑案”因为“律师能否微博直播庭审”而备受关注。此前,立法者并没有先见性地提供一套解决规则,而司法界正在轰轰烈烈地进行司法公开改革,表示欢迎舆论监督,一时间,关于中国自媒体直播庭审规则的讨论如火如荼。2012 年 12 月 20 日,随着《最高人民法院关于适用〈中华人民共和国刑事诉讼法〉的解释》的颁布,中国自媒体直播庭审的规则初步形成。

一、自媒体时代公民记者的迅速发展

“自媒体”(We Media)的概念首先由美国作家丹·吉尔默于2002 年提出。2003 年 1 月,他在《哥伦比亚新闻评论》上发表了《下一时代的新闻:自媒体来临》一文,极具远见地指出由于网络讨论区、博客等机制风起云涌,许多科技娴熟的观众,已经迫不及待却又自然而然地参与了新闻对话交流,而成为整个新闻产制流程中重要且有影响力的一环,“We Media”将是未来的主流媒体。[2]2003 年 7 月,美国新闻学会的媒体中心出版了由谢

---

[1] Bridges v. California ,314U. S. 252 (1941).

[2] 参见 http://www. techcn. com. cn/index. php? doc-view-145168. html,访问时间:2013 年3 月12 日。

因·波曼(Shayne Bowman)与克里斯·威理斯(Chris Willis)两位联合提出的"We Media"研究报告,里面对"We Media"下了一个十分严谨的定义:"We Media 是普通大众经由数字科技强化、与全球知识体系相连之后,一种开始理解普通大众如何提供与分享他们的事实、他们的新闻的途径。"[1]

自媒体时代的到来,使得新闻不再是一种由传统媒体垄断的资源。公民记者通过笔记本电脑、手机,以及数码相机,从读者摇身一变成为记者,将新闻通过自媒体传播到世界各地。自媒体的形态多种多样,主要包括博客、微博、播客、个人电子杂志、社交网站等,正是得益于自媒体的便民化,人人都是记者成为现实,公民记者的概念应运而生。对于如何定义公民记者,仁者见仁,智者见智。有学者认为:"公民记者就是通过大众媒体、个人通讯工具,向社会发布自己在特殊时空中得到或掌握的新近发生的特殊的、重要的信息的公民。"[2]也有学者从公民记者的非职业特征角度解释,"一般地,人们把非专业化新闻传播者或新闻的提供者称为公民记者。"[3]但此概念已基本达成共识:公民记者是指普通民众随时随地将自己认为有新闻价值的新闻素材经过整理,通过自己的个人网站、博客、微博等途径发送出去,这些个人网站、博客、微博扮演的角色就相当于传统媒体中的报社、广播电台、电视台等。

当公民记者被冠以"记者"之名,发挥着与记者类似作用的时候,其是否理应拥有与传统记者相同的权利义务,理应受到与传统记者相同的法律法规、行业规则的规范?要解决这个问题,必须首先定义记者。从立法上定义记者是一个十分棘手却又无法避免的问题。以美国为例,美国大多数州都拥有新闻保障法,旨在保护记者免受传票的危害。既然新闻保障法的保护对象是记者,那么公民记者是否属于记者的范畴?2008 年,美国国会立法选择从开放的立场对记者进行定义:"任何一个能够有规律地收集、准备、拍摄、记录、书写、编辑或者出版新闻消息的人都受到保护,这些新闻消息是关于当地的、民族的或国际的重大事件或其他公众感兴趣的事情,是为了生计或者是为了获得经济利益。"而在各州,对记者的定义则不尽相

---

[1] Shayne Bowman and Chris Willis, We Media Commissioned by The Media Center at The American Press Institute, www. hypergene. net/wemedia/,访问时间:2013 年 3 月 12 日。

[2] 赵志立:《公民记者和公民编辑兴起的意义与挑战》,《中国编辑》2006 年第 5 期,第 39 页。

[3] 廖礼中:《是公民记者还是"公民报道者"?——新媒体环境下对"公民记者"再思考》,《新闻记者》2009 年第 1 期,第 89 页。

同。如纽约州、佛罗里达州等从工作目的的角度将记者定义为:“任何一个为了获利或生计,而从事收集、准备、拍摄、记录、书写、编辑或出版新闻消息的人。”这就意味着只有专业记者才能受到新闻保障法的保护,而博客、微博等显然被排除在外。亚拉巴马州、加利福尼亚州等则从工作机构的角度将记者定义为:“与之有联系或受雇于任何报纸、录音广播或电视台的,同时参与新闻收集的人。”这些州的新闻保障法只是保护一些特定形式的媒体,而微博、博客等自媒体很难纳入其保护范围。明尼苏达州、俄勒冈州等从功能的角度将记者定义为:“曾经直接参与收集、获取、编写、编辑或出版新闻,目的在于向大众传播的人。”显然这种定义最具有法律包容性,但是在司法实践中,公民记者因种种条件的限制未能如愿地受到新闻保障法的保护。[1]

在中国,立法者并没有从法律层面对记者进行定义,但在相关的行政法规中可以找到对新闻记者的定义。2005 年中宣部、广电总局、新闻出版总署发布的《关于新闻采编人员从业管理的规定(试行)》曾经把新闻记者定义为:“合法设立的报社、新闻性期刊社、通讯社、广播电台、电视台、新闻网站等新闻单位内的记者、编辑、制片人、主持人、播音员、评论员、翻译等从事新闻采访、编辑、制作、刊播等新闻报道业务的人员。”2009 年《新闻记者证管理办法》第 4 条规定:“本办法所称新闻记者,是指新闻机构编制内或者经正式聘用,专职从事新闻采编岗位工作,并持有新闻记者证的采编人员。”由此可知,我国相关规范主要从工作机构的角度来定义记者,公民记者并不属于记者的范畴,但是这并不能改变公民记者广泛存在的事实。

二、自媒体直播庭审规则的经验借鉴

自媒体的发展对于司法系统来说是一把双刃剑,一方面,几乎所有坚持司法公开的国家都面临着如何在自媒体与公平审判之间寻求平衡的挑战;另一方面,自媒体的发展在给新闻自由带来更大发展空间的同时,也为法院提供了通过充分利用自媒体进一步推进司法公开、树立法院公信力的机会。他山之石,可以攻玉。如何合理使用这把双刃剑,英国、美国的立法

---

〔1〕 Editor, Defining a Journalist in Congress, *The News Media & The Law*, Winter 2008, Vol. 32, No. 1, p. 22.

司法实践为我们提供了宝贵的借鉴。

2011 年 12 月 14 日,在广泛地征询了法官、检察官、律师、媒体从业人员和相关公众意见后,英格兰及威尔士的首席大法官签发了《关于实时文字报道庭审情况的正式指导意见》(Guidance on Live Text based Communication by Court)。此指导意见指出,记者和法律评论员由于受过良好的训练,一般不会超出司法报道的界限,不会对正常的司法活动造成干扰,故记者和法律评论员无需申请即可直接对庭审进行实时报道。普通民众则需要通过向法院提出正式的书面申请或非正式的口头申请,在得到法官的批准后方可使用社交媒体进行实时文字报道。同时,考虑到在个案中,实时文字报道可能对案件的证人、陪审员产生不良影响,并且过多的移动电子设备的使用会干扰法庭自身的设备使用,干扰正常的法庭秩序,法院有权限制社交媒体的使用并且可以随时撤销许可。[1]由此可知,英国有关自媒体直播庭审的规则已在立法层面得以确定,且较为完善。首先,在英国使用自媒体直播庭审的主体可以是记者或法律评论员,也可以是普通民众。其次,区分不同的传播主体,设计了不同的程序。如果是记者或法律评论员通过自媒体直播庭审无须向法院提出申请,但是普通公民使用自媒体直播庭审必须先向法院提出申请,在获得法官许可后方能使用。最后,为自媒体直播庭审明确了一条原则,即在庭审过程中使用自媒体不得干扰正常的法庭秩序。

在美国,联邦最高法院不允许在法庭使用任何形式的电子媒体,许多联邦和州的法院传统上一直反对在法庭上使用手机、笔记本电脑以及其他类似技术。根据美国《联邦刑事诉讼程序规则》(Federal Rules of Criminal Procedure)第 53 条的规定:"除非有其他规定,否则法庭必须禁止庭审过程中有人拍照或者从法庭内部对外发布庭审过程。"对此,许多法官认为美国《联邦刑事诉讼程序规则》第 53 条应当被解释为禁止使用微博。然而,随着微博、博客等自媒体的迅速发展,影响不断扩大,这一现象正在悄然发生变化。许多法官开始大胆尝试在庭审过程中有条件地允许使用微博、博客等自媒体。2009 年 1 月,爱荷华州联邦法官麦克·班尼特(Mark Bennett)

---

〔1〕 Editor, Judiciary of England and Wales, Guidance on Live Text based Communication by Court, http://www.judiciary.gov.uk/Resources/JCO/Documents/Guidance/ltbc-guidance-dec-2011.pdf, 访问时间:2013 年 3 月 16 日。

允许一名《塞达拉皮兹宪报》的记者通过博客报道一起税务欺诈案的审判，但规定了一个条件，就是她要背朝法庭而坐，法官解释说这是为了将她打字的干扰减少到最小。班尼特法官说，司法部门的透明度是欠缺的，允许媒体从不同角度报道案件的审理，至少可以部分地弥补这一不足。2009 年 3 月，美国联邦堪萨斯州地方法院法官托马斯·马丁（Thomas Marten）决定允许记者在刑事审判法庭上使用推特。他称："我们越向公众敞开得越多，我们获得的公众理解就越多，那么在公众的眼中，我们就越有合法性。"〔1〕同月，美国佛罗里达州南区地方法院法官福迪瑞克·莫雷纳（Federico Moreno），用一项行政命令回应了《棕榈滩邮报》的请求：虽然记者不能从法庭内发布实时网页更新（手机在法庭上是禁止使用的），但他们可以自由地到外面的大厅这样做。〔2〕由此可知，尽管美国立法对自媒体直播庭审未置可否，但是司法实践中，法官们充分行使自由裁量权，为公众监督司法打开了一扇新的窗户。正如爱荷华州联邦法官班尼特所说："我还没有准备好发出命令，允许记者每天在我的法庭上写博客，但我将为这种变化留一扇门。对于这一问题，我需要反复多次的思考和试验——保持开放的态度，权衡利弊。"〔3〕

无论是英国式的通过立法规范自媒体在庭审中的使用，还是美国式的通过法官自由裁量决定自媒体能否进入法庭，这两种应对方式都在直面同一个问题：既然无法阻挡自媒体进入庭审的脚步，那么我们需要做的是应该如何规范自媒体对庭审的报道。首先，无论是立法者、法官还是普通民众，对待自媒体保持开放的心态非常重要。随着科技的进步，自媒体的发展突飞猛进，因为对自媒体可能给司法独立、公平审判带来的威胁而感到担忧、恐惧甚至绝对排斥自媒体进入庭审显然是不明智的。也许今天的自媒体的确因为其不规范在一定程度上扰乱了庭审秩序、阻碍了审判的公平进行，但是一味地排斥、压制自媒体进入庭审的尝试会适得其反地损害法院的公信力，威胁到民主社会赖以存在的基石——言论自由。其次，法官

---

〔1〕 参见《美国地方法官允许刑事法庭使用 Twitter》，http://tech.sina.com.cn/i/2009-03-06/19102888225.shtml，访问时间：2013 年 3 月 16 日。

〔2〕 Editor, Courtroom Coverage in 140 Characters, *The News Media & The Law*, Spring 2009, Vol. 33, No. 2, p. 28.

〔3〕 Editor, Courtroom Coverage in 140 Characters, *The News Media & The Law*, Spring 2009, Vol. 33, No. 2, p. 28.

拥有控制庭审的绝对权力,因此法官对自媒体在庭审中的使用拥有自由裁量权。如前所述,在英国,普通民众在庭审中使用自媒体必须先提出申请,获得法官许可后方能使用;而且,无论是记者、法律评论员还是普通民众,如果使用自媒体影响法庭秩序,妨碍公平审判的,法官随时都有权予以制止。在美国,显然法官的自由裁量权比英国法官要大很多,对于新闻记者能否在法庭上使用自媒体也完全由法官自主决定。在美国立法尚未规定,法官允许庭审中使用自媒体尚不普遍的情况下,自媒体在庭审中的使用似乎完全依赖于法官的自由裁量权。最后,确立自媒体直播庭审规则是未来司法公开的趋势。如同治理洪水不能一味靠堵塞而必须采用疏导手段一样,平衡自媒体与公平审判的关系也不能通过牺牲一方而满足另一方,必须对这种关系予以规范,合理引导自媒体良性报道庭审。

三、中国自媒体直播庭审规则的初步形成

当钢笔发明出来以后,毛笔走出了法庭;当蜡烛被电所取代,逐渐地,人们认为电是理所当然的。人们对新事物的接纳有个循序渐进的过程,同样,立法者制定的法律法规总是滞后于社会的发展也是可以理解的。在科学技术日新月异的今天,微博、博客等自媒体给司法公开带来的挑战让立法者以及法官们措手不及。然而,现代技术带给司法系统以及媒体世界的巨大机遇也是不可否认的,坚持公开的正义是至高无上的原则,于是立法者努力地适应这种变化,探索自媒体与司法之间的新的平衡。毫无疑问,这种新的平衡还将不断受到质疑、审查和完善,因为社会变化本身也在不断发展。

长久以来,我国有关传播庭审的规则只限于规范新闻记者的行为,并没有将自媒体纳入规范的范围。1994 年 1 月 1 日开始施行的《人民法院法庭规则》第 10 条规定:“新闻记者旁听应遵守本规则。未经审判长或者独任审判员许可,不得在庭审过程中录音、录像和摄影。”由此可知,庭审录音录像的主体只能是新闻记者且必须获得审判长或独任审判员许可。1996 年刑事诉讼法中,并未对此问题予以明确,只是概括性地在第 161 条中规定:“在法庭审判过程中,如果诉讼参与人或者旁听人员违反法庭秩序,审判长应当警告制止。对于不听制止的,可以强行带出法庭。”对于什么是

"法庭秩序",没有其他法律解释。随后,1999 年 3 月 8 日颁布的《最高人民法院关于严格执行公开审判制度的若干规定》中明确:"依法公开审理案件,经人民法院许可,新闻记者可以记录、录音、录像、摄影、转播庭审实况。"从 1994 年《人民法院法庭规则》中的否定性规定到 1999 年《最高人民法院关于严格执行公开审判制度的若干规定》中的肯定性规定,立法者对于新闻记者传播庭审的态度变化跃然纸上,审判公开开始朝更积极的方向发展。2007 年 6 月 4 日,最高人民法院发布的《最高人民法院关于加强人民法院审判公开工作的若干意见》规定:"通过电视、互联网等媒体对人民法院公开审理案件进行直播、转播的,由高级人民法院批准后进行。"该规定将庭审直播的许可权收归高级人民法院,显示了最高人民法院对于直播庭审问题的慎重态度。[1]2009 年 12 月 8 日,最高人民法院颁布实施了《最高人民法院关于司法公开的六项规定》明确:"因审判场所等客观原因所限,人民法院可以通过发放旁听证或者通过庭审视频、直播录播等方式满足公众和媒体了解庭审实况的需要。"随后最高人民法院于 2010 年发布了《最高人民法院关于人民法院直播录播庭审活动的规定》,第一次专门对庭审直播问题进行了详细的规定。

纵观上述规则,近二十年来,无论从广度还是深度而言,我国司法公开改革都取得了很大的发展,但并未涉及有关自媒体直播庭审的规定。同时我们不难发现,在我们司法公开的改革过程中有三条主线贯穿始终:首先,审判公开程度的控制权始终掌握在法官手中,法官有权决定是否启动庭审直播录播的程序。其次,传播庭审的主体是新闻记者,并非所有的公民都有权对庭审进行记录、录音、录像、摄影或转播。最后,媒体在传播庭审的过程中也必须遵守法庭秩序,不得扰乱法庭秩序,影响案件的正常审理。

2012 年 12 月 20 日,最高人民法院公布了《最高人民法院关于适用〈中华人民共和国刑事诉讼法〉的解释》(以下简称《解释》),首次对自媒体直播庭审,予以了规定。《解释》第 249 条规定:"法庭审理过程中,诉讼参与人、旁听人员应当遵守以下纪律:(一)服从法庭指挥,遵守法庭礼仪;(二)不得鼓掌、喧哗、哄闹、随意走动;(三)不得对庭审活动进行录音、录像、摄影,或者通过发送邮件、博客、微博客等方式传播庭审情况,但经人民法院许可的

---

〔1〕 参见高一飞、龙飞等:《司法公开基本原理》,中国法制出版社 2012 年版,第 352 页。

新闻记者除外;(四)旁听人员不得发言、提问;(五)不得实施其他扰乱法庭秩序的行为。"第250条第4款规定:"未经许可录音、录像、摄影或者通过邮件、博客、微博客等方式传播庭审情况的,可以暂扣存储介质或者相关设备。"这是我国立法中首次规定通过自媒体传播庭审的行为,在我国原则上不得通过发送邮件、博客、微博等方式传播庭审情况,但新闻记者在经人民法院许可后可以采用自媒体方式传播庭审。

至此,关于在法庭上,律师、旁听人员可否通过发微博、博客传播庭审的争议暂时尘埃落定。尽管立法对新闻记者通过自媒体直播庭审的实体和程序要求没有具体明确,但是随着司法公开改革的深化发展,我国自媒体直播庭审的规则也会不断地完善。

四、中国自媒体直播庭审规则的实施策略

自媒体时代的到来,公民记者蓬勃壮大;随着新闻自由与司法公开的深化发展,自媒体直播庭审规则的细化完善具有必然性。如同20年前的我们没有料到照相机、摄像机可以进入法庭进行庭审直播一样,我们依然无法预料20年后的自媒体将会在庭审过程中扮演一个什么样的角色,但是抱持着开放的心态,我们可以借鉴其他国家的经验,结合本国司法公开的生态环境,展望中国自媒体直播庭审规则的发展方向。

在新闻自由与公平审判这架天平上,任何打破其平衡性的倾向性行为都应该被禁止。没有公开就没有公正,公开是司法公正的灵魂,但是司法公开并非毫无限制,司法公开不得妨碍案件的公平审判。中国构建自媒体直播庭审规则就必须遵守这个原则。借鉴英国在《关于实时文字报道庭审情况的正式指导意见》中所规定的:"报道的目的是为了公正、准确地报道庭审且不得妨害正常的司法秩序。"我国自媒体直播庭审的过程中,也必须保证报道的客观性、真实性和准确性,不得侵害当事人的合法权益以及妨害正常的司法秩序。

(一)自媒体直播庭审的主体

假如把法庭比作一个舞台,庭审比作一场戏,那么法官、当事人、律师和检控方都是这出戏中的演员,每个人都有属于自己的角色和立场,而旁

听者则是观众。谁是通过自媒体报道这出戏的最佳人选,法官、律师、当事人抑或旁听者?

首先,法官不应在庭审过程中通过自媒体直播庭审,但是法院可以建立一套内部自媒体直播庭审系统,实时准确地报道庭审。在庭审过程中,法官是庭审的主导者,负责诉讼的正常进行,其主要职责是维护法庭秩序,保障诉讼的顺利进行,作出公正的判决。如果法官在案件审理过程中发微博、写博客等,必然会给人以不严肃的感觉,也会使人对司法的公正性产生怀疑。因此,法官在庭审中的主要职责是审理案件,而非通过自媒体直播庭审。禁止法官在庭审过程中通过自媒体直播庭审,并不意味着微博等自媒体就不能为法院所用。法院内部可以通过成立专门的自媒体直播庭审小组,专门负责管理本院有关案件的庭审直播。其实在中国,有关法院通过微博直播庭审的探索已悄然兴起,如 2012 年 10 月 9 日,海南省临高县人民法院就通过官方微博直播了一宗刑事案件的庭审经过,为加强微博管理,该院还专门成立了一个 5 人微博团队,进行微博发布和管理。[1]

其次,律师和当事人因受其立场所限,也不宜成为通过自媒体直播庭审的主体。律师受当事人委托,努力维护当事人的利益,需要专心应对庭审中的各种情况,对庭审变化作出反应并及时调整庭审策略[2];当事人是与案件联系最密切的人,其自身利益与案件的发展息息相关。对于律师和当事人而言,其立场决定了其报道往往带有偏见而缺乏客观性,而不中立的案件报道,会引发民众对司法的不信任和司法以外的权力对案件的干涉,从而对案件的公平审判带来极大的威胁。正如有人指出:“微博直播庭审的事,法官律师都别参与,还是交给媒体吧!经法院准许,记者和自由撰稿的法律评论人员凭借自己的专业素养,通过微博对案件情况进行公正客观的报道更为合适。”[3]

最后,作为“观众”的旁听者既无须在法庭上履行职责,也非案件的利害关系人,其可否通过自媒体直播庭审呢?法庭上的旁听者主要包括新闻

---

〔1〕 参见吴静、姜飞:《海南一法院微博直播庭审 院长:增加司法透明度》,http://www.chinanews.com/fz/2012/10-22/4264809.shtml,访问时间:2013 年 3 月 24 日。

〔2〕 参见慕鹤:《法官认真审案,律师专心辩护,微博直播庭审交给媒体》,http://www.infzm.com/content/69231,访问时间:2013 年 3 月 15 日。

〔3〕 慕鹤:《法官认真审案,律师专心辩护,微博直播庭审交给媒体》,http://www.infzm.com/content/69231,访问时间:2013 年 3 月 15 日。

记者与普通民众两类。根据《解释》第 249 条第 3 款规定:“法庭审理过程中,诉讼参与人、旁听人员不得对庭审活动进行录音、录像、摄影,或者通过发送邮件、博客、微博客等方式传播庭审情况,但经人民法院许可的新闻记者除外。”新闻记者在经过法院允许的情况下可以通过自媒体直播庭审毋庸置疑,尽管新闻记者并不拥有通过自媒体直播庭审的当然权利。但目前我国立法并未将旁听者列入自媒体直播庭审的主体范围,主要原因是担心普通民众缺乏相关的职业素养,无法客观准确地报道案件,同时在缺乏相关监管审查的情况下随意的报道容易损害当事人的合法权益,妨碍法院的审判工作。这种担心不无道理,但是不能以此为由绝对禁止旁听者通过自媒体直播庭审,可以借鉴英美国家的做法,为普通民众通过自媒体直播庭审设计一个完善的程序,在遵守相应规则,提出申请并获得法官允许后,应当允许其成为通过自媒体直播庭审的主体。因此,借鉴英国的做法“新闻记者可以不经批准即可通过自媒体直播庭审,普通民众在经过法院批准后也可以通过自媒体直播庭审”,是我国未来自媒体直播庭审规则的发展方向。

(二)自媒体直播庭审的批准

自媒体报道庭审的及时性、便捷性、简洁性是其与生俱来的优势,但是自媒体报道庭审同样具有局限性,这也是长久以来世界各国迟迟没有允许在法庭上使用自媒体报道庭审的原因。使用自媒体的主体通常是普通民众,公民记者因没有受过良好的训练,对于自己的报道可能带来的后果无法预知,他们可能会报道一些被法庭禁止的带有偏见性的证据;同时因缺乏相应行业制度的规范,其报道还有可能使受保护的证人处于危险之中。微博庭审直播还存在干扰法庭秩序的风险,如过多的移动设备在法庭上的使用可能会干扰法庭自身设备的正常使用,移动手机在庭审过程中突然响起等,这些都会对法庭正常的审判秩序造成破坏。[1]案件应当以严肃认真的方式报道,然而微博因其固有的快速、简略、轻松的报道方式以及无严格规

---

〔1〕 Editor, Judiciary of England and Wales, A Consultation on the Use of Live, Text-Based Forms of Communications from Court for the Purposes of Fair and Accurate Reporting, http://www. judiciary. gov. uk/media/media-releases/2011/courtreporting,访问时间:2013 年 3 月 23 日。

范的限制而使对案件的报道显得随意,所造成的不良影响也很难消除。[1]基于上述种种因素的考虑,赋予法官自媒体直播庭审的决定权是十分必要的。

根据我国现行法律规定,新闻记者在法庭上使用微博、博客等自媒体必须获得法官允许。的确,法官是庭审的指挥官,其职责在于保障庭审不受不当干扰顺利进行,因此,自媒体直播庭审属于法官自由裁量权的范围,笔者相信未来即使中国司法公开发展到新闻记者,甚至普通民众可以不经法官允许即可通过自媒体直播庭审的情况下,法官仍然有权对发布不实报道、妨害司法公正的新闻记者以及公民记者予以惩罚。

(三)自媒体直播庭审的内容限制

允许通过自媒体报道庭审,并不意味着可以随心所欲地报道所有案件的任何内容与细节。新闻记者在通过自媒体报道庭审的过程中需要受到来自法律、法官、行业规则三方面的约束。第一,根据刑事诉讼法规定,不得公开审理的案件,如有关国家秘密或者个人隐私的案件、涉及商业秘密经允许不公开审理的案件、未成年人案件等,新闻记者不得报道。根据《最高人民法院关于人民法院接受新闻媒体舆论监督的若干规定》第 9 条规定,新闻媒体在采访报道法院工作时不得损害国家安全和社会公共利益,不得泄露国家秘密、商业秘密;不得对正在审理的案件报道严重失实或者恶意进行倾向性报道,损害司法权威、影响公正审判;不得以侮辱、诽谤等方式损害法官名誉,不得损害当事人名誉权等人格权,不得侵犯诉讼参与人的隐私和安全;不得接受一方当事人请托,歪曲事实,恶意炒作,干扰人民法院审判、执行活动,造成严重不良影响;不得有其他严重损害司法权威、影响司法公正的行为。第二,对于法官为保护当事人利益或案件审理顺利进行而严禁报道的内容,同样不得通过自媒体予以直播,如强奸案件中被害人的信息,敲诈勒索案件中被害人的信息,未成年人作证的信息,受保护证人的有关信息,等等。第三,新闻记者在通过自媒体传播庭审的过程中还必须遵守相关的行业规则。由此可知,自媒体直播庭审的内容是有

---

〔1〕 Editor, Judiciary of England and Wales, A Consultation on the use of Live, Text-Based Forms of Communications from Court for the Purposes of Fair and Accurate Reporting, http://www.judiciary.gov.uk/media/media-releases/2011/courtreporting,访问时间:2013 年 3 月 23 日。

限制的，其必须符合自媒体直播庭审的原则，维系新闻自由与公平审判的平衡。

中国自媒体直播庭审规则的发展与完善不是孤立的，也不能一蹴而就。目前当事人、律师、公众对司法公开的不信任，对程序不公的担忧，促使他们通过自媒体寻求更广泛的支持。因此，建立完善的媒体报道庭审制度、公众旁听制度，真正实现媒体、公众自由进入法庭，是我国实现自媒体直播庭审良性发展的重要前提。

第九章
网络时代媒体报道涉罪人员姓名的规则

> 姓名中包含什么内容？出版界将会回答“许多”。因为人物身份明确的新闻比人物身份不明的新闻对读者有更多的吸引力。这就是人性。……报道一件轰动一时而没有揭示被告人身份的审判将是一次不知来源的审判。如果报社选择对此禁止令不予质疑，他们将很难对庭审作出重要报道。当然，读者兴趣会减少，编辑们的兴趣也会相应减少。[1]

在近年来的一些犯罪报道中，如刘汉、刘维案件从侦查到审判程序，郭美美案件的立案侦查程序，都涉及这样一个问题：媒体在报道刑事案件时，直接使用犯罪嫌疑人的真实姓名，是否符合言论自由和公众知情权的要求？是否违反无罪推定原则，影响其公正审判权或侵害了被追诉人的人格权利？而在李天一案件出现后，有媒体介绍“这些国家和地区的共同做法是，只要是未经法院审判的嫌犯，不管成年与否，其隐私都受到法律保护。这一精神体现在宪法和刑事基本法中。不仅如此，在为未成年人制定的特别法中，还有专门条款对未成年嫌犯隐私权的保护进行规定”[2]。这一说法真的反映了世界各国刑案报道中涉罪人员姓名匿名规则的真实情况吗？

实际上，由于问题过于复杂，世界各国对待涉罪人员姓名问题的做法不一。我国学界几乎没有专门就媒体报道中涉罪人员是实名还是匿名问

---

〔1〕 引自2010年1月27日《卫报》诉穆罕默德·艾哈迈德·贾巴尔（[2010] UKSC 1，[2010] 2 WLR 325.）一案判决书。

〔2〕 赵蕾、袁幼林：《少年L、L某、L姓男子　现在不管怎么叫，全国人民都知道你说的是谁》，http://www.infzm.com/content/88390，《南方周末》2013年3月1日，第3版。

题进行研究——往往停留于一些判断性的评论;媒体报道自由与涉罪人员权利在实践中出现了紧张关系,而理论界却不能及时回应实践的需求,对此问题作出合理的解释和分析。笔者拟通过对域外媒体报道涉罪人员的规则和实践进行比较,分析我国媒体报道中涉罪人员姓名规范的现状,探讨如何构建我国刑事案件报道涉罪人员姓名隐匿制度。[1]

一、诉讼期间涉罪人员姓名公开是大势所趋

国际准则关于涉罪人员姓名公开问题的直接规定很少,欧洲委员会部长委员会通过的向成员国提出的"第 R(2003)13 号建议案",即《在刑事诉讼程序中通过媒体公开信息的建议案》[2]的"原则 8"中指出:"提供关于犯罪嫌疑人、刑事被告人、已定罪者或其他刑事诉讼当事人的信息应该尊重他们保护隐私的权利。应特别保护未成年人或其他弱势群体,以及受害人、证人和嫌疑犯、被告人及已定罪者的家属。在上述情况下,应特别考虑到他们身份信息的公开可能对本原则中提到的人产生有害的影响。"可见,上述建议案的基本原则是要考虑公开嫌疑人和被告人的身份信息可能会对其造成的有害影响,对未成年犯罪嫌疑人和被告人要提供更强有力的保护措施。但是,对是否可以公开被追诉人姓名并没有明确的建议。

在诉讼期间,新闻自由与司法人权的冲突主要表现为公众知情权与无罪推定的矛盾,各国保护的侧重点是不同的。

(一)法国:可以公开被追诉人姓名但不得妨害无罪推定

在法国,立法对诉讼期间新闻报道的限制突出表现在对无罪推定原则的强化上。1993 年 1 月 4 日,法国在《刑事诉讼法》第 13 条增加了一款,即

---

〔1〕 侦查阶段的犯罪嫌疑人、公诉和审判阶段的被告人因为其没有被生效判决定罪,可以统称为"被追诉人员",再加上已经被定罪的罪犯,就构成了我们所说的"涉罪人员",对他们的报道,也可以简称为"涉罪报道",而我们所谈的中心问题也可以概括为"媒体对涉罪人员姓名的报导规则"。

〔2〕 Council of Europe Committee of Ministers Recommendation Rec(2003)13 of the Committee of Ministers to member states on the provision of information through the media in relation to criminal proceedings(Adopted by the Committee of Ministers on 10 July 2003 at the 848th meeting of the Ministers' Deputies).

“在不予起诉裁定或宣告无罪裁定取得既决事由之权威效力后3个月内，此项裁定的受益人可以提出诉讼请求，要求对在其受到刑事追诉过程中对其指名道姓的报纸或期刊上强制性刊载公告”〔1〕。即最终被判处无罪的人可以通过诉讼，要求过去对其做有罪报道的报纸或期刊刊载恢复名誉的公告。2000年新修正的《刑法》第35条规定：“对刑事诉讼中的涉案人是否有罪（或者所受刑罚）进行民意测验或者公布、评论测验结果的，（传播人）将被科处10万法郎（1.5万欧元）的罚款。”〔2〕同时，法国在2000年修订的《民法典》第516条中规定：“每个人都有无罪推定的权利。在任何裁判之前，如果一个人被公开地描写成犯有处于询问或者初步调查阶段的罪行，那么法院在不损害受害者获得赔偿的情况下，通过暂时的命令，采取诸如纠正或者向新闻界发布公告等手段以结束对无罪推定原则的侵害。”

但是，在法国，媒体不得出版任何涉及未成年人身份或信息的文章或图片（1945年2月2日《未成年犯罪法》第14条）。〔3〕即无论未成年人涉罪信息是否会影响无罪推定的实现，都要求绝对的不予公开，这是出于对未成年人利益给予的人道关怀。

综上所述，法国法院一般并不保护涉罪人员的匿名利益，至少当嫌疑人姓名或肖像的公布不会威胁到有关无罪推定的权利时是这样的。〔4〕也就是说，法国只禁止对审判阶段涉罪人员的报道和评论包含有罪推定的内容时公开其姓名，而没有简单地禁止对涉罪人员的实名报道。

（二）德国：为了更高公众利益可以公开被追诉人姓名

在德国，新闻自由是德国宪法规定的最高标准之一，媒体报道刑事案件时不仅可以对事件本身进行自由报道，还可以自由加以评论。但出于对无罪推定原则的遵守和对犯罪嫌疑人人格权的保护，媒体一般不对刑事案件审判前的被告人进行实名报道，而是使用自己的知识去确认刑事案件被

---

〔1〕［法］卡斯东·斯特法尼等：《法国刑事诉讼法精义》（上），罗结珍译，中国政法大学出版社1999年版，第35—36页。

〔2〕［法］贝尔纳·布洛克：《2000年6月15日关于加强无罪推定及被害人权利保护的法律》（上），施鹏鹏等译，载徐静村主编：《刑事诉讼前沿研究》（第2卷），中国检察出版社2004年版，第241页。

〔3〕施鹏鹏：《论侦查程序中的媒体自由——一种政治社会的解读》，《东南学术》2013年第1期，第152页。

〔4〕Giorgio Resta, Trying Cases in the Media: A Comparative Overview, 71 *Law & Contemp. Probs*, p. 31.

告人的身份并在司法流程和审判的报道中对他们命名。[1]

德国新闻界在其自律规则——德国新闻委员会下设的德国报业评议会于2006年颁布实施的《新闻行为准则》[2]第8条中规定：新闻界应当尊重私人生活及私密的人类领域。如果私人行为触及了公共利益，该私人案件也许会成为报道的客体。第8条第1款规定了“通过姓名/照片确定身份”的内容，其中以下几条涉及涉罪人员的姓名隐匿问题：

> 在报道事故、犯罪活动、刑事调查或法庭诉讼时，不应发表罪犯或受害者的姓名或者照片。在这种情况下，必须慎重权衡公众知晓新闻的权利和有关个人的隐私权利孰轻孰重。任何时候，都必须就公众在获取信息的权益与该信息所涉及的个人隐私之间达成一个平衡。
>
> 如果是为了调查犯罪行为的方便，且已经申请逮捕令状或者从公众朴素的视角观察犯罪行为已经被确认，那么提及主要犯罪行为的犯罪嫌疑人的全名和或使用与其相关的相片也许会例外地被允许。

可见，在德国，隐私权被给予了明显的优势地位。[3]但是，当隐私权与更高的公众利益发生冲突时，被追诉人的姓名和信息可以公开，这是基于利益衡量的结果。

（三）美国：执法机关应当向媒体公开被追诉人姓名

美国联邦宪法第一修正案规定：“国会不得制定关于下列事项的法律……剥夺言论自由或出版自由……”媒体在美国号称是“第四权”，除了国家安全和个人隐私外，几乎可以监督和报道政府的所有行为。刑事案件报道由于可以提高公众对法律的信赖，增强法律对社会偏常行为者的威慑而受到高度重视。所以，美国在处理新闻自由和司法人权的关系时，侧重

---

〔1〕 Giorgio Resta, Trying Cases in the Media: A Comparative Overview, 71 *Law & Contemp. Probs*, p. 31.

〔2〕 http://www.presserat.info/inhalt/der-pressekodex/einfuehrung.html, accessed 9 June 2010.

〔3〕 Michael Bohlander, Open Justice or Open Season? Should the Media Report the Name of Suspects and Defendants?, *The Journal of Criminal Law*, August 2010, pp. 321-338.

保护媒体的新闻自由和公众的知情权，在刑事诉讼中实行侦查公开原则，刑事侦查全过程向社会公开，媒体可以自由进行报道。这一原则在《美国联邦司法部执法机关与媒体关系指南》中有很好的体现，该指南第1—7.520条要求警察和检察机关在调查和起诉中“向媒体发布刑事或者民事信息”以实现信息公开，规定“根据法律、法庭规则和该指南，司法部的工作人员应当将以下刑事案件的信息公布：被告人的姓名、年龄、职业、婚姻状况和类似背景信息”。

美国为保障公众的知情权，实现对政府机关的监督，在侦查和起诉阶段，规定执法机关应当向媒体提供经其逮捕的犯罪嫌疑人的相关信息。媒体对犯罪嫌疑人的信息，包括犯罪嫌疑人的真实姓名，都可自由报道。

（四）英国：从2010年起开放对被追诉人的实名报道

英国一向以其司法独立而自豪，司法对媒体可以发布缄口令是其独特的制度，新闻自由可能造成的舆论裁判后果，是从“后果挽救”的角度来着手的。[1]对司法报道的限制当然包括根本就不公开审理某些案件，除此以外，法院还可发布命令，要求媒体对某些案件的报道予以推迟——推迟到审判中或者审判结束以后才允许报道。[2]这一内容主要体现在1981年《禁止藐视法庭法》第4节第2款，即“法院可以命令，在其认为有必要的一段时间之内，推迟对相关诉讼程序或诉讼程序某一部分所作的报道”。第11节还规定，法院进行诉讼期间，法院还可以“要求禁止对与相关诉讼有关的姓名或事项予以公开”。

另外，1999年《青少年司法和刑事证据法》第44节第2款规定：在刑事侦查阶段，“只要所定义的犯罪所涉及的任何人未满18周岁，如果相关公开行为可能导致公众认为其涉嫌相关犯罪，与该人有关的任何事项就都不应被包括在任何公开出版物中。”[3]可见，在审判阶段，不论是在青少年法庭还是在普通法院，都禁止报道青少年的姓名。

从以上描述可以看出，传统上，英国法院可以在诉讼期间（包括侦查、

---

〔1〕 参见陈新民：《新闻自由与司法独立——一个比较法制上的观察与分析》，《台大法学论丛》2000年第3期，第89—134页。

〔2〕 参见[英]萨利·斯皮尔伯利：《媒体法》，周文译，武汉大学出版社2004年版，第353—354页。

〔3〕 高一飞：《媒体与司法关系研究》，中国人民公安大学出版社2010年版，第43页。

起诉和审判)发布推迟报道的命令,不允许媒体公开某些案件的全部情况或部分情况(当然包括涉罪人员姓名);即使在允许报道的情况下,也会要求“对相关人员的姓名或其他事项予以保密”。

但是,我们注意到,英国上述的传统做法在2010年前后受到了挑战,开始出现松动的迹象,主要表现在:

一是行业自律协会提出了新的规则。2009年,由英国司法研究委员会、英国报业协会、英国编辑协会、泰晤士报业集团共同发布的行业自律协定《刑事法庭报道限制》中用几个条文简要地进行了总结〔1〕:“不得允许当事人在案件的公开开庭审理中隐藏信息”(第0.2.2条);“不得对案件的有关合理报道发布永久或临时限制令,亦不得禁止媒体公开有关姓名、地址或其他可能与诉讼有关的信息”(第0.2.3条),该条认为犯罪嫌疑人和被告人的信息是案件的基本内容,应当允许公开报道。

二是英国最高法院的正式判例给出了新的做法。通过2010年1月27日《卫报》新闻传媒有限公司诉穆罕默德·艾哈迈德·贾巴尔(Guardian News and Media Ltd. v. Mohammed Ahmed Jabar)〔2〕一案的判决,英国最高法院撤销了涉及该案恐怖犯罪嫌疑人的“姓名保密令”的要求,该保密令名单中涉及许多伊斯兰教信徒。大法官罗杰(Rodge)负责撰写此次判决,阐述各参审法官的一致意见,认为:匿名将会违背新闻规律而威胁新闻媒体的生存;没有真实姓名的审判报道将是不知所云的“不知来源的审判”;简单地隐藏嫌疑人的身份,将使案件神秘化而给犯罪的社区留下阴影;嫌疑人自己为了实现自己的权利,可以公开自己的姓名,但为了逃避公众的监督却要求隐匿其姓名,“掩藏在匿名的保护之下”,这种不对等的做法也是不公平的。

可见,英国历史上曾经要求媒体对涉罪人员进行匿名报道的做法正在被司法公开的新要求所抛弃,对青少年以外的人的匿名报道,已经在事实上不存在了。

二、判决后犯罪人姓名是否公开有两种模式

如果说各国对于未在诉讼过程中的刑事案件普遍允许媒体实名报道

〔1〕 参见林娜:《英国刑事法院案件报道指南》,《人民法院报》2013年11月29日,第5、7、8版。

〔2〕 [2010] UKSC 1, [2010] 2 WLR 325.

涉罪人员姓名的话,对于刑事案件结束之后是否允许对涉罪人员实名报道则有截然相反的规定。

(一)美国:允许实名报道涉罪人员前科

美国法律并没有禁止媒体报道某人过去的犯罪行为,恰恰相反,美国的犯罪记录可以从网络上获得。

美国对犯罪记录的查询持开放态度,越来越多的州政府甚至联邦政府都致力于使任何人出于任何目的、获取任何人的犯罪记录变得更容易。在美国,犯罪记录可从行政部门的犯罪记录信息库和犯罪档案、法庭和法庭行政办公室以及商业性信息销售商获取[1];一直以来,美国法庭记录的副本都可以为公众调取和复印。随着犯罪记录的电子信息化,公众甚至可以通过远程计算机入口或者法院的定点电脑终端,轻易地检索到犯罪记录。[2]此外,人们还可能通过图书馆等公益机构直接获取犯罪记录而不必为该行为付费。[3]

由于犯罪记录可以轻易获得,“每天全国会有大量的记者梳理起诉和法庭记录”[4]。全国各地的报纸社论公开斥责一些团体要求隐瞒刑事司法系统记录的努力,认为:“公众对犯罪记录的接触不仅是一个开放社会中的绝对权利,它也有益于防止犯罪活动的发生。”[5]

美国的犯罪记录可以获得,但却不是绝对的,可以轻易获取的犯罪记录仅限于成年人,未成年人的犯罪记录则受到法律的特殊保护,不允许对外公开。1992 年之前,少年法庭的判决并不储存在联邦调查局的国家犯罪信息中心数据库。[6]即便存在众多的犯罪信息数据库及查询路径,也无法获

---

[1] 参见冯军主编:《比较刑法研究》,中国人民大学出版社 2007 年版,第 432—433 页。

[2] 参见[美]詹姆斯·杰克布斯、塔玛拉·克莱皮特:《犯罪记录范围、用途和可获得性的扩张》,徐翠翠、岳蓓玲译,载《刑法论丛》2009 年第 3 期,第 364 页。

[3] Caitlin Dickson, Federal Sex Offender Registry Rules would Create a Curious Exception to the Juvenile Justice Secrecy Model, *The News Media & The Law*, Summer 2009, Vol. 33, No. 3, p. 7.

[4] Andrea Papagianis, The Public's Right to Know up Against a Person's Right to a Second Chance, *The News Media & The Law*, Spring 2012, p. 21.

[5] RCFP: Capital Secrets ... 200 Cases in D. C. Entirely Sealed, *The News Media & The Law*, Summer 2004, p. 25.

[6] 参见[美]詹姆斯·杰克布斯、塔玛拉·克莱皮特:《犯罪记录范围、用途和可获得性的扩张》,徐翠翠、岳蓓玲译,载《刑法论丛》2009 年第 3 期,第 369 页。

得未成年人的犯罪记录。1992年,联邦调查局修改了应当录入犯罪信息中心数据库的信息范围,允许载入未成年人犯罪历史记录,但这些犯罪记录限于"严重或重大的少年犯罪记录"。[1] 2006年9月,联邦调查局提出将未成年的轻微犯罪信息也纳入犯罪信息中心数据库,但该项提议仍未生效[2],目前犯罪信息中心数据库中仅纳入违法犯罪未成年人的严重或重大的犯罪信息。因此,对于未成年人的前科信息是难以查询的。

但是一旦记者在公开的场合获得了未成年人犯罪记录,则允许实名报道。密西西比州最高法院在1998年的一次判决中也阐述了对已经公开的未成年人犯罪记录可以报道的立场。判决指出:霍林沃斯(Holling worth)在未成年时"被控制作大麻、盗窃重罪,盗车、非法持有酒精以及其他一些罪名",这一没有公开的犯罪记录因为成年时一次新的审判而在法庭上公开,那么出席审判的所有人都享有进一步传播该信息的权利。[3]因此对未成年人犯罪后的实名报道也是很普遍的。

(二)欧盟国家等:禁止实名报道涉罪人员前科

在欧洲,欧洲委员会的部长委员会第R(2003)13号建议案《在刑事诉讼程序中通过媒体公开信息的建议案》"原则18——媒体报道法院判决结束后的情况"规定:"为了不妨碍那些已在服刑的罪犯重新融入社会,公约第8条规定的保护隐私的权利应包括保护这些人在法院判决结束后与其先前罪行有关的身份的权利,除非他们已明确同意公开其身份或他们之前的罪行也是公众再次关注的对象或已成为公众关注的对象。"建议案在"原则18"的说明中还规定:"司法公正管理的一部分应当是允许那些已服刑人员重新融入社会。在法院判决结束后,关于案例和囚犯的媒体报道可能会损害这一群体的利益。因此,原则18建议根据《欧洲人权公约》第8条规定的保护隐私的权利,将这些人的身份和他们以前的罪行视为隐私。除非他们和他们之前的罪行成为或已经成为公众关注的焦点——仅仅因为其是惯犯还不够——服刑人员及其罪行可能是公众所关注的,如果这些人再次触犯刑法或他们之前的罪行是无追诉期限的犯罪,例如反人类罪和种

---

[1] "将未成年人记录纳入联邦犯罪历史记信息系统的授权",联邦规则第57章第31、315条。

[2] "非严重犯罪身份记录的纳入",联邦规则第71章第52、303条。

[3] Jeffries v. State of Mississippi, 724 So. 2d 897(Miss. Sup. Ct. ,1998).

族灭绝罪，就是由 1974 年《反人类罪和战争罪不适用法定时效的欧洲公约》来规定的无追诉期限的犯罪。”

所以，与前述判决前报道中的不明确禁止实名报道不同，该建议案将已经判决的犯罪人的姓名和身份视为隐私，但有两种情况例外：一是“之前的罪行成为或已经成为公众关注的焦点”；二是有不受追诉期限限制的严重犯罪的人。

从实践运行的情况来看，欧盟司法委员会在其出具的 2011—2012 年《欧洲各国司法—媒体—社会关系报告》调查的结论中指出：除了英格兰和威尔士外，几乎所有的国家都会把裁判文书中的个人信息隐去之后再在网上公开。裁判文书对隐去个人信息的方式也是多种多样的，一些国家仅公开涉罪人员的姓氏，一些国家则以英文字母代替涉罪人员的姓名。[1]欧盟司法委员会认为隐去裁判文书中作为非法律职业人士的当事人的姓名，比如刑事案件中的被告人，以保护其隐私是非常重要的，并建议法院制定隐去裁判文书个人信息的工作指南，同时开发一套能快速隐去裁判文书中当事人身份信息的软件。

由上可知，欧盟很多国家对有犯罪前科的人的犯罪记录是不允许报道的，体现了这些国家对犯罪人回归社会、免受社会歧视的重视。

三、各国媒体报道涉罪人员姓名规则的特点

基于对新闻自由和涉罪人员司法人权的同等重视，西方很多国家早就发现了二者存在的冲突，并且在实践中逐渐确立了规范刑事案件报道的机制，以平衡新闻自由和司法人权。通过对前述各国规则的介绍，我们可以总结出各国媒体报道刑事案件涉罪人员姓名规则的一些共同特点。

（一）判决前原则上允许报道被追诉人姓名

国际准则中，欧洲委员会的部长委员会“建议案”建议，对被追诉人的隐私进行保护，但建议书是否建议了对被追诉人进行匿名报道并不明确。

---

〔1〕 参见欧洲司法委员会联盟（2011—2012 年）：《欧洲各国司法—媒体—社会关系报告》，夏南、林娜编译，《人民法院报》2013 年 5 月 31 日，第 5 版。

英、美、法、德四国中,除对未成年人给予特殊保护以外,都没有绝对禁止报道判决前犯罪嫌疑人、被告人的姓名。在英国,2010 年以前禁止报道公开被追诉人姓名,但是 2010 年以后发生了变化,不禁止报道被追诉人姓名。在美国,判决前对涉罪人员的实名报道是允许的;在法国,并不禁止媒体公开涉罪人员姓名,但是公开涉罪人员姓名不得妨害无罪推定原则;在德国,为了公众利益或者涉及重大犯罪,媒体报道可以公布被追诉人姓名。

与国内很多人评论认为判决前应当遵循无罪推定原则,不应当公开涉罪人员姓名不同的是,目前,世界各国几乎没有一个国家以禁止公开涉罪人员姓名为原则。在各国关于媒体报道涉罪人员姓名的规则中,要么完全允许公开涉罪人员姓名;要么允许在一定条件下公开涉罪人员姓名。域外规则体现了这样一个大趋势:涉罪人员判决前的匿名利益,应当让位于公共利益和新闻自由。而英国这个在媒体与司法关系上长期主张司法利益至上的国家〔1〕也发生了重大的变化。前文所提到的有些人认为域外在刑事案件报道中一般要隐匿涉罪人员姓名的说法,是一种极大的误解,有必要澄清。

(二)对未成年涉罪人员的报道作了特殊规定

未成年人的生理和心理都还未成熟,承受能力相对成年人较为薄弱,故被视为社会弱势群体,需要法律予以特殊保护。因此,除美国以外,针对未成年人身心尚未发育健全,需要给予人道关怀和保护的特殊情况,各国都对未成年涉罪人员的报道规则作了有别于成年涉罪人员的特殊规定。

美国之所以是一个例外,是因为美国极力推崇新闻自由,其中,新闻自由的一部分就包括媒体以实名的形式全面报道任何人的刑事案件。美国对于未成年涉罪人员的报道,无论是对其侦查、起诉、审判的程序,还是犯罪后已经公开的犯罪记录,都允许报道。正如美国联邦最高法院在《全球新闻报》一案中的阐释:"信息获知权在司法程序的运转过程中扮演着一个有特别意义的角色,因为公众信息获知权不但可以增强真相发现过程的质量并保护其完整性,这对被告和作为一个整体的社会而言都是有益的,它

---

〔1〕 有人将媒体与司法关系的处理模式分为三种:司法利益至上模式(英国),媒体利益至上模式(美国),个人利益至上模式(大陆法系国家),参见 Giorgio Resta, Trying Cases in the Media: A Comparative Overview, 71 *Law & Contemp. Probs.* p. 31。

还可以形成一个公正的外观，从而增加公众对司法程序的尊重。”[1]在刑事案件中，美国媒体会全面报道犯罪嫌疑人的各种信息，然后让公众自己判断。

但是，即使在对未成年涉罪人员的报道作了特殊规定的国家，对未成年涉罪人员姓名不公开也不是绝对的。英国确立了“公共利益优先”于未成年人利益的原则。英国报业投诉委员会制定的行业准则中将公共利益归纳为，包括但不限于：(1)查明或揭露罪行或严重不法行为；(2)保护公众的健康和安全；(3)防止误导公众的行为以及某个人或组织的声明；且在涉及16岁以下儿童的案件，编辑必须证明存在特殊的、超越通常为最高利益的儿童利益的公共利益。[2]在加拿大，刑事侦查阶段，一般不得公开未成年犯罪嫌疑人的姓名及身份信息，但是如果未成年犯罪嫌疑人涉嫌实施暴力犯罪，在逃匿且他人有理由相信会对其安全构成威胁的情况下，媒体就可以报道未成年犯罪嫌疑人的姓名。加拿大《青少年刑事法》第110条第4款规定，在青少年已经实施犯罪并有充分理由相信对他人构成威胁时，媒体可暂时对其身份进行报道。但这一规定有明确的时间限制，一般为5天。[3]5天期限过了之后，即使其未被逮捕归案，媒体也不能再报道未成年犯罪嫌疑人的姓名。在审判阶段，除了以“成年人身份”受审的情况外，禁止媒体报道未成年被告人的姓名。加拿大《青少年刑事法》第110条规定：“任何人不得公开青少年被告人姓名，也不得以其他方式暗示其身份信息。”如果该被告人涉嫌暴力犯罪[4]，公诉人可以向法院申请以“成年人身份”起诉未成年被告人；而且，即使法院驳回其申请，媒体仍然可以自由报道未成年被告人的姓名。但同时，法院也可根据实际情况发布指令，要求媒体不得报道未成年被告人的姓名。还需要注意一点，如果公诉人在庭审过程中，提出不以“成年人身份”提起公诉时，法院会要求媒体停止报道未成年被告人的姓名。

---

[1] [美]伟恩·R. 拉费弗等：《刑事诉讼法》(下册)，卞建林等译，中国政法大学出版社2003年版，第1174页。

[2] Newspaper and Magazine Publishing in the U. K. Editors' Code of Practice, http://www.pcc.org.uk/assets/696/Code_of_Practice_2012_A4.pdf.

[3] 参见张来霞：《加拿大不列颠哥伦比亚省媒体报道司法指南》，《人民法院报》2014年1月17日，第5、6版。

[4] 未成年人暴力犯罪指年满14周岁的青少年实施的一级谋杀、二级谋杀、杀人未遂、过失杀人、性侵害或其他犯罪行为。青少年被告人涉嫌暴力犯罪，应负与成年人相同的刑事责任。

(三)对涉罪的公众人物允许实名报道

英国普通法并未区分国家工作人员、大众媒体与一般公民或法人在诽谤诉讼主体和责任承担上的不同,而是认为他们应当遵循统一的诽谤认定原则、法律责任以及抗辩事由,因为其认为言论自由的宽严限度不应当以言论主体的身份作为区别标准,而应当给予平等保护。[1]

在美国,由于没有限制对涉罪人员的实名报道,因此其并没有确立对公众人物的涉罪报道的特殊原则。[2]在法国,“如果媒体公布了犯罪嫌疑人的身份,言论自由就与个人的隐私和匿名利益相冲突。公布的事实是真实的,但这个事实是个人所不愿公开的。如果涉嫌的犯罪本身很严重或者犯罪嫌疑人是公众人物,那么公众的知情权就优先于嫌疑人的匿名利益。”[3]

审前程序匿名报道犯罪嫌疑人姓名的问题在德国、奥地利、瑞士已经受到广泛讨论并且在诉讼中也已经出现。这些国家的法律体系依赖于这样一个前提假设:嫌疑人身份的公开在本质上并不属于公共利益,如果能够证明社会获得这些信息是一种特殊的利益所在,那么公布这些信息则可能被视为是合法的。例如,像这些的情况:(1)涉嫌的犯罪本身比较严重;(2)被告是公众人物;(3)犯罪嫌疑人的身份已经为公众知晓。[4]德国《新闻业准则》第8条第2款规定:“在涉及名人或者特殊环境案件中,公布他们的姓名也许会证明是合理的。”

除了英国强调“平等对待”以外,世界各国对于公众人物、公职人员、名人、身份已经为公众知晓的人,对其涉罪情况进行传播是被允许的。

(四)对不当报道规定了民事和刑事两种责任

在英国,1981年的《藐视法庭法》对那些产生“严重风险使审判程序受到严重阻碍或损害”的报道宣传采取严格责任制。藐视法庭罪的存在常常

〔1〕 Michael Bohlander, Open Justice or Open Season? Should the Media Report the Name of Suspects and Defendants?, *The Journal of Criminal Law*, August 2010, pp. 321-338.

〔2〕 WPFC: IT'S A CRIME: How Insult Laws Stifle Press Freedom, http://www.wpfc.org/index.php? q=publication_list, 1 April, 2007.

〔3〕 Michael Bohlander, Open Justice or Open Season? Should the Media Report the Name of Suspects and Defendants?, *The Journal of Criminal Law*, August 2010, pp. 321-338.

〔4〕 Giorgio Resta, Trying Cases in the Media: A Comparative Overview, 71 *Law & Contemp. Probs.* p. 31.

被视为英美法系典型的特征之一。然而，这并不排斥民事司法领域的补偿措施。

在法国，同样能够发现旨在维护程序公正的法律条款和作为法定争端解决场所的法院的作用。1958 年的法国《刑法典》第 227 条（1994 年新《刑法典》第 434 条第 16 款废止并替代该款）规定，“禁止在司法裁判公布之前发表可能会对证人作证或者司法调查机构或是审判法院的裁定产生压力的评论”，违者处以罚款或监禁。然而，替代条款却是一个形同虚设的条文，实践中找不到这样的先例。在德国，一个想要采用“新闻出版藐视”规则的法案实际上在 1962 年才被提出，但是从未获得通过。所以，尽管法国模式有自身的价值，但是大多数大陆法系国家一直拒绝采用刑事惩罚规则。[1]

在大多数欧洲大陆国家的法律体系中，这些规定之外还有旨在增进审判参加者隐私、尊严和名誉利益的私法救济途径，即民事责任措施作为补充。欧洲大陆国家的法律系统很早就形成了一系列明确的规则和理论，旨在保护个人权利免受非国家工作人员的干预，诸如禁止令、纠正令以及损害赔偿之类通常由民法典或是特别法律规定的救济措施。[2] 1993 年法国《民法典》的修订基于加强对《刑事诉讼法典》和一般个人权利规定中的无罪推定原则的保护（2000 版第 516 条修订），规定了针对防害无罪推定的情况可以通过赔偿、纠正令、责令向新闻界发布公告等手段承担民事责任。

四、对我国报道涉罪人员姓名规则的启示

我国法律虽然没有明确规定媒体在报道涉罪人员时应实名或是匿名，但是从法律规定的案件信息公开规则中可以看出我国法律法规对该问题的立场。

在侦查阶段是否可以实名报道犯罪嫌疑人，我国刑事诉讼法并没有明确规定。但 2012 年 10 月公安部印发的《公安机关执法公开规定》第 9 条规定：“公安机关应当向社会公开涉及公共利益、社会高度关注的重大案事件调查进展和处理结果，以及公安机关开展打击整治违法犯罪活动的重大决策。”该条虽然没有说明公安机关是否可以报道嫌疑人姓名，但在涉及该

---

〔1〕 Giorgio Resta, Trying Cases in the Media: A Comparative Overview, 71 *Law & Contemp. Probs.* p. 31.

〔2〕 Giorgio Resta, Trying Cases in the Media: A Comparative Overview, 71 *Law & Contemp. Probs.* p. 31.

类案件的司法实践中,公安机关是会公布犯罪嫌疑人姓名的。

进入审判阶段以后,法院会在公开审判前公布被告人的姓名。我国2012年刑事诉讼法第183条规定:人民法院审判第一审案件除有关国家秘密或者个人隐私的案件外,都应当公开进行。第182条规定:公开审判的案件,应当在开庭3日以前公布被告人姓名等信息。

在审判结束以后,除婚姻家庭、继承纠纷等案件外,原则上可以公开涉罪人员的姓名。如2013年《最高人民法院关于人民法院在互联网公布裁判文书的规定》第6条规定:"人民法院在互联网公布裁判文书时,应当保留当事人的姓名或者名称等真实信息,但必须采取符号替代方式对下列当事人及诉讼参与人的姓名进行匿名处理:(一)婚姻家庭、继承纠纷案件中的当事人及法定代理人;(二)刑事案件中被害人及其法定代理人、证人、鉴定人;(三)被判处三年有期徒刑以下刑罚以及免予刑事处罚,且不属于累犯或惯犯的被告人。"

与成年涉罪人员所不同的是,对未成年人犯罪,我国立法明确禁止在报道中披露该未成年人的姓名。如预防未成年人犯罪法第45条第3款规定:"对未成年人犯罪案件,新闻报道、影视节目、公开出版物不得披露该未成年人的姓名、住所、照片及可能推断出该未成年人的资料。"未成年人保护法第58条也有类似规定。同时,我国2012年刑事诉讼法第275条规定:"犯罪的时候不满十八周岁,被判处五年有期徒刑以下刑罚的,应当对相关犯罪记录予以封存。犯罪记录被封存的,不得向任何单位和个人提供,但司法机关为办案需要或者有关单位根据国家规定进行查询的除外。依法进行查询的单位,应当对被封存的犯罪记录的情况予以保密。"为了保护未成年人的身心健康,我国法律对媒体的报道方式、范围、手段均作出了严格的限制,在刑事案件的任何阶段都不允许媒体报道未成年犯罪嫌疑人的姓名。在审判后,对于一些轻罪的未成年罪犯的犯罪记录予以封存,当然更不会允许实名报道。

综上分析,在我国,除未成年人案件之外,在整体上允许媒体对成年涉罪人员进行实名报道。在此,笔者结合国际规则和域外经验,对我国报道涉罪人员姓名隐匿规则提出如下评价与建议。

(一)涉罪人员姓名"以公开为原则"的实践值得肯定

如前所述,判决前公开涉罪人员姓名是世界各国的趋势,在我国的新

闻实践中,报道涉罪人员姓名是常态,体现了"以公开为原则",这一做法值得肯定,理由如下:

首先,对涉罪人员的姓名予以公开是人民知情权、司法监督权的基本要求。国际非政府组织"第19条组织"在《公众的知情权:信息自由立法的原则》中提出了一套原则,确立了信息权立法的最佳实践标准,其中第1条原则就是最大限度公开原则。该原则要求:"信息自由权立法必须以最大限度公开原则为指导。正如前文所示,最大限度公开原则也许直接出自对信息权的基本保障。这一原则概括了信息权的核心意义。在众多的国家法中,这一观点都被明确地陈述为一个目标。最大限度公开原则意味着信息权的范畴必须广泛,既关系到相关信息和机构的范围和种类,也关系到可能提出维权要求的个人。"[1]

执法、司法机关在刑事诉讼中同样应当遵守"最大限度公开原则"。而公开刑事案件信息中最重要的信息应当是案件的被追诉人,正如2010年1月27日《卫报》新闻传媒有限公司诉穆罕默德·艾哈迈德·贾巴尔(Guardian News and Media Ltd. v. Mohammed Ahmed Jabar)一案判决理由所说:

> 姓名中包含什么内容?出版界将会回答"许多"。因为人物身份明确的新闻比人物身份不明的新闻对读者有更多的吸引力。这就是人性。……报道一件轰动一时而没有揭示被告人身份的审判将是一次不知来源的审判。如果报社选择对此禁止令不予质疑,他们将很难对庭审作出重要报道。当然,读者兴趣会减少,编辑们的兴趣也会相应减少。[2]

也就是说,没有真实姓名的审判就如讲故事,不能满足公众的知情权。公众将无法判断新闻的真实性,从而减少公众对此类事件的兴趣,相应的也会减少媒体对刑事案件的报道,最终导致无法实现对执法、司法的监督。

其次,不能夸大实名报道对被追诉人无罪推定权利的消极影响。无罪推定也并非无罪认定,只要不是宣传某人有罪,仅仅公开姓名就认为会造

[1] [加]托比·曼德尔:《信息自由:多国法律比较》,龚文庠等译,社会科学文献出版社2011年版,第41页。

[2] [2010]UKSC 1,[2010] 2 WLR 325.

成有罪推定,是没有科学和法律依据的。更何况,被追诉人一旦在判决中确认是无罪的,也能够通过媒体的宣传予以公开,让公众了解其最终无罪的结果,对以前报道中的犯罪嫌疑予以澄清。而且,我国的审判模式决定了我国的无罪判决率,被追诉人最终一般是有罪的,对涉罪人员犯罪嫌疑情况的报道影响面极小。[1]

再次,报道涉罪人员姓名对我国公正审判的影响极小。我国的司法体制和大陆法系国家相似,即法官是由专业人士组成,在实际办案过程中,媒体言论和公众舆论对审判独立构成的威胁并不大。我国没有进行陪审团审判,专业的法官可以冷静地防止媒体对案件的影响;对被追诉人的报道和所谓舆论审判,法官有自己的判断能力。

最后,现代社会禁止报道涉罪人员姓名在技术上很难实现。英国2010年的改革,适用了时代的需要。1997年12月在英国发生了一件尤其滑稽的事情,英国大检察官寻求并获得了一个法庭禁令,在内阁成员杰克·斯特拉17岁的儿子因毒品案被捕后,禁止报道杰克和他儿子的名字。但禁止报道的禁令很轻易地被网络报道所攻破,一家报纸宣称:"限制报道已经被互联网推翻。"[2]现代自媒体的发展,使每一个人都可以通过自媒体发出声音。所以,在这样的情况下,对公众关注的案件让所有的人小心翼翼地不去提涉罪人员的名字,这在逻辑上是不可能的,也是没有意义的。

审判后,媒体对涉罪人员进行实名报道,可以实现公众对涉罪人员刑罚的执行情况进行监督。我国涉罪人员的刑罚过程,涉及减刑、假释、保外就医等问题,这一阶段也需要公众的监督。如果媒体对涉罪人员进行匿名报道,公众就难以监督涉罪人员刑罚的执行情况。中共十八届三中全会审议通过的《中共中央关于全面深化改革若干重大问题的决定》中,要求严格规范减刑、假释、保外就医程序,强化监督制度,审判后实名报道涉罪人员可以加强和规范对其刑罚执行的监督。因此,对于审判后的情况,除非是我国2012年刑事诉讼法第275条规定的未成年人轻罪(5年有期徒刑以下)而被封存了犯罪记录的,或者存在涉罪人员以外的原因(如国家秘密、

---

〔1〕 2000年我国法院无罪判决率为1.02%,2005年无罪判决率骤降至0.26%,而在2010年无罪判决率更是仅有0.10%。参见王禄生:《极低无罪率背后的四大真相》,http://www.21ccom.net/articles/zgyj/fzyj/article_2012112271548.html,访问时间:2014年8月27日。

〔2〕 Loretta S. Yuan, Gag Orders and the Ultimate Sanction, *Loyola of Los Angeles Entertainment Law Journal*, International Rights of Publicity, 1998, p. 629.

被害人隐私等)，其他的犯罪前科情况应当可以公开，媒体可以报道有犯罪记录的人的姓名。

(二)禁止报道未成年涉罪人员姓名，但不能过于绝对

我国未成年人保护法与预防未成年人犯罪法对未成年涉罪人员“不得披露该未成年人的姓名、住所、照片及可能推断出该未成年人的资料”的规定过于绝对。“未成年人的利益固然是重要的，但是，它是压倒一切的吗？真的可以在任何情况下压倒一切其他程序公正的标准吗？这是我们必须面对的问题，因为未成年人犯罪仍然是一种犯罪，所有的犯罪嫌疑人都有人权，有些是底线人权，如不能被刑讯逼供，但大部分基本人权是与打击犯罪之间平衡的结果，如特殊紧急的情况下是否应当给予犯罪嫌疑人沉默权就是如此。”[1]在未成年涉罪人员报道的问题上，未成年人的利益显然不能是压倒一切利益，也必须与其他利益，如社会秩序、公众知情权、未成年人自身利益等各方面进行全面平衡。

我国2012年刑事诉讼法第275条规定：“犯罪的时候不满十八周岁，被判处五年有期徒刑以下刑罚的，应当对相关犯罪记录予以封存。”可见，我国对未成年人所实施的严重犯罪的前科记录并不进行封存。因此，未成年人保护法第58条的规定过于绝对，对于未成年人犯罪一般不能公开报道其实名，但是对于涉及严重犯罪或者因为其他重大公共利益需要的应当除外。

(三)允许实名报道涉罪公众人物的做法应当坚持

在新闻实践中，我国对涉罪公众人物的报道实际上是开放的，坚持了实名报道的原则，这一做法可以继续在相关法律法规中予以肯定和确认。

尽管对公众人物定义和分类有所不同，但对公众人物的个人权利保护予以适当的弱化或限制是有根据的。正如贺卫方教授所言：“一个人选择成为公众人物，他就必须付出一定的代价，那就是在涉及他的事项上，天平需要偏向言论自由(公共利益)。只有保持这样小的不平衡，才能够获得整

〔1〕 高一飞、周敬敏：《美国少年司法面临的挑战》，《青少年犯罪问题》2012年第6期，第97—103页。

个社会的大平衡。”[1]公众人物比普通公众拥有更多的社会资源、获得更多的机会和利益，为了实现社会的公平与正义，达到利益的平衡，应当比普通公众承担更多的社会责任，接受媒体和公众的监督。尤其是政治型公众人物，拥有管理国家、管理公共事务的权力，其经历、品德、性格乃至家庭、财产状况等个人情况都与“公共利益”密切相关，其个人权利必须有所限制。

对于国家公职人员和公共机构的工作人员这类特殊的公众人物的涉罪报道，还体现了公民对公共权力的监督权。我国1982年宪法第41条规定，公民对于任何国家机关和国家工作人员有批评权、建议权、检举权、控告权、申诉权，这些权利可以统称为“政治监督权”。特别是其中的批评权，可以是针对任何国家机关和国家工作人员以及他们的违法犯罪行为。但是发现犯罪行为有一个过程，审理和定罪也需要一个过程，媒体对自己怀疑的行为有公开报道的权利，这样才能敦促政法机关打击犯罪；在案件审理过程中，对审理是否公正，公民也有批评权、建议权，还有对被追诉人的检举权、控告权，这都需要媒体对涉罪公职人员进行实名报道才能发挥作用。

当然，出现对公众人物涉罪情况的错误报道时，当事人自己可以通过民事诉讼方式维护自身合法权益、挽回名誉损失。

（四）谨慎确定不当报道涉罪人员姓名的行为责任

我国2007年开始施行的未成年人保护法和1999年开始施行的预防未成年人犯罪法已经明确规定，在未成年人犯罪案件中，禁止媒体报道未成年人的姓名等身份信息，但却没有对违反法律规定的报道行为应当如何处置作出具体规定。我国新闻媒体行业的自律性规范只能体现在新闻工作者协会于1997年修订的《中国新闻工作者职业道德准则》中，而且该项规定大多是原则性的，没有相应的处罚制度，所以其只具有指导性而不具有强制力。当然，对于成年涉罪人员的报道如果是错误的，媒体也应当承担相应的责任。因此，对于不当公开未成年涉罪人员姓名，对于成年人的错误、不实的涉罪报道，存在追究媒体和记者责任的问题。

---

〔1〕 转引自郭国松：《“公众人物”的隐私不受保护》，《南方周末》2003年1月9日。

应当看到，世界各国对媒体违反规定报道涉罪人员姓名（且妨害了无罪推定）的行为规定刑事处罚的国家只有法国，而且在实践中也从来没有使用过，形同虚设。不当公开涉罪人员姓名整体上社会危害性不大，不需要刑法进行调整。所以，我们不主张对不当公开涉罪人员姓名设置刑事责任，可以设置民事责任、行政处罚、行业内部处罚三位一体的责任体系。

在民事责任方面，可以按照两种侵权行为追究责任：一是在判决前有罪推定的报道事后证明是错误的，可以按照侵害名誉的行为追究民事责任；二是对于未成年人依法被封存的犯罪记录予以公开报道的，按照侵犯隐私的行为追究相关责任。而这两类责任在民法领域已经有很成熟的规则，只需要我们在相关法律中对不当公开涉罪人员姓名的性质予以确认即可。

在行政处罚方面，可以对不当公开涉罪人员姓名的相关管理人员和媒体人员，在相应的行政法规中设置行政处罚。但应当注意的是，对媒体及其从业人员的行政处罚设置应当谨慎，因为新闻自由是社会的重要价值，对其信息传播的限制要特别慎重。

另外，可以通过新闻行业协会规定一些内部处罚规则，包括：要求相关媒体停止公开涉罪人员姓名；对于已经公开涉罪人员姓名的可以要求作出平衡报道；对于严重违背职业道德的可以予以通报；建议媒体内部进行处分甚至开除相关从业人员；也可以建议相关行政管理机构进行行政处罚。

第十章

网络实名制对言论自由的限制及其方式

信息技术的快速发展,深刻地改变着这个世界,影响着人们的生活和交流方式。据中国互联网络信息中心最新统计数据显示:截至 2015 年 6 月,我国网民规模达 6.68 亿人,互联网普及率为 48.8%。[1]庞大的网民数量形成了一个虚拟的、开放的网络世界。网民可以在此畅所欲言,充分地表达自己的意见。但同时我们要认识到,虚拟、开放的网络世界并不是法外之地,不代表可以为所欲为,它同样要受到有关互联网规则和秩序的约束。

为了达成以上目的,对互联网实施有效监管,2015 年 2 月 4 日,国家互联网信息办公室制定了《互联网用户账号名称管理规定》,提出要全面推行网络实名制。应当承认,这对于规范我国的网络秩序,治理网络空间意义重大。但我国的网络实名制还处于起步阶段,相关的制度还很不完善,有很大的提升空间,也有进一步研究的价值。

一、网络实名制及其对传统匿名表达权的限制

(一)网络实名制的含义

网络实名制(Real Name System on the Internet),是指将网络使用者的身份与其真实姓名、身份证号等信息相对应联系的一种制度,是管理网络

---

〔1〕 参见中国互联网络信息中心:《第 36 次中国互联网络发展状况统计报告》,http://www.ce.cn/xwzx/gnsz/gdxw/201507/23/t20150723_6022843.shtml,访问时间:2015 年 7 月 24 日。

运行的一种新方式。目前尚无统一定义,主要分为“IP 地址锁定型实名制”和“个人身份对应型实名制”两种。[1]前者是指用户在注册的时候分配固定的 IP,一个客户端对应一个 IP 地址,网络管理者可以通过 IP 追查到具体的人。后者是指网络用户在微博贴吧、公共论坛等平台注册账号时,需提供个人真实身份信息,将账号与现实个人信息绑定。

(二)网络实名制对传统匿名表达权的限制

传统上,匿名表达不仅可以使用假名,而且还无法查找作者真实身份。在没有网络的情况下,作者可以通过邮局邮寄稿件并使用笔名,那样,作者的真实身份就是完全隐匿的,媒体和读者都不会知道。可以这样说,传统上的匿名表达是一种完全意义上的匿名,包括真实身份隐匿和发表时的真实姓名隐匿两个部分。

但网络实名制就大为不同,不可能完全隐匿自己的真实身份。网络实名制要求公民在办理网络地址时登记真实身份信息,以便追查其身份。但在发表信息时,公民却可以使用假名(难以识别的网名),也可以不使用任何名字(我国网络上的习惯是将这种人统称为“游客”),匿名发表信息。这就是我们所说的“后台实名、前台自愿”原则。

在“后台实名、前台自愿”的方式中,网络用户在入网、注册时提供真实的个人信息,而账号名称由用户自拟,可以用真名,也可以用化名外号等。当用不暴露个人身份、特征的名称时,也就是我们所说的匿名方式,由此可见,网络实名制确实是对传统匿名发表权的限制。传统匿名发表权与网络实名制下的匿名发表权可表示如下:

传统匿名发表权 = 真实身份隐匿(当然也可以自愿不隐匿) + 发表时真实姓名隐匿

网络实名制下的匿名发表权 = 真实身份(实名制) + 发表时真实姓名隐匿

当然,实践中实名制下登记的身份与实际使用者不同,如某一个 IP 地

[1] 卢玮:《表达自由权与网络实名制的法律博弈》,《兰州学刊》2012 年第 9 期,第 161 页。

址的计算机被人借用、偷用、冒名使用,则是另外一回事了。

(三)限制传统匿名表达权的正当性考量

网络实名制采取的是"后台实名"的方式,虽然并没有禁止在前台匿名发表或表达,但对传统的匿名表达权确实有一定的限制,但是这种限制法理上的正当性,可以概括为以下三个方面。

1. 自由与秩序需要平衡

言论自由权是公民的一项基本权利,受到国际社会的普遍认可和法律保护。如法国1789年通过的《人权宣言》第11条规定:"自由传达思想和意见是人类最宝贵的权利之一;因此,各个公民都有言论、著述和出版自由。"《公民权利与政治权利国际公约》第19条也有"人人有保持意见不受干预之权利"的规定。我国宪法第35条同样赋予了公民言论自由权。随着科技的发展,言论自由这一概念的外延也在扩展,除包括传统意义上的言论自由外,还包括使用新媒介的网络表达自由。人固然有追求自由的天性,但却没有绝对的自由,人们的生活总会受到秩序和规则的约束,正如卢梭所言:"人是生而自由的,但却无往不在枷锁之中。"同样,公民的自由表达也要有一定的秩序,"与法律永相伴随的基本价值便是社会秩序。"〔1〕

网络实名制,并非要剥夺公民的言论自由,而是要为公民的言论自由提供一个安全有序的网络环境。它通过将网民账号与个人身份信息绑定起来,在一定程度上能够弱化网民的虚拟心理、侥幸心理和随意心理,让网民的心态归于理性和现实。同时,网络实名制可以增强网民的自律意识、责任意识和风险意识。〔2〕如此一来,网络暴力、网络谣言和网络欺诈等违法犯罪行为自然就会随之减少,网络秩序自然也就形成了。

2. 公权力与私权利需要妥协

根据卢梭《社会契约论》中的说法,在契约社会中,国家公权力实际上是每个民众为了某种目的自愿让渡自己部分权利而获得的,也就是说,公权力来源于私权利,是作为私权利的保障而存在的,公权力的行使不能随

〔1〕[英]彼得·斯坦、约翰·香德:《西方社会的法律价值》,王献平译,中国人民公安大学出版社1990年版,第38页。

〔2〕参见吴学安:《网络实名制还有多少路要走》,http://paper.dzwww.com/dzrb/content/20150710/Articel04002MT.htm,访问时间:2015年6月18日。

意侵犯到私权利，否则便是违背了公权力来源的宗旨。公权力是私权利的后盾，即无权力的保障便无从享受权利。[1]因此，为了保护私权利，公权力的介入是必要的，但必须具有正当理由，而且应该严格限定在一定的范围内，比如说，我国宪法第51条规定的“维护国家的、社会的、集体的利益和其他公民的合法自由和权利”。

网络实名制是政府利用公权力实施网络管理的一项制度，而公民的表达自由权本质上是一种私权利。由于网民非理性和网络匿名性的特点，导致网络暴力和网络犯罪日益猖獗，不仅严重损害了国家、集体的利益和公民的合法权益，而且最终会妨害到公民的表达自由，需要国家公权力的适度介入。

3. 网络“公共领域”需要理性

公共领域是当代政治哲学比较热门的话题，德国著名学者哈贝马斯在《公共领域的结构转型》一书中对公共领域进行了系统阐述，并这样定义公共领域：“所谓公共领域，我们首先意指我们的社会生活中的一个领域，某种接近于公众舆论的东西能够在其中形成。向所有公民开放这一点得到了保障。在每一次私人聚会、形成公共团体的谈话中都有一部分公共领域生成……今天，报纸、杂志、广播和电视就是公共领域的媒介。”[2]按照哈贝马斯的这种说法，我们不难发现公共领域的构成要素有三：公众、公共意见或公共舆论、公众媒介或公众场所。网民符合公共领域中的“公众”，具备自愿性和一定规模性的特征。科技的发展，又使网络成为公众赖以表达、传播自己意见并使之对以国家权力为主体的公共权力形成影响、约束乃至监督、控制的媒介和场所，在此场所又形成了对国家权力进行批评与监督的“公共意见”或“公众舆论”。因此，网络可以看作是现代社会特殊的“公共领域”，姑且称之为“网络公共领域”。

网络公共领域中公众舆论的形成必须以公众理性为基础，理性精神应当成为公共领域发表言论的唯一标准。开放、互动、平等的网络世界降低了公众发表言论、讨论公共事务的门槛，同时也不可避免地造成个人话语空间的过分膨胀，失去必要的限制。网络对话的间接性、隐秘性、虚拟性又

---

[1] 参见唐士其：《西方政治思想史》，北京大学出版社2002年版，第125—126页。

[2] 转引自展江：《哈贝马斯的“公共领域”理论与传媒》，《中国青年政治学院学报》2002年第2期，第123页。

极可能使这种过分膨胀的言论朝着非理性的方向发展。古斯塔夫·勒庞曾提出“群体精神统一性的心理学规律”,认为“群体只知道简单而极端的感情,提供给他们的各种意见、想法和信念,他们或者全盘接受,或者一概拒绝,将其视为绝对真理或绝对谬论”。[1]因此,“网络公共领域”要想形成强大的舆论监督力量,首先要做的就是要规范网民自身的行为,引导网民理性表达。

二、我国网络实名制的发展历程与现实意义

我国网络实名制并不是一蹴而就的,从地方到国家,由部分领域到全覆盖,其间也经历了漫长的过程;而且几乎都是在政府的主导下推动的,将地方经验推广至全国范围,实现从网吧、大学 BBS、网络游戏和博客等部分领域到全面覆盖、稳步推进。

我国网络实名制的实践始于 2002 年。根据 2002 年 9 月国务院公布的《互联网上网服务营业场所管理条例》第 23 条“互联网上网服务营业场所经营单位应当对上网消费者的身份证等有效证件进行核对、登记,并记录有关上网信息”的规定,从 2002 年 11 月开始,网吧实行实名认证,所有在网吧上网的客户都要提供身份证进行登记。

2004 年,互联网协会发布《互联网电子邮件服务标准》,提出电子邮件服务商应要求客户提交真实的客户资料。随后,教育部、共青团中央发布了《关于进一步加强高等学校校园网络管理工作的意见》,提出切实抓好校园网站的登记、备案工作,落实用户实名登记制度,要求对高校校园网 BBS 严格实行用户实名注册制度。

2005 年 1 月,信息产业部审议通过了《互联网 IP 地址备案管理办法》,要求境内无论是单位网站还是个人网站,都必须在备案登记时提供详细的基本信息。随后,清华大学水木清华开启了高校 BBS 仅限实名制校内交流的先河。2005 年 7 月,腾讯公司根据深圳公安局发布的《关于开展网络公共信息服务场所清理整治工作的通知》,开展对 QQ 群创建者和管理员的实名登记工作,这一举措意义重大,被看作是拉开了“中国全面推行网络实

---

[1] [法]古斯塔夫·勒庞:《乌合之众:大众心理研究》,冯克利译,中央编译出版社 2015 年版,第 26 页。

名制的序幕”。2005年7月12日，文化部、信息产业部联合发布了《关于网络游戏发展和管理的若干意见》，该意见第12条指出：网络游戏PK类练级游戏（依靠PK来提高级别）应当通过身份证登陆，实行实名游戏制度，拒绝未成年人登陆进入。

2006年10月，信息产业部为加强对博客的管理，提出对博客实行实名制的建议，要求博客用户必须进行后台的实名登记，在网上引起轩然大波。2007年8月，由互联网协会发起的，人民网、新浪、搜狐、网易等14家知名博客服务提供商共同签署的《博客服务自律公约》提出“鼓励博客服务提供者对博客用户实行实名注册，注册信息应当包括用户真实姓名、通信地址、联系电话、邮箱等”。此公约虽然没有提到强制推行博客实名制问题，但对网络实名制的实行起到了推波助澜的作用。

2008年1月，宁夏、甘肃先后推行版主实名制，明确要求跟帖一律先审后发。[1]2月15日，公安部机关报《人民公安报》刊发长文，首次确认要在全国范围内推广版主实名制。2月18日，重庆市成为第四个公开宣布推广版主实名制的省市。2月19日，北京市宣布年底前实现全市网吧上网登记实名制。12月23日，杭州市人大常委会会议审议通过的《杭州市计算机信息网络安全保护管理条例》规定：从2009年5月1日起，在论坛、聊天室、留言板、博客发帖发文和玩网游的要提供有效身份证明。杭州也因此成为全国首个通过地方立法实施“网络实名制”的城市。这些地方网络实名制的举措，表明大范围的网络实名制渐行渐近。

2011年12月16日，北京市人民政府新闻办公室、北京市公安局、北京市通信管理局、北京市互联网信息办公室共同制定的《北京市微博客发展管理若干规定》向社会公布，其第9条规定：“任何组织或者个人注册微博客账号，制作、复制、发布、传播信息内容的，应当使用真实身份信息，不得以虚假、冒用的居民身份信息、企业注册信息、组织机构代码信息进行注册。”此举对规范博客服务管理、维护网络传播秩序起到了重要作用。

2012年，全国人大常委会会议通过了《关于加强网络信息保护的决定》，正式确立国家对公民个人身份及个人电子信息的保护，在事实上将公民网络言论及自身信息纳入国家监管当中。同时规定，“网络服务提供者

---

〔1〕 参见《甘肃宁夏两地推行论坛版主实名制》，http://it.enorth.com.cn/system/2008/01/28/002735451.shtml，访问时间：2015年7月28日。

为用户办理网站接入服务，办理固定电话、移动电话等入网手续，或者为用户提供信息发布服务，应当在与用户签订协议或者确认提供服务时，要求用户提供真实身份信息。”该规定允许有限度的网络实名，间接实现了实名制的全面覆盖。

2014 年 8 月 7 日，国家互联网信息办公室正式发布《即时通信工具公众信息服务发展管理暂行规定》，用 10 条规定来规范以微信为代表的即时通信工具的公众信息服务，简称《微信十条》。《微信十条》明确要求微信用户等即时通信工具服务使用者注册账号必须遵守法律法规，同时必须提供真实姓名，即我们所说的“实名制”，同时还要求通信工具服务提供者严格落实安全管理责任，保护用户信息及公民个人隐私。〔1〕网络实名制已然临近。

2015 年 2 月 4 日，国家互联网信息办公室发布《互联网用户账号名称管理规定》，对在博客、微博、即时通信工具、论坛、贴吧、跟帖评论等互联网信息服务中注册或使用的所有账号的名称、头像和简介，以及互联网信息服务提供者、使用者的行为进行规范，并要求服务使用者在通过真实身份信息认证后注册账号。这标志着网络实名制全面普及时代的到来。

2015 年 6 月，全国人大常委会会议审议了网络安全法（草案），其第 20 条提到：“网络运营者为用户办理网络接入、域名注册服务，办理固定电话、移动电话等入网手续，或者为用户提供信息发布服务，应当在与用户签订协议或者确认提供服务时，要求用户提供真实身份信息。”网络安全法的通过指日可待，如此一来，网络实名制就不再是一项网络管理政策，而是法律的要求。至此，可以说网络实名制已成为我国网络管理的标准配备。

（一）网络实名制在打击网络违法犯罪中的作用

网络具有隐蔽性和跨区域性的特点，犯罪人往往借助网络虚拟身份来实施违法犯罪活动，即使公安机关明确知晓，查证起来也极为困难。原因很简单，就是无法追查网络使用者的真实身份。而网络实名制的实施，一方面要求网络使用者在通过真实身份信息认证后注册账号，网络账号与真实身份一一对应；另一方面还要求网络服务提供商承担保留、提供网络使

〔1〕 参见《网信办发布〈即时通信工具公众信息服务发展管理暂行规定〉》，http://it.people.com.cn/n/2014/0807/c1009-25423686.html，访问时间：2015 年 6 月 7 日。

用者的电子数据的义务，如相关人员的个人信息、网络账号、上网记录等。这样，侦查机关在接到举报、报案线索或自己发现案件事实后，可以运用犯罪分子的注册信息以及 IP 锁定技术，轻松获取犯罪分子的真实身份和大概位置，对犯罪分子和网络犯罪实施精确打击。

（二）网络实名制在引导网络舆情中的作用

2014 年 2 月 27 日，习近平主持召开中央网络安全和信息化领导小组第一次会议并发表重要讲话，强调“做好网上舆论工作是一项长期任务，要创新改进网上宣传，运用网络传播规律……把握好网上舆论引导的时、度、效，使网络空间清朗起来”。

网络舆情通过 BBS 论坛、博客、跟帖及转帖、微博、微信表现出来。以往，发表网络言论不需要实名登记，很多人就冒用社会名人、新闻媒体、党政机关和事业单位等注册账号、散布不实消息，发表不负责任的非理性言论，严重扰乱了社会秩序，损害了国家、社会和其他人的利益。而在网络实名制的政策下，网络使用者要使用真实身份注册个人信息，有关的互联网信息服务提供者也会对网络用户的真实信息和账号名称进行严格审查，用虚假身份或完全隐匿身份发表不实言论的做法也就丧失了生存的土壤。

对于网民散布网络谣言，传播不良信息的，网络警察可以通过网民在即时通信工具注册账号时留下的个人信息快速锁定肇事者，对其进行教育警示，要求其删帖改正或者澄清事实。此外，各地网警还会建立“警示档案”，记录相关人员的违法情况、警示内容以及处理方式等信息。对那些经常发布不实言论、恶意散布负面信息而且严重危害社会秩序的网民，网警部门会限制其特定的网上活动，比如说，禁止他在政府网站留言板留言发帖，注销其贴吧、微博账号等。以上措施也只有在网络实名制施行之后才有可能实施。所以说，网络实名制对规范、引导网络舆情有着重要作用。

（三）网络实名制在保障电子商务安全中的作用

互联网的发展，催生了一种新的经济行为，那就是电子商务。借助互联网的普及，电子商务将方便快捷、低成本的交易形式做到了极致，受到了广大民众的青睐。但虚拟的电子商务世界，网络欺诈、产品质量瑕疵、售后服务质量低下、交易安全等诸多问题充斥其间。究其原因，在于电子商务平台活跃的都是些虚拟、非真实的交易主体。因为他们披着虚拟身份的外衣肆无忌惮地从事网络欺诈、提供不合格产品等违法犯罪活动，电子商务的交易安全很难保障。

网络实名制为虚拟的网络世界提供了一条可以追查网络主体真实身份的途径。根据国家工商总局《网络商品交易及有关服务行为管理暂行办法》的相关规定，自2010年7月1日起，网络商品经营者和网络服务经营者，从事商品交易及有关服务，应当向提供网络交易平台服务的经营者提交姓名、地址等真实身份信息。这样一来，从事电子商务的各经营主体将不能再像以往一样隐匿身份为所欲为；网络服务提供商准确掌握着其真实的身份信息。一旦商家的行为违反法律规定，监管部门可以直接通过追查网络商家注册时所登记的个人信息，掌握其犯罪证据并追究其法律责任。一方面，网络实名制加大了对网上交易违法犯罪行为的威慑性；另一方面，其也为网络或工商监管行政部门有效实施电子商务监管提供了可能。

三、网络实名制立法及管理模式的选择

"网络暴力""网络谣言""人肉搜索"不是我国专有的网络现象，各国都存在这样的问题。世界上许多国家，如英国、美国、韩国等，都推出了网络实名制，意图通过立法、行政管理等方式净化网络空间，维护网络秩序。在我国推行网络实名制的今天，这些发达国家的成功做法都值得我们借鉴，特别是其网络实名制的立法和管理模式的选择。

（一）网络实名制的法律渊源

在英国，网络用户需要实名登记，电信运营商在为用户办理入网手续时，需要登记用户的姓名、住址、E-mail等个人信息。2008年，英国政府出台法律，要求移动用户在国家数据库中注册登记个人信息，新购买手机的用户都要登记包括姓名和地址在内的个人身份信息。为此，英国政府还专门出台了通信数据法案。[1]

---

〔1〕 参见《手机实名之英国：用户需在国家数据库注册信息》，http://www.ccidcom.com/html/yaowen/201008/24-119448.html，访问时间：2010年8月24日。

在美国,用户开通手机网上服务,需要应服务商的要求签订一份合同,提供自己在美国的“社会安全号”,这个“社会安全号”详细记录着用户的所有个人信息,包括姓名、出生年月、性别、住址、电话、电子邮件地址等。

2003 年 2 月 8 日,美国国会会议通过的“不要传我垃圾邮件”注册服务的《联邦反垃圾邮件法案》规定,凡使用虚假身份、虚假回复地址或欺骗性标题等发送垃圾邮件的行为,都属违法。该法案可以看作是美国网络实名制的开始。2006 年,美国参议院会议审议的一项游说改革法案第 220 条第 1 款规定:“拥有 500 个以上读者的博客必须进行实名注册,并且要每个季度向国会作一次报告,否则将面临全面监禁。”〔1〕此外,美国的《计算机安全法案》《公共网络安全法案》等法律对网络实名制也提出了要求。

在德国,从事经营活动的商家,网络邮件、电话和手机等的用户都要进行实名登记。2004 年年初,德国一法院作出裁决,认为进行经营活动的任何商家必须表明其身份,提供商家姓名、地址、联系电话等详细信息,如不提供真实信息,将受到法律追究,其中自然也包括网络商户。〔2〕同年 6 月,德国颁布了《电信法》,该法第 1 条第 111 款明确规定:“以商业目的提供或协助提供电信服务,在分配电话号码或由第三方提供电信连接服务的电话号码时,应采集、存储用户的电话号码、姓名、地址、合同生效期以及自然人的出生日期等信息,固定电话还需要额外提供固线的安装地址。”这一规定要求电话用户进行实名登记。2007 年,德国通过了一项旨在监管互联网的法律,要求邮件服务提供商必须保存每一个邮箱用户的个人身份确认资料,从而开始了德国的网络邮件实名制。另外,根据德国《电信法》等相关法律的规定,侦查机关出于刑事侦查和国家安全的需要,可以要求电信运营商提供能确定用户身份和居留地的数据。为此,电信运营商不得不对手机用户也进行实名登记。

韩国是全球第一个实行网络实名制的国家,于 2002 年开始推行网络实名制,开始只是在一些政府部门实行。2005 年,韩国国会先后制定了《促进信息化基本法》《信息通信基本保护法》等一系列法律,进一步推行网络实名制。根据以上法律的规定,韩国网民必须首先登记和验证真实姓名和

---

〔1〕 田宏伟、孟桂荣:《论我国网络实名制实施面临的问题与对策》,《现代情报》2013 年第 9 期,第 13 页。

〔2〕 参见柴野:《德国:互联网不是自由天地》,《光明日报》2012 年 6 月 13 日,第 8 版。

身份证号码,才能在各个网站留言。2006年7月,韩国国会对《促进信息化基本法》进行了修订,同年年底又通过了《促进利用信息通信网及个人信息保护法》。其后,韩国开始于2008年在全国范围内实施网络实名制,实施范围涉及网络邮箱、网络论坛、网络视频和博客等多个领域。[1]

从各国情况来看,网络实名制的立法具有以下特点。第一,网络实名制立法不是一蹴而就的,是一项长期的工作,需要逐步去完善。比如说韩国,2002年其就开始在部分机构推行网络实名,其后随着立法的逐步完善,于2008年才开始全面推行。第二,多数国家都是通过在电信法、通信法中规定网络实名的问题。第三,各国都十分重视网络安全和用户信息的保护。绝大多数国家针对个人信息的保护和网络安全进行了专门立法。

(二)网络实名制的管理模式

传统上,我们以为网络实名制都是由政府主导并推动实施的,这不完全正确。还有很多国家的网络实名制是由行业组织自发倡导并组织实施的。应当说,两种网络实名制管理模式的区别还是很明显的。

1. 政府管理模式

这种模式下,政府在网络实名制的管理上处于主导地位,以韩国为代表。韩国的网络实名制首先在政府部门网站进行,然后通过立法的方式强制要求国内网站全部实名登记,并由国家的信息通信管理部门负责网络实名的监督和管理。

2. 行业组织管理模式

以美国为代表。美国是一个非常注重保护言论自由的国家,不会轻易制定限制言论自由的法律。所以,美国迄今为止仍没有一部法律强制要求在全国范围内实行网络实名制。即使有,也只是在部分领域或网站才推行。[2]美国有关网络实名的规则主要由该国的行业协会,比如说新闻工作者协会,负责制定实施。英国也是如此,网络实名制主要由互联网服务提供商协会(ISPA)、伦敦网络协会(LINX)及安全网络基金会等民间性质的行业协会通过制定行业行为准则的方式进行监督管理,政府只起到保障和

---

〔1〕 参见魏岳江:《网络实名制各国现状》,《环球采风》2012年第5期,第52页。

〔2〕 参见周永坤:《网络实名制立法评析》(哲学社会科学版),《暨南学报》2013年第2期,第1—7页。

补充的作用。[1]

具体是由政府还是由行业协会来主导网络实名制,各国的情况不同,因此在管理模式的选择上也会有差异。但不可否认的是,无论是采取政府管理型还是行业自律型,政府都在网络管理中扮演着重要角色。我国是一个人口众多、幅员辽阔的大国,行业协会又不发达,由行业组织自行负责网络实名制显然不太现实。因此,我国的网络实名制必须要由政府来主导,事实也正是如此。

(三)网络实名制的实施方式与范围

虽然实行网络实名制的国家众多,但具体到实施的方式和范围上又有很大的差别。有些国家采用直接实名的方式,还有些国家则采用间接实名的方式。网络实名的范围也有很大不同。

从当前世界各国的情况来看,实行网络实名制的国家绝大多数都采用间接实名的方式。用户在办理入网手续时,需要向网络运营商提供姓名、住址、E-mail 等个人信息,或者在购买手机时提供个人资料,然后由售货员将顾客的姓名、身份证号、住址等个人详细信息输入电信运营商的中心数据库,以实名登记的方式间接实现网络实名制。这种只进行实名登记的间接实名做法主要集中在注重保护言论自由的欧美国家。这些国家除采用间接实名的方式外,还对网络实名的范围进行了严格的限制。比如说美国,该国只在"脸谱""谷歌"等少数领域或网站才要求网络实名[2],不过近年来,美国网络实名制的适用范围有扩大趋势。

相比之下,采用直接实名制的国家极少,以韩国为代表。韩国的直接实名制方式采用"后台实名"原则,即用户在网站注册登录时必须使用真实的姓名和身份证号,而在前台发布消息时,可以使用真名,也可以使用化名。[3]其范围相当广泛,涵盖网络邮箱、网络论坛、网络视频和博客等多个领域,要比采用间接实名制国家的实名范围大很多。

我国则更为特殊,采用的是直接实名和间接实名相结合的方式。比如说,工信部 2013 年 6 月通过的《电话用户真实身份信息登记工作方案》提

---

〔1〕 参见李丹林、范丹丹:《论英国网络安全保护和内容规制》,《中国广播》2014 年第 3 期,第 50—54 页。

〔2〕 参见薛国林:《国外微博管理经验借鉴》,《人民论坛》2012 年第 6 期,第 25 页。

〔3〕 参见魏岳江:《网络实名制各国现状》,《环球采风》2012 年第 5 期,第 52 页。

出严格实行“先登记，后服务；不登记，不开通服务”的要求，对手机用户进行身份登记。这是间接实名的方式。而2015年2月国家互联网信息办公室发布的《互联网用户账号名称管理规定》则规定的是直接实名制。该规定第5条指出，互联网信息服务提供者应当按照“后台实名、前台自愿”的原则，要求互联网信息服务使用者通过真实身份信息认证后注册账号。

四、适当限制言论自由背景下网络实名制的实施机制

互联网的管理，方法多样，但其中最有效、最为科学的无疑要数法律。党的十八届四中全会提出要“加强互联网领域立法，完善网络信息服务、网络安全保护、网络社会管理等方面的法律法规，依法规范网络行为”。而当前，我国有关互联网治理的法律法规却呈现出这样一个现状：规范互联网的法律法规层次较低，多为部门规章和规范性文件，效力有限；网络管理部门各自为政，纷纷出台自己的互联网管理办法，导致各部门间执法标准不一；现有立法较为抽象，缺乏可操作性等。我国迫切需要一部专门规范互联网的法律，并对网络实名制进行规定，具体而言如下。

（一）制定专门法律确立网络实名制

目前，我国现存规范网络实名制的规范性文件主要有《即时通信工具公众信息服务发展管理暂行规定》（简称《微信十条》）、《互联网用户账号名称管理规定》（简称《账号十条》）以及《中华人民共和国网络安全法（草案）》。前两个是由国家互联网信息办公室制定的规范性法律文件，效力较低，且规定得都很粗糙，执行起来较为困难。后一个虽然是法律，但尚未通过，还只是草案，况且只有一个条文，也就是第20条提到了网络实名制。

应当看到，网络实名制是一个系统性工程，有其复杂性，没有完善的立法显然是不行的。因此，为了更好地落实网络实名制，规范网络秩序，有必要以国家专门立法的形式就网络实名制的主管部门、管理模式、网络服务提供者的义务、个人信息的收集等进行详细规定。

（二）明确网络实名制的实施主体

按照我国现在的互联网管理体制，各政府部门都有自己负责的领域。

其中,国信办负责落实互联网信息传播方针政策和推动互联网信息传播法制建设;工信部负责拟订实施行业规划、产业政策和标准,协调维护国家信息安全;工商部门负责监督管理网络商品交易及有关服务的行为;公安部门负责监督、管理互联网的安全监察工作与预防、制止和侦查违法犯罪活动。根据《互联网用户账号名称管理规定》第 3 条的规定,国信办负责对全国互联网用户账号名称的注册、使用进行监督管理,即网络实名注册问题由国信办负责。但对于网络实名制具体由哪个部门负责保障实施,不按相关规定进行网络实名登记的行为由哪个部门负责追究等核心问题,该规定都没有提及。各部门间职责不清,严重影响了网络实名制的具体落实。今后,立法要明确规定网络实名制的主管部门及其职责,由其来具体负责网络实名制的组织和实施。

就我国目前的政府权力格局而言,由公安机关来负责网络实名制的具体工作无疑是较为合适的。我国公安部门现已有相当数量的网络警察,其对互联网的管理和运行模式都较为熟悉,可以很好地对网络实名制进行监管,并对相关的违法行为进行处罚。

(三)加大对个人信息权利的保护力度

一直以来,我国的立法或政策都过于强调国家对互联网的治理,却忽视了对公民个人信息和隐私权的保护。2012 年,全国人大常委会制定实施了《关于加强网络信息保护的决定》,提出要加强对网络上个人信息和隐私权的保护。但是对网络上公民个人信息泄露后的责任主体、追责方式、救济途径等只字未提。

相比之下,域外很多国家就十分重视公民个人隐私权的保护。比如说美国,1974 年美国国会通过《隐私权法案》,将隐私权作为一种独立的人格权加以全面保护。1986 年,美国又制定了《电子通信隐私权法案》,禁止任何人未经授权进入、截获及公布个人的电子通信内容。英国则专门制定了《个人数据保护法》,主要涉及个人数据的保护。

网络实名制要求网民在注册网络账号时登记个人真实身份信息,而在虚拟的网络世界中这些信息极有可能被泄露。公民个人信息泄露后,由谁来承担责任、民众可采取何种方式救济等,都需要由法律来明确。因此,我们在网络实名制立法的过程中,除了对网络实名的主体、范围、方式等进行规定外,还要专列一章来规定网络上公民个人信息和隐私权的保护机制。

(四)健全网络实名制的配套机制

我国的网络实名制自2015年2月4日在全国铺开以来,各职能部门相继出台了一些配套实施办法。如2015年8月,我国工信部出台规定,2015年9月1日前,电信企业在通过各类实体营销渠道销售手机卡时,将要求用户出示本人身份证件,并当场在配备的第二代身份证读卡器上进行验证。[1]但这些规定都还很粗陋,不够具体,远远不能适应我国网络实名制复杂的社会现实。我国网络实名制的配套机制还需要在以下几个方面完善:

(1)强化互联网技术手段。网络实名制对网络运营者和管理机构的技术水平都有很高的要求。目前,我国的网络实名制主要依靠公安部的"全国公民身份证号码查询系统",该系统记录了公民的姓名、身份证号码和户籍所在地等信息。但个人信息不限如此,且各领域对网民身份信息的要求也不同。因此,今后我国要实现公民身份认证系统与网站数据库的有效衔接,提高网站运营的后台技术水平,推动不同电子身份认证技术之间的互认。

(2)建立有效的网络安全应急机制。美国是信息技术的发达国家,其在《网络空间安全国家战略》中提出:网络信息安全应急立法至关重要,建设网络信息安全应急响应检测预警机制是保障网络信息安全的最后一道防线。[2]我国目前只有原国家信息产业部制定的《互联网网络安全应急预案》,其内容过于侧重网络信息技术,而对应急管理机构的设置、应急预警机制和法律责任等鲜有提及。但网络安全应急机制确实很重要,应当成为我国网络实名制实施机制完善的一个方向。

(3)明确各方维护网络安全的责任。一方面,监管部门应加大对网络监管的力度,依法打击网络违法犯罪行为,确保互联网和谐有序运行。另一方面,企业也应强化安全职责意识,应把好信息入口关,及时发现、处理不良信息,筑好网络安全的"防火墙"。

---

〔1〕 参见赵晓辉:《9月1日起办手机卡需出示身份证实名认证》,http://money.163.com/15/0808/07/B0FSIE1P00253B0H.html,访问时间:2015年8月10日。

〔2〕 参见罗静:《国外互联网监管方式的比较》,《世界经济与政治论坛》2008年第6期,第117—121页。

（五）明确违反网络实名制的法律责任

在"后台实名，前台自愿"的原则之下，违反网络实名制，即是指不遵守相关法律法规，在用户入网、注册账号时冒名登记、虚假登记或者不登记，致使实际的网络使用者无法确定。但上述三种行为的违法程度不同，在追究相关人员法律责任时应区别对待。

（1）冒名登记。即为达到某种目的，冒用他人的身份，在网络上注册账号，往往是用他人已泄露的个人信息进行登记。这种方式实际上是对公民个人信息的滥用，不仅让网络管理机构难以查证冒名人的真实身份，也会对被冒名人造成不利影响。对冒用他人身份登记的，互联网服务提供者应当注销其账号，并向互联网信息内容主管部门报告。利用冒用登记注册的账号进行网络犯罪的，依法应追究其刑事责任；如果对被冒名人的名誉、隐私等权利构成侵害，依法应承担相应的民事责任。

（2）虚假登记。这种情形下，网络用户往往是利用伪造的身份证件、户口本、护照等，提供虚假的个人信息进行登记注册。用户进行虚假登记，通常是为了隐藏自己的真实身份，在网上进行网络暴力、侮辱诽谤、欺诈等违法犯罪行为。由于虚假登记不涉及第三人，其社会危害程度相比冒名登记要小，对其处罚力度可以轻于冒名登记。另外，网络服务提供者具有对用户个人信息的真实性进行审查的义务，应在其注意义务范围内承担相应的连带责任。

（3）不登记。网络实名制下，网络用户具有提供真实身份信息的义务，网络服务提供者则具有在合理范围内登记用户个人信息的义务，网络服务提供者未按规定要求用户提供真实身份信息的，由主管部门责令改正，由其在规定期限内要求用户提供个人真实身份信息；拒绝改正或者情节严重的，由主管部门对其或者直接负责的主管人员和其他责任人员进行处罚。

附录一

网络时代美国司法对媒体预先限制的反思

媒体与法院之间的关系非常重要。犯罪报道和司法报道是当地新闻机构可以提供给公众的最有用和最受欢迎的内容。甚至，从长期来看，当公众了解了司法系统的程序、判决和限制时，司法系统自身也将获益匪浅。媒体希望刊登或播出关于法庭程序的报道，但是法官或诉讼当事人视媒体为公正审判的一种威胁，试图限制媒体的采访和报道。在美国法律中，媒体与司法之间的矛盾表现为宪法的第一条修正案与第六修正案之间的矛盾。

美国宪法第一修正案规定，“国会不得制定……的法律：剥夺……出版自由”；尽管第一修正案只是具体提到联邦国会，但这条规定现在保护着新闻界不受无论是地方、州还是联邦各级政府的干扰。美国的开国元勋制定了第一修正案，以使他们的新政府区别于英国政府。长期以来，英国政府一直实行新闻检查，并起诉那些敢于批评英国君主的人。正如美国最高法院大法官波特·斯图尔特(Potter Stewart)在1974年的一次演讲中指出的那样，第一修正案的基本宗旨在于“创造一个独立于政府之外的第四个机构，从而对三个官方部门(行政、立法和司法)进行额外的检查”[1]。

美国宪法第六修正案规定了刑事被告人的受公正审判权利。该修正案的部分条款如下：“在所有刑事案件中，被告人有权提出下列要求：要求由罪案发生地之州及区的公正的陪审团予以迅速及公开之审判，并由法律确定其应属何区……”

---

〔1〕 James C. Goodale：《第一条修正案与新闻出版自由》，《交流》2001年第2、3期合刊，http://www.usembassy-china.org.cn/jiaoliu/jl02&0301/amend.html，访问时间：2001年12月1日。

法院判决，公正的陪审团（impartial jury）保障，是指陪审团在审判开始时头脑开放，不带有先入之见，只受到审判过程中依法出示的证据的影响。但是，这并不意味着陪审团预先对案件毫不知情。事实上，陪审团来自“罪案发生地”这一规定意味着，陪审团应当对情况有所了解。简而言之，法律要求，陪审团应当是公正的。宪法第六修正案不仅适用于联邦案件，而且适用于州案件，因为通过宪法第十四修正案的正当程序条款，该条款也适用于州。[1]

宪法第一修正案与第六修正案冲突的两难情形经常发生于报道著名的犯罪案件。无处不在的媒体报道充斥着各种各样指向定罪的信息，这有可能造成法院无法找到或组成一个公正的陪审团。但是，法院是否可以通过预先限制媒体来实现审判公正呢？法院对此是非常慎重的。

言论自由的权利也不是一直都像今天这样包罗万象。但是，无预先制约是言论自由最早的基本含义。威廉·布莱克斯通爵士（Sir William Blackstone）在18世纪中叶撰写著名的《英国法释义》（Commentaries on the Laws of England）时，对言论自由的定义是“无预先制约”（lack of prior restraint）。他的意思是，政府不能够阻止某个人表达或发表他所信仰的观念，但一旦这个人说出的话属于被禁言论，他有可能会受到惩罚。按布莱克斯通的意思，政府虽然无法制止一个人批评政府，但可以在他批评政府之后惩罚他。在17世纪和18世纪，不列颠王国政府起诉了数百起诽谤案，并且经常施以残酷的惩罚。来到北美的英国移民带来了英国的法律，但从早期开始，理论与实践、法律文字与实际应用并不一致。殖民地议会通过了数项言论规定，但无论是皇家总督还是地方法院似乎都没有大力执行。[2]

向媒体发布禁令，限制媒体对案件的报道和评论，是与美国自由理念中“言论自由不能被预先限制”的观念不相符合的，所以在1966年以前的很长时期，美国最高法院并没有同意以发布预先禁止令的方式来限制媒体对司法的报道。

---

〔1〕 参见［美］约翰·D. 泽莱兹尼：《传播法：自由、限制与现代媒介》（第4版），张金玺、赵刚译，清华大学出版社2007年版，第237页。

〔2〕 参见James C. Goodale：《第一条修正案与新闻出版自由》，《交流》2001年第2、3期合刊，http://www.usembassy-china.org.cn/jiaoliu/jl02&0301/amend.html，访问时间：2001年12月1日。

一、自由的传统(1966 年以前):通过事后惩罚限制媒体

美国通过事后惩罚限制媒体言论的法律,较早出现在 1789 年的《司法法》(Judiciary Act)。《司法法》规定,法院对一切侮辱或妨碍司法的言行,得处以罚金或监禁。[1]1791 年,言论自由、新闻出版自由权入宪后,对藐视法庭罪的正当性的质疑声便多了起来。1789 年司法委员会法授予联邦法官"自由裁量权",对所有在法庭听审中的藐视法庭行为处以"罚款或监禁",这被认为是滥用自由裁量权。法官 James Peck 对一个已经"不在法院"(该案件在上诉中)的律师刊登批评法官的文章定为藐视法庭罪。作为回应,美国国会的反应是,1831 年,限制在以下三种情况下承认普通法:(1)任何人在其面前或附近(in its presence or so near thereto as to)阻碍法院管理或者司法审判的不端行为;(2)任何人在法院工作人员职务行为中的不端行为;(3)不服从或抗拒法院合法令状、程序、指令、规则、法令或命令(lawful writ, process, order, rule, decree, or command)的行为。[2]该法令的颁布、施行使藐视法庭罪的适用范围、对象受到了更大的限制。[3]该法令规定,联邦法官仅能即决性地惩罚发生在法庭内的不当言行及"近乎"或"附近的"妨碍司法的不当言行。

这样,媒体言论因为并非法院"附近的"的言行而应当在"藐视法庭罪"内容之外,然而这一法令并没有立即改变出版物屡次被判藐视法庭罪的命运。原因在于:一是该限制只是约束了联邦法院对法庭外发表言论的直接处罚。一般情况下,藐视法庭罪是由法官在不必遵守"控审分离"原则下直接处罚的,对于媒体言论,虽然法院不能直接加以处罚,但是可以通过由检察官提起诉讼并经一定诉讼程序对发表不当言论者施以惩罚;二是 1831 年的这一法令针对的是联邦法院,并不适用于州法院,州法院法官仍然可以对媒体报道评论司法的言论进行处罚。正因为如此,这一权力现在仍然规定在美国法典"法院的权力"条款(18 U. S. C. A. §401)中。不过,2002 年的修正案将处罚条款中的"直接处罚款或者监禁或者同时处以罚款

〔1〕 参见荆知仁:《美国宪法与宪政》,台湾三民书局 1994 年版,第 177—178 页。

〔2〕 Robert J. Pushaw, Jr., The Inherent Powers of Federal Courts and The Structural Constitution, *Iowa Law Review*, March 2001, p. 766.

〔3〕 参见简海燕:《美国司法报道的法律限制》,知识产权出版社 2008 年版,第 134 页。

和监禁”修改为只能“选择处以罚款或者监禁”。[1]

1941年以前，对于媒体言论构成的藐视法庭罪的条件，遵循两个原则：一是“审而未决”（pendency）原则，即在诉讼进行中即案件尚未作出判决前，出版物不得针对法庭和法官进行批评，不得发表未加证实的案情消息；二是“合理倾向”（reasonable tendency）原则，即批评只要具有法官所认定的可能影响司法运作的“合理倾向”，就可加以惩罚。[2]确立该原则的案例是1918年Toledo Newspaper Co. v. U. S案[3]。该案中一家叫作Toledo News Bee的报纸发表文章和讽刺漫画抨击正在审理另一案件的法官。最高法院认为1831年法令中的“near”一词为“近乎”之意，而该报的批评即具有“近乎”妨碍司法的“合理倾向”，构成藐视法庭罪，一审、二审的有罪判决并未抵触宪法第一修正案。此后，尚有一系列的案件表明，被告因为不当评论法院、法官或陪审员而获罪。[4]美国每个州都规定藐视法庭罪，其规范内容大同小异。但是，媒体报道正在诉讼中的案件是否可以违反此种法律来处罚，则涉及人民（媒体）的言论自由权的限制问题。在20世纪五六十年代间，美国联邦最高法院曾先后在四个案件中审核这一问题。[5]

1941年，联邦最高法院通过Nye v. United States[6]一案的判决对“近乎”一词的内涵缩小为仅具有地理上的含义，而不包括因果上的含义。同年著名的Bridge v. California案[7]确立了“明显且即刻的危险”，即只有存在着对正常司法程序的一种“极其严重的”实际恶意并且存在一种“迫在眉睫的”危险情况，适用藐视法庭罪才不失为正当；对媒体报道司法构成藐视法庭罪的条件进行了进一步的限制。

---

[1] 18 U. S. C. A. § 401(June 25,1948,c. 645,62 Stat. 701; Nov. 2,2002,Pub. L. 107-273,Div. B,Title Ⅲ, § 3002(a) (1),116 Stat. 1805).

[2] 参见陈斯喜、刘松山：《冲突与平衡：媒体监督与司法独立》，载信春鹰编：《公法》（第3卷），法律出版社2001年版，第42—70页。

[3] Toledo Newspaper Co. v. U. S. ,247U. S. 402(1918).

[4] Graing v. Hecht, 263 U. S. 255 (1923); United States v. Sanders, 290 Fed. 428; United States v. Sullens,36Fed. 230.

[5] 此四个案件是Bridges v. California,314 U. S. 252,62 S. Cr. 190,86 L. Ed. 192(1941);Pennekamp v. Florida,328 U. S. 331,66 S. Cc. 1029,90 L. Ed. 1295(1946);Craig v. Ilarney,331 U. S. 367,67 S. Ct. 1249,91 L. Ed. 1546(1947)，参见简海燕：《美国司法报道的法律限制》，知识产权出版社2008年版，第134页。

[6] Nye v. U. S. ,313 U. S. 33(1941).

[7] Bridges v. California,314 U. S. 252 (1941).

在实践中,由于出版物言论极少可能构成一种"明显且即刻的危险",因此,自 1941 年以后联邦最高法院一直不允许以藐视法庭罪惩罚媒体。[1]有人指出:"对于媒体向公众通告审判事宜的能力而言,事后刑事惩罚或许和预先约束或司法限制言论令一样危险。"[2]联邦最高法院在 1951 年的"谢泼德案"[Shepherd v. Florida,341 U. S. 50,53(1951)]中,更明确地指出:报纸如果要享受宪法所赋予的自由,就必须不能剥夺被告享受公平审判的权利。

1964 年的《约翰 · F. 肯尼迪遇刺事件总统委员会报告》(Report of the President Commission on the Assassination of President John F. Kennedy)即通常所说的沃伦委员会报告进一步将社会关注引向了新闻报道对司法程序的威胁。该委员会批评媒体大肆报道被指控的刺客李 · 哈维 · 奥斯瓦德(Lee Harvey Oswald),进而怀疑:如果奥斯瓦德在他被捕几天之后没有被杀,那么他能否接受公正的审判呢? 委员会认识到,美国民众,事实上是全世界的民众,都非常想知道关于肯尼迪总统遇刺事件的情况,包括在达拉斯进行的调查的进展。公众的充分知情权保障了有关部门采取足够的行动,逮捕那些对暗杀事件负有责任的人……可是,新闻媒体和公众都无权从警方和检方处同步获得这些机构收集的、对奥斯瓦德不利的证据的细节。毫无疑问,公众想获得这些情况,但是公众好奇心的满足,不应当以牺牲被告人接受公正陪审团的审判的权利为代价。在我们的制度中,对一名被控犯罪的男子进行审判的恰当场所是审判庭,而不是报纸或者电视机屏幕。[3]

因此,到了 20 世纪 60 年代中期,由于美国最高法院和著名的沃伦委员会的推动,法律界形成一种观点,即将司法程序与媒体影响进一步隔绝开来。[4]尽管沃伦委员会意识到了司法程序与媒体影响之间的问题,但是,并没有提出司法直接发布预先命令禁止媒体报道和评论司法的想法,让最

---

〔1〕 参见陈斯喜、刘松山:《冲突与平衡:媒体监督与司法独立》,载信春鹰编:《公法》(第 3 卷),法律出版社 2001 年版,第 42—70 页。

〔2〕 [美]T. 巴顿 · 卡特等:《大众传播法概要》,黄列译,中国社会科学出版社 1997 年版,第 144 页。

〔3〕 Report of the President,Commission on the Assassination of John F. Kennedy,U. S. Government Printing Office,1964,pp. 231-240.

〔4〕 参见[美]约翰 · D. 泽莱兹尼:《传播法:自由、限制与现代媒介》(第 4 版),张金玺、赵刚译,清华大学出版社 2007 年版,第 241 页。

高法院下定决心赋予对媒体的司法缄口令合宪性的案件是 1966 年的谢泼德案。

二、短暂的春秋(1966—1976 年):通过司法缄口令预先限制媒体

对媒体报道以藐视法庭罪进行处罚是一种事后惩罚措施,由于美国对言论自由的尊重,再加上以藐视法庭罪进行处罚的标准的提高,实际上通过对新闻媒体处以藐视法庭罪来限制新闻媒体对刑事案件相关信息的报道与评论也是较为少见的,该罪作为对抗媒体舆论批评的工具实际上已经失去作用,仅保留一个象征性的威慑作用。这是就事后惩罚而言的。但是,除此之外,法院还可以通过颁布预先禁止令(Prior Restraint)来限制媒体报道,这就是对媒体的司法缄口令。

在美国普通法上,广义的司法缄口令有三种形式:(1)针对被告人的缄口令;(2)针对新闻媒体的缄口令;(3)针对诉讼参加人的缄口令,如律师、当事人和证人。当缄口令被遵守时,它能有效地防止个人或集体向公众或潜在的陪审员散布案件信息。〔1〕

缄口令在产生时,首先就是针对被告人的。现代为数不多的针对被告人的缄口令实例发生在 1968 年"芝加哥 8 被告案"(The Chicago Seven Conspiracy Trial,有时也称为"芝加哥 7 被告案"审判,因为其中一名被告被带出法庭了。)。〔2〕在这次审判中,联邦法官下令对 Bobby Seale 进行上枷和禁言,因为他在审判中与另一名被告发生激烈争吵,他被带出法庭暂停参加审判,事后对其进行单独审判。在 1970 年伊利诺伊州诉 Allen 案〔3〕中,法院确认,要求被告禁言或者将其带离法庭,并不违反宪法第六修正案。但是,颁布缄口令、给被告人上枷可能让陪审团对被告人的印象产生重大影响,而且使用这种方法本身就是对司法尊严的一种侮辱,因而使用这种缄口令也应当是谨慎的。

司法缄口令的第二种形式是针对媒体的。美国很早就对媒体可能对

---

〔1〕 Howard D. Hunter, Toward a Better Understanding of the Prior Restraint Doctrine: A Reply to Professor Mayton, 67 *Cornell L. Rev*, 1982 , pp. 283, 288-289 .

〔2〕 Douglas O. Linder, The Chicago Seven Conspiracy Trial, http://www.law.umkc.edu/faculty/projects/ftrials/Chicago7/Account.html,访问时间:2009 年 5 月 6 日。

〔3〕 397 U. S. 337, 90 S. Ct. 1057, 25 L. Ed. 2d 353 (1970).

司法造成的干扰表示关切。在早期,为防止媒体对案件、对法官个人的能力和职业道德进行评论,以减少对法院权威的影响,和英国一样,美国也通过藐视法庭罪惩治媒体对司法的报道和评论,后面的内容将详述。

司法缄口令的第三种形式是针对律师的。由于1976内布拉斯加新闻协会诉斯都特案之后,法院确认对媒体发布缄口令是违宪的,因为其违背了宪法第一修正案所赋予的言论自由,这导致现在很多法官都避免针对新闻媒体而更倾向于针对诉讼参加人,如当事人和他们的律师。法官常常基于律师作为"法庭官员"的地位而对他们在庭内庭外采取更为严厉的规制。另外,最高法院对于诉讼当事人是否可以对媒体发表言论没有解释,所以在最高法院明确解决针对诉讼参加人的缄口令的合宪性之前,法官只能期待这些禁令继续针对律师而不是新闻媒体。法官对律师发布的缄口令,主要是禁止他们与媒体讨论案件的某些方面,例如,谁可能出庭作证、证供可能包括的内容、关于被告是否有罪的推测等。〔1〕发布有关国家秘密和社会安全、当事人个人隐私的信息应当是在当然禁止之列。

对媒体的预先缄口令在普通法上早已有之,其适用情况难以具体考评,而从宪法上确立其合法性则开始于1966年"谢泼德诉马克斯威尔案"〔2〕,该案的判决使限制律师和检察官的言论具有了宪法基础。此案的情况如下所述。

谢泼德于1954年6月4日被指控在自己的位于克里弗兰郊区海湾镇的家里谋杀了他的妻子玛丽莲。在谢泼德被逮捕之前,报纸深入报道了谢泼德拒绝进行测谎测试的情况。当谢泼德被逮捕时,大量的记者和摄影师在市政大会堂等待他的到来。这种蛊惑人心的采访一直持续到审判的时候。在审判期间,一家电视台在法官进入法庭时播放了对法官的采访。那些预备陪审员在预审程序中都被拍了照。所有的证人、律师和陪审员在他们进入和离开法庭的时候都被拍照或者摄像。尽管在法庭开庭期间不允许拍照,谢泼德本人在每次开庭十分钟之前被带进法庭时仍被拍照。在预审程序中,每个陪审员都证实自己曾经在媒体上看到或者听到关于该案的消息。在审判期间,陪审员的照片在克里弗兰的报纸上出现了40次以上。

---

〔1〕 参见陈弘毅:《从英、美、加的一些重要判例看司法与传媒的关系》,载北京大学法学院人权研究中心编:《司法公正与权利保障》,中国法制出版社2001年版,第165页。

〔2〕 Sheppard v. Maxwell, 384 U. S. 333(1966).

其中一个重要的报道是讲述陪审员的家庭生活。在预审的第二天，广播中播放了辩论的实况。在这场辩论中，记者说，谢泼德聘请了一位杰出的刑事辩护律师，这说明他实际上已经承认了犯罪。

谢泼德的律师试图要求延期审理、改变审判地点，并且主张所进行的审判是无效的，但都被一一驳回。陪审团没有被隔离，也没有采取任何措施限制他们与外界的接触，因此他们在新闻报道中被频频曝光。该案的当事人双方一致同意这样的观点：防止“由报纸作出审判”的责任在于法官、检察官和警察，而不在于新闻界自身。〔1〕

此案上诉到联邦最高法院时，克拉克大法官代表法庭陈述了意见，他说：毫无疑问，这种暴风骤雨式的新闻报道至少影响了陪审团中的部分成员。法院的基本错误在于：第一，它缺乏对有关审判的公共舆论的控制；第二，法官本来可以隔离证人的；第三，法庭本来完全可以作出一些努力，来控制新闻界不从警方、证人和双方的律师那里获得线索、信息和流言蜚语。克拉克法官认为：

> 那些写作或者播放有偏见的新闻报道的记者，也应该因为不适当地发表了没有在司法程序中提交的资料而受到警告。通过这种方式，谢泼德受到不受干扰的公正审判的权利就能够得到更好的保护，不会削减新闻媒体的权利。
>
> 撤销原判决只是轻微的补救，真正的治本方法在于从一开始就制止偏见。法院必须根据法律原则和规则来保障他们的审理程序不受外界干扰而存在偏颇。不管是检察官、被告律师、被告人、证人、法院的工作人员，还是警察都不能破坏这种职能。律师和新闻界在信息方面的合作，会影响刑事审判的公正性，不仅应该受到规制，而且应该受到责备和法庭纪律的处罚。

此案中，克拉克法官所说的“可以禁止那些泄露了资料的律师、双方当事人、证人或者法院的工作人员发表任何庭外的言论”的说法，从判例上为限制律师庭外言论提供了宪法上的依据。随后，各州法院纷纷颁布“预先

---

〔1〕［美］唐纳德·M. 吉尔摩等：《美国大众传播法：判例评析》，梁宁等译，清华大学出版社2002年版，第355—358、383页。

禁止令”,不准媒体进入法庭,也可以禁止携带照相、录像及录音设备进入法庭,也可以下令不准媒体报道任何就该案可能造成误导的消息。这种叫作“缄口令”的制度,却在1976年遭到联邦最高法院以违反宪法第一修正案为理由而废弃。

在谢泼德案之后的几年里,为了防止偏见性报道,初审法官掀起了一波限制令浪潮。大多数命令——有时候被称为缄口令——禁止律师和其他诉讼参与人就案件公开发表评论。这是经由潜在的消息来源来对媒体实施间接限制;即使媒体确实获得了信息,司法机关也不禁止媒体发表。但是也有大量命令采取直接限制媒体发表报道的形式,其数量令人担忧。美国记者新闻自由委员会(The Reporters Committee for Freedom of the Press)保存了从1967—1975年发布的保护性命令的记录。这个组织证明在174起案件中颁布过这种命令,其中包括63项禁止法庭参与者发表声明的命令,61项对新闻媒体、公众封闭法庭程序或记录的命令,以及50项直接对媒体进行事前限制的命令。〔1〕例如,在1975年,莱内特·斯可基·弗罗姆(Lynette Squeaky Fromme)因为试图枪击杰拉尔德·福特总统而受审。弗罗姆是臭名昭著的查尔斯·曼森(Charles Manson)“家族”的成员之一。由于担心陪审团受到偏见报道的影响,法官禁止播出关于曼森集团的一部纪录片。该项限制令拓展至审判地点加利福尼亚州萨克拉门托周围的26个县,而且直至陪审团封闭集中在一个无法通过电视看到这部纪录片的地方之后,限制令才被解除。〔2〕

在缄口令合宪裁判发布10年以后,1976年,联邦最高法院公布了著名的“内布拉斯加州新闻协会案”〔3〕判决,对缄口令制度提出了质疑。

首席大法官伯格代表法庭陈述意见:在所有这些案子中,产生的威胁在于,对言论和出版的预先禁止是对第一修正案的权利的最严重和最无法容忍的损害。如果我们说在信息发表以后对其进行刑事或民事制裁是“从负面影响了”言论自由,那么预先禁止发表行为就是“冻结了”言论自由,至少在当时是这样。该案中,法院为了推翻一个限制言论自由的命令,该命

---

〔1〕 参见[美]韦恩·奥弗贝克:《媒介法原理》,周庆山等译,北京大学出版社2011年版,第327页。

〔2〕 参见[美]约翰·D. 泽莱兹尼:《传播法:自由、限制与现代媒介》(第4版),张金玺、赵刚译,清华大学出版社2007年版,第244、245页。

〔3〕 Nebraska Press Association v. Stuart, 247 U. S. 539(1976).

令是为了确保刑事被告的宪法第六修正案规定的“受到公正审判”的权利。为了保证“防止进行预先禁止……”,法庭建立了一个复杂的检验标准。该标准要求证明“在案件中需要进行预先禁止的程度”:(1)审前的公共舆论是否会损害被告受到公正审判的权利以及损害的程度;(2)是否存在其他的措施可以减轻舆论的影响;(3)对言论自由进行预先禁止是否会有效地阻止损害的发生。

在“内布拉斯加州新闻协会案”中,伯格强调了第一修正案,以对抗限制言论自由命令的有效性。其他的法官则走得更远。怀特法官写了一个简短的一致意见,他质疑内布拉斯加式的命令是否具有公正性。他认为应该优先适用那些禁止限制言论自由的命令的一般规则。布伦南大法官、斯都特大法官和米歇尔大法官在他们完全一致的意见中称,对新闻界所发出的限制言论自由的命令“都是违反宪法的”。布伦南提倡建立一个这样的原则:根据第一修正案的规定,限制言论自由的命令本身就是无效的。

在“内布拉斯加州新闻协会案”裁判的10年后,最高法院在“《普罗维登斯》杂志案”[1]中,又否决了一起因违背缄口令而对媒体判处藐视法庭罪的裁判。[2]理由是地方法院发给《普罗维登斯》杂志公司和它的主编查尔斯·M. 豪瑟的命令应被推翻。

法院的结论是发给新闻界的明显无效的禁止性命令可以违反,且不用担心受到惩罚。该结论是根据宪法第一修正案的原则得到的。与明显无效的命令可以被违反一样,确定什么时候命令是“明显无效的”的方法也同样重要。法院在“《普罗维登斯》杂志案”中应用了一个从“内布拉斯加案”中确立的“三步检验”方法,以此来确定地方法院的命令是明显无效的。

在著名的谢泼德诉马克斯威尔案中,克拉克法官列出了审判法院为了确保公正应该考虑的九种举动。

> (1)通过对时间、地点和行为方式的限制来控制新闻界在法庭上的行为;(2)将证人与新闻界隔离;(3)防止信息从当事人和警方泄露出去;(4)警告记者注意他们的报道的潜在偏向性和准

---

〔1〕 In re Providence Journal,13 Med. I. Rptr. 1945,820 F. 2d 1342(1st Cir. 1986).

〔2〕 参见[美]唐纳德·M. 吉尔摩等:《美国大众传播法:判例评析(第6版)》(上册),梁宁等译,清华大学出版社2002年版,第362页。

确性;(5)控制,甚至是禁止双方当事人和他们的律师向新闻界发表庭外言论(未经法庭允许而发表的言论);(6)直到大家的好奇心减弱时才继续审理案件;(7)将案件移送到新闻界的关注程度比较弱的地区审理;(8)隔离陪审团,阻止他们与新闻界接触;(9)如果上述的所有措施都失败了,进行一次新的审理。另外,传统的救济方式是不直接采用针对新闻界的行动。其中一种方式是警告陪审团成员。进行一个深入的预审程序,以确保在陪审席上坐着的陪审员在审前并未得出被告有罪或者无罪的结论,这也是一种通常的做法。克拉克法官所建议的审判法院应该考虑的几种方法,有些并没有实践意义。[1]

三、沉重的反思(2006 年):30 年后对司法预先限制媒体的反思

2006 年 3 月 12 日夜,一个注定不寻常的夜晚,一名受雇在球队校外聚会上表演的美国女性——一名非裔脱衣舞女郎在杜克大学曲棍球队举办的一场酒气熏天的聚会上进行表演。谁会想到,球队队员雇用的这名舞女后来指控三名球员在聚会上强奸了她,谁又会想到这些指控导致的媒体狂热和公共监督的旋涡会将杜克大学推至风口浪尖?

这名舞者是曾经在美国军队服役的非裔美国人,她就读于历史悠久的黑人北卡罗莱纳中央大学。很明显,她靠表演一些异国风情的舞蹈来维持生活。尽管三名白人男性队员一直公开宣称他们是无辜的,但县地区检察官还是起诉了他们。根据大学校规,杜克大学校长对其中两名尚未毕业的学生给予暂时停学的处分。此外,校长还出于——至少是部分出于——对球队队员安全的考虑,暂停了曲棍球比赛日程上所有剩余比赛。

被男子曲棍球队的几名白人队员强奸的消息震惊了杜克大学。该事件发生后的几个星期里,随着消息的传播,紧张的气氛也是与日俱增。杜克大学和达勒姆(Durham)社区的人也在为如何应对此事而焦头烂额。种族、阶级、性别以及大学体育运动所交织汇集成的一系列问题,顿时引起了

[1] [美]唐纳德·M. 吉尔摩等:《美国大众传播法:判例评析(第 6 版)》(上册),梁宁等译,清华大学出版社 2002 年版,第 355—358 页。

当地和全国媒体的关注，这些媒体蜂拥至杜克大学和达勒姆社区并驻扎达数月之久。

随着选举的临近，当问题触及消息本身的真实性而又缺乏确凿的证据时，地区检察官迈克·尼冯（Mike Nifong）（他在2005年4月被正式任命为地方检察官，他当时的上司被提拔为法官。迈克·尼冯在面对他的第一次选举之前，只有一年的时间来证明他是胜任其职的。定于2006年5月2日的民主党初选是一场三方竞赛。）在媒体面前反复强调了此案的影响力和被告的性格。2006年3月27日到31日期间，迈克·尼冯向电视新闻记者声称，"这里所发生的事情是自我担任地区检察官以来发生的事情中最糟糕的一件"。他还说，"当我看见所发生的这一切的时候，我感到很震惊。我相信大多数这里的人也同样会感到震惊"。他向媒体发表的这些言论并未提及任何犯罪嫌疑人的姓名。这些言论也没有提及物证或司法鉴定结果，嫌疑人的性格或名誉，预计的审判证词。这些言论只是一个正在参加职务竞选的地区检察官就他为什么认为案件中的指控很严重，尽管不在场，证据连同控诉和无罪证据都被控方掌握，仍有三名队员被起诉。很多人认为这几名学生是有罪的，曲棍球队成了众矢之的，甚至杜克大学的88名教师集体谴责被诉球员。[1]

从2006年3月20日媒体首次对指控进行报道，到2007年4月17日总检察长罗伊·库柏（Roy Cooper）公开宣布三名曲棍球队队员无罪期间，没有新闻报纸或电视新闻指明原告克里斯陀·曼格姆（Crystal Mangum）的姓名。相反，主流的媒体都称她为"这个女人"、"原告"、"所谓的受害人"或者"受害人"。但是，在2006年4月21日，即里德·瑟里格曼（Reade Seligman）和科林·芬纳蒂（Collin Finnerty）被控诉三天之后，克里斯陀·曼格姆的名字首次被一个名为"Johnsville News"的博客曝光。最终，每个比较大型的博客都纷纷对该案之后的诉讼进行了报道。仅"Johnsville News"博客就有大约140000个不同的访问者。

杜克大学案中媒体所表现出的失败和愚蠢让一些评论者转而将政治干预作为关键的反对力量。在关于杜克大学案的书中，耶格（Don Yaeger）在写到媒体时，开篇便引用了2005年前一直是《纽约时报》的一个编辑的

〔1〕 Don Yaeger, It's Not about the Truth: The Untold Story of the Duke Lacrosse Case and the Lives It Shattered, *Law & Contemp Probs*, Autum 2008, Vol. 71, p. 147.

话:“杜克大学曲棍球队案拥有可以激发纽约新闻记者正确思维的一切:这是白人对黑人的控制,这是男人对女人的控制,这是苏格兰佬对一名非裔女学生的欺凌,这是富人对穷人的压迫。”[1]去杜克大学访问的记者们经常能采访到一些大放厥词的教授,他们的言论强化了杜克大学作为精英统治和种族主义机构的形象。耶格认为,在电视上那些冷静而富于智慧的呼声较之于理论家们歇斯底里的奔走呼号而言更不可能被接纳。人们将具体情况下的具体诉求问题转化成了阶级间、种族间和性别间的全面的斗争。

其他有关杜克大学曲棍球队案的一些重要书籍的作者们得出了一个相近的结论,学者们事后评论说:“媒体就像学者一样,不仅要让证据在道德剧中横插一脚,还要让它们将那些曲棍球队员、富人、白种人、南方人和男性妖魔化。”记者们打着“让过好日子的人没好日子过”的口号本身是否就对他们自己和事实真相造成了损害。难道那些“过好日子的人”就罪有应得? 耶格在文章中引用他人的话说:许多记者在幸灾乐祸地嘲讽那些所谓的享有特权的曲棍球队员时感到无比畅快。[2]

在整体上一边倒的声音中,还是有一些媒体、公众甚至是律师行业开始对此事的具体情况给予冷静、理性的审视。在辩护一方,2006 年 12 月 13 日,辩方递交了一份涉及州未公布所有 DNA 检测结果的意见书。第二天,另一份辩方联合意见书极力要求停止列队辨认,同时该意见书还提供了医学的、法医的以及嫌疑人不在犯罪现场的证据。在 12 月 15 日的起诉听证会结束之后,辩方律师提交了第三份意见书,该意见书要求:如果要进行审判的话就要改变审判地点。该文件赞成杜克大学的某些教授、“杜勒姆·哈雷德太阳”(the Durham Herald-Sun)组织以及一些民权组织的做法。辩方的这三份意见书所要解决的问题的范围可以说明杜克大学曲棍球队员涉嫌强奸案本身的复杂性。

在新闻界,《新闻与观察》(*The News & Observer*)和《杜克编年史》(*The Duke Chronicle*)是提供了最好报道的两家报纸——尽管它们也无法对辩方

---

〔1〕 Don Yaeger, It's Not about the Truth: The Untold Story of the Duke Lacrosse Case and the Lives It Shattered, *Law & Contemp Probs*, Autum 2008, Vol. 71, p. 147.

〔2〕 Don Yaeger, It's Not about the Truth: The Untold Story of the Duke Lacrosse Case and The Lives It Shattered, *Law & Contemporary Problems*, Autumn 2008, Vol. 71, p. 149.

的这三份意见书所提出的每个问题进行专业研究。通过一个记者团队,《新闻与观察》重点对尼冯负责的这起案件存在的大量漏洞进行曝光。而《杜克编年史》多方面的报道包括获奖评论和几篇很好的调查文章——文章分析了与案件相关的这些问题是如何影响了杜克大学的学生而不是原告。

在学界,当杜克大学的88名教师谴责被诉球员的时候,也有一位冷静的历史学教授约翰逊(KC Johnson)与人多势众的88名教师唱反调。约翰逊对该案中矛盾的证据进行了具体的分析,并且讨论了迈克·尼冯和其他涉案人员的不当行为。此外,他还特别关注该案中的一些证据问题,例如,性侵犯护士检验(SANE——Sexual Assault Nurse Examiner)程序。约翰逊还将该案的听证会和有关的新闻发布会公布在博客上。人们普遍认为他的博客是报道这起案件最重要的渠道之一。他与斯都德·泰勒(Stuart Taylor)合著了一本名为《终将无罪》(*Until Proven Innocent*)的书,该书按照时间顺序将该案存在的不公正之处一一记录了下来。[1]

2007年4月17日,北卡罗莱纳州总检察长宣布这几名队员无罪,并称根本没有犯罪发生。这导致杜克大学完全解除对被指控队员的限制,也导致地区检察官撤诉;尼冯被取消律师资格,并且因为隐瞒本来会证明曲棍球队的所有队员无罪的证据而被判犯有藐视法庭罪。继这场丑闻危机之后,校长布罗德黑德(Brodhead)在学校组建了五个不同的委员会,每个委员会的职责在于观察学校对这起丑闻的不同反应,并且找出那些可能导致这场危机的根本问题。针对政府和杜克大学提起的民事诉讼,使前地区检察官尼冯宣布个人破产,而当天球队聚会的那间房子也一直是空的。[2]

在评论杜克大学曲棍球队涉嫌强奸案的论文《马戏团入城——媒体和备受关注的审判》[3]中,大卫·瑟勒斯教授给媒体取了一个很好的外号——"媒体马戏团"。他说,"媒体马戏团"这个词的起源并不明确,但是

---

〔1〕 Stuart Taylor, JR. & KC Johnson, Until Proven Innocent (2007). For more on KC Johnson's Coverage of the Duke Lacrosse Case, see Mary Vallis, Midnight Blogger Exposes a Scandal, Nat'l post, Apr. 16, 2007, available at http://www.canada.com/nationalpost/news/story.html? id = 41cf8ef1-d41a-45e9-83e4-aae85d0fd52c&k = 52797.

〔2〕 K. C. Johnson, The Duke Lacrosse Case and the Blogosphere, *Law & Contemp Probs*, Autumn 2008, Vol. 71, p. 155.

〔3〕 David A. Sellers, The Circus Comes to Town: The Media and High-Profile Trials, *Law & Contemp Probs*, Autumn 2008, Vol. 71, p. 181.

如今它常常被当作贬义词使用,并且使用得最普遍的场合是那些吸引一大群媒体的备受关注的审判。这个词最初来源于2005年6月《圣地亚哥联合论坛报》(*San Diego Union-Tribune*)上一则关于巨星迈克尔·杰克逊(Michael Jackson)审判的报道,文章写道:"这的确是一个媒体马戏团,因为有2200名来自国际媒体的成员获得报道迈克尔·杰克逊审判的资格——媒体的数量比辛普森(O. J. Simpson)和斯科特·皮特森(Scott Peterson)谋杀案审判中的媒体数量的总和还多。"[1]

杜克大学事件曝光媒体的经历顶多不过是极为个别的例子,它的独特之处在于这个大学的教授通过媒体和学术的力量使自己的学生招来了一场本可以避免的诉讼——在整个事件中,这起案件接受的是来自公共舆论而非法院的审判,并最终导致人们急于下判断而不是给出一个真正公正的评断。

为此,羞愧的教授们在2007年9月,召开了一场题为"公共舆论下的法院——媒体报道下案件审理的实践与伦理"的会议。[2]在为期两天的会议过程中,这些来自跨学科领域的与会者们——新闻记者、律师、法官和学者齐聚一堂,他们抛开杜克大学曲棍球队案件的具体细节不谈,而对当一个案件引起公众和媒体的关注后所可能出现的各种复杂的、经常和宪法冲突的、道德的、实践的考虑进行了一番审视。与会者被分成八个专家组,其中七个专家组扮演一个备受关注的案件所涉及的一系列特定的角色,而剩下的那个专家组则进行比较法分析。[3]杜克大学的著名杂志《法律与当代问题》2008年秋季号的《媒体审判的实践与伦理》专辑(The Practice and Ethics of Trying Cases in the Media, *Law & Contemporary Problems*, Autumn 2008, Volume 71, Number 4.)收录了这次会议的11篇文章,在世界媒体与司法研究领域引起了广泛的影响。这些文章中,学者们开始反思,1976年禁止司法对媒体预先限制的做法是否仍然适用新媒体时代的需要,提出了很多重要的观点。

在2007年杜克大学的这场研讨会中,最极端的观点是加文·菲利普

---

〔1〕 Gina Lubrano, Is This Fair Criticism of Journalists, *San Diego Union-Trib*, June 20, 2005, at B7.

〔2〕 The conference program, information about conference participants, and webcasts of conference proceedings are available at http://www.law.duke.edu/conference/2007/publicopinion.

〔3〕 Kathryn Webb Bradley, Introduction, *Law & Contemp Probs*, 2008, Vol. 71, Number 4, p. 1.

森(Gavin Phillipson)在《媒体审判——第一修正案目的之背离》中提出的，他提出在新媒体环境之下要不要与时俱进的问题："对于今天的法庭而言，一个更为基本、更为重要的问题是：鉴于媒体发生的变化，45 年前法庭在谢泼德案中阐明的那些建议(即可以发布司法缄口令)是否仍然有效?"〔1〕

他提出：美国联邦最高法院已将获得公正的审判的权利视为"所有自由中最基本的自由"，美国法院应当为其未能针对媒体而坚持这一"基本"权利而承担责任——在其他国家已经取得成功，至少是做得更好的情况下。联邦最高法院几乎已经排除了处理审判中媒体偏见的最好的办法——预先限制，人们普遍认为对媒体进行事后的刑事制裁也会违反宪法第一修正案的精神。因而他主张恢复司法对媒体的预先限制——司法缄口令。

他说，许多这方面的论文似乎把当前对第一修正案的理解当成是不可改变的假定事实。但是美国宪法本身并没有就如何协调第一修正案所保障的媒体表达自由的权利与第六修正案所保障的公民获得公正审判的权利之间的潜在冲突给予任何指示。就像往常一样，当最高法院认为审判的公正性实际上已经受到媒体报道的威胁，他们采用第一修正案应当暂时让位于第六修正案的做法。在联邦最高法院在埃斯蒂斯诉德州案(Estes v. Texas)中强烈宣称"在这片土地上任何个人的生命和自由都不应当因为任何媒体的行为而被置于危险的境地。"〔2〕借鉴其他国家的启发，他提出了如下观点：第一，言论自由背后的基本价值并不是一个不受限制的媒体能够提供的；第二，在言论对审判的公正性产生不利影响的案件中，这些价值是支持而不是反对限制媒体的；第三，媒体报道可以并且确实会对审判的公正性产生不利影响；第四，那些设计用于处理就陪审员所作的不利报道的平衡措施并不一定有效。最后结论是：美国法院应当重新考虑就不利报道法院发出限制性指令这种做法的合宪性。媒体报道将对审判的公正性产生负面影响这一论断已经被评论者广为接受，并且那些试图改变不利影响的努力是无用的。但是，似乎是当前对第一修正案精神坚定不移的看

---

〔1〕 Gary a. Hengstler, Sheppard v. Maxwell Revisited-Do The Traditional Rules Work for Nontraditional Media?, *Law & Contemp Probs*, 2008, Vol. 71, p. 171.

〔2〕 Estes v. Texas, 381 U. S. 532, 540 (1965).

法所致,评论者中大量存在着司法自满的情绪和一厢情愿的想法。[1]他指出:

美国法院一直拒绝通过限制媒体从而使个人免受有关其被逮捕和审判的媒体报道的不利影响,这种极为出人意料的做法跳出美国来看,似乎与美国人尊重个人崇尚个人自由的一贯做法相矛盾——个人的权利和自由,正在因为满足大众媒体的商业利益和多数人无聊的好奇心而被牺牲。如果在一个案件中,一帮媒体通过摧毁一个人的生活和名誉,威胁审判程序中正义的实现的方式来增加销售量的话,我们可以丝毫不是偏颇地说,虽然这个案件实现了一项重要的人权——言论自由,但是那项权利的内容和意义来源于一种强大的商业力量,而这种力量是"市场竞争思想"中从来没有想象过的。通过更加确定不移地维护审判的公正性来实现从保护媒体到保护个人权利的转变,不仅不会有悖于人类自由或者是美国宪法,反而会让两者都得到实现。[2]

四、未来的走向(2006 年以后):历史的车轮将驶向何方

在极力主张恢复缄口令的学者加文·菲利普森的《媒体审判——第一修正案目的之背离》一文中,其第二部分列出了一个小标题——比较法视野,极力推崇英国的做法。他说:

英国的方式与美国形成强烈的对比。尽管英国法院认为言论自由是一个健康的民主社会极为重要的一个方面,同时也是一项重要的个人权利,但它和议会都明确声明:言论自由并不能扩张到损害审判的地步。因此,一旦嫌疑人被起诉或逮捕,1981 年

〔1〕 Gavin Phillipson, Trial by Media: The Betrayal of the First Amendment's Purpose, *Law & Contemp Probs*, 2008, Vol. 71, p. 15

〔2〕 Gavin Phillipson, Trial by Media: The Betrayal of the First Amendment's Purpose, *Law & Contemp Probs*, 2008, Vol. 71, pp. 29-30.

> 《藐视法庭法》将被启用。任何出版对将来的司法程序产生严重偏见风险的行为都是一种刑事犯罪;在特殊情况下还可以采用预先限制的手段。在美国以外确实相当广泛地存在着一种共识,即为了保护无罪推定在某些案件中对媒体加以限制是合法并且必要的。
>
> 在这个问题上我们不能屈从于盎格鲁式的自满。具有说服力的并且可以用于指导制定英国藐视法律的批判思想及其在实践中的应用是广为人知的。评论家们的观点很有说服力,他们认为英国采用的方法既过于宽泛也有所局限——总之,总是不能摒除有害言论,尽管限制范围如此之广。并且其他保护性措施,如质疑陪审团,无疑被英国法院过度使用了。在这样一个网络时代,即使英国主要的媒体机构并不公布,国外的博客也有机会在线获得美国的报纸并且让英国的陪审员们有机会了解到那些不利的信息材料,这个时候我们很有理由怀疑针对英国媒体的禁止令的有效性。这样,我们很容易提出这样的疑问:是否作出媒体报道的禁止令;但是如果不这样做,又是什么让预先就排除对媒体加以限制的做法具有正当性。在许多案件中,禁止令从根本上降低了陪审员们知悉不利信息材料的可能性,从而大大提高了挑选组成一个不带偏见的陪审团实现公正审判的可能性。[1]

所以,加文·菲利普森认为英国媒体的禁止令的有效性虽然令人怀疑,但是毕竟降低了法官偏见的可能性,仍然是有一定效力的,这是一种不得已选择有用的办法。

在此,我们可以简单地介绍英国的情况。在英国,对司法报道的限制当然包括根本就不公开审理某些案件,除此以外,法院还可发布命令,要求媒体对某些案件的报道予以推迟。[2]这一内容主要体现在1981年《藐视法庭法》第4节第2款。这一部分规定如下:关于正在进行的诉讼程序或任何其他处于未决或迫近状态下的诉讼程序,当似乎有必要采取措施以避

---

〔1〕 Gavin Phillipson, Trial by Media: The Betrayal of the First Amendment's Purpose, *Law & Contemp Probs*, Autumn 2008, Vol. 71, pp. 29-30.

〔2〕 参见[英]萨利·斯皮尔伯利:《媒体法》,周文译,武汉大学出版社2004年版,第353—354页。

免对相关司法程序造成损害的时候,法院可以命令,在其认为有必要的一段时间之内,推迟对相关诉讼程序或诉讼程序某一部分所作的报道。对报道的限制必须符合以下条件:(1)此类推迟必须以法院令的形式作出,仅靠司法请求是不够的[1]。(2)损害的风险必须针对的是正在进行的诉讼程序或其他迫近的或未决的诉讼程序。这里的“迫近”一词的含义仍然不清晰,其对本部分规定的适用造成了困难,这与普通法下故意藐视法庭罪规定的适用情况十分类似,但有一点是清楚的,即此处的风险必须是针对具体的诉讼程序而言的,而非针对泛指的司法利益。(3)相关损害风险必须是实质性的。此类风险不得是轻微的。[2](4)法院令着眼于推迟针对整个诉讼程序或其一部分所作的报道。这并非无限期地推迟。相关延迟期间必须是法院认为为了避免损害的实质性风险而必需的。(5)相关法院令的颁布必须是必要的。根据该法第10条的上下文语境,上议院认为,“必要的”一词比“非常需要的”、“便利的”、“有利的”和“有用的”这些词汇的含义更为深刻。[3]另外,1981年《藐视法庭法》第11节规定:法院进行诉讼期间,在法院(其有权力这样做)要求对相关人员的姓名或其他事项予以保密的任何场合下,只要法院认为它这样做是必要的,就可以发出指令,要求禁止对与相关诉讼有关的姓名或事项予以公开。

英国的做法真的值得美国去效法吗?随着社会的发展,现代媒体在使大众媒体所代表的“大众传播”与“人际传播”之间的界限逐渐打破。即使是在英国,尽管1981年《藐视法庭法》大大限制了有关司法诉讼的言论,这些累赘的限制还没有完全保护刑事诉讼免予受到舆论的不利影响。这一法案既不能在司法诉讼开始前[4]或在上诉程序启动前[5]阻止具有潜在煽动性的材料的曝光,也不能阻止在英国可读到的外国报纸散布这些受限的信息。1997年12月发生过一件尤其滑稽的事情,英国大检察官寻求并获得了一个法庭缄口令,在内阁成员杰克·斯特拉17岁的儿子因毒品案

[1] AG v. Leveller Magazine (1979) AC 440, p. 473.

[2] AG v. English(1982) 2A11ER, 903.

[3] Rean Inquiry under Company Securities(Insider Dealing) Act 1985(1988) AC 660, per Lord Griffiths, p. 704.

[4] 见1981年《藐视法庭法》第49章第2 V(3)。比如,只要一名疑犯未被正式指控,报纸发表可能的疑犯的先前犯罪记录等不能作为证据的细节。

[5] 《藐视法庭法》第2节详细描述了诉讼进行期的时间。

被捕后,禁止报道杰克和他儿子的名字。英国每一个人都知道这个男孩的身份,他的名字在网上和英国可以看到的外国报纸上比比皆是,但英国报纸却被禁止"揭露"他的身份。[1]斯特拉的突然下台清楚地表明,"电子造成了藐视法的混乱",这一法律根本无法跟上电脑和卫星技术前进的步伐。电脑网络和卫星电视新闻的发展加大了对法律落后于技术的关注,地球村威胁到司法体系确保著名的或恶名远扬的案子得到公平审判的能力。禁止报道的禁令很容易被网络报道所攻破,一家报纸宣称:"限制报道已经被互联网推翻。"[2]如果没有有效的程序来确认或撤销接触过不公正新闻报道的陪审团,英国司法体系无法仅仅依靠《藐视法庭法》来确保公正的审判。在美国,司法体系通过陪审员选择程序和同意更改地点,拥有了用以确保选择到公正的陪审团的机制;但如果这一机制无法有效运作,美国体系也不能保护被告的权利。

电子媒体还可以因为法律管辖权的限制而干扰出版禁令。比如,欧洲人权法庭认为英国继续发表禁令阻止《间谍追捕者》一书的出版违反了《欧洲人权公约》第 10 条,本书是一位英国秘密组织的前雇员所著的一本揭秘书。[3]第一次发表本书的出版禁令是以保护国家安全为法律依据的,法庭认为:一旦本书在美国出版,其内容在世界各地都可看到,英国政府不再有禁止此书在英国出版的合法理由。一位美国评论家在研究美国联邦宪法第一修正案而引用"间谍追捕者"一案作为例证时,将此种行为称作"无用的原则",他说"政府压制言论的行为必须具备有效发挥作用的能力"。根据这一分析,英国《藐视法庭法》的有效性变得越来越值得质疑,不仅因为国际电子媒体和传统媒体可以忽视英国的出版禁令,而且正如耐兹案所表明的,因为法案本身也并非广泛到能阻止有害新闻报道的发表。[4]在这样的情况下,美国是否还继续实施缄口令,同样值得质疑。

其实,新媒体并非只有副作用,也有其积极的一面,同样在这次 2007

---

〔1〕 Loretta S. Yuan, Gag Orders and the Ultimate Sanction, *Loyola of Los Angeles Entertainment Law Journal*, International Rights of Publicity, 1998, p. 629.

〔2〕 Loretta S. Yuan, Gag Orders and The Ultimate Sanction, *Loyola of Los Angeles Entertainment Law Journal*, International Rights of Publicity, 1998, p. 629.

〔3〕 The Observer and Guardian v. United Kingdom (Spy Catcher Case), Judgment of 26 Nov 1991, Series A no 216, at Para. 59(b).

〔4〕 Loretta S. Yuan, Gag Orders and the Ultimate Sanction, *Loyola of Los Angeles Entertainment Law Journal*, International Rights of Publicity, 1998, p. 629.

年的大会之上，马西·维拉女士（Marcy Wheeler）在《非传统媒体如何改变审判中公众与媒体报道的关系》一文中，描述了这些新型媒体的显著特征。[1]在她的术语中，"非传统媒体"是基于互联网的新闻来源，包括网站、博客、维基，但并非像现有媒体如电视网络、印刷报纸等简单的电子平台那样。维拉解释道，非传统媒体的特征在于有限的编辑结构，与读者对话性、发展性的关系，较少的新闻价值和报道形式的规则要求以及对人力资源更少的依赖性。综观这些特征我们会发现它们使得新型的媒体形式较之传统的媒体形式而言，能够在允许的条件下提供更加详实和细致入微的新闻分析。而且，这些特征让读者能像积极的参与者那样，通过与其他人的在线对话和对网站公布的信息来源的意思和可信度进行自我评判，从而加入分析过程中去。维拉通过引用莱温斯基丑闻案、美国中情局情报泄露案和杜克大学曲棍球队案来说明，非传统媒体在这些备受关注的案件中是如何起到教育公众的关键性作用的。虽然承认，正式编辑结构的缺乏和匿名投稿人的存在会对非传统媒体的可靠性提出质疑，但随着这一媒体领域自身的不断发展和规范，它们将有保障公众获得公正而准确的报道的公共利益的潜力。

最重要的是，美国言论自由的传统与英国也有很大的差别。英国的规则即使成功，在美国也可能没有民意基础，因为这违背了其传统。关于欧洲（包括英国）与美国在言论自由传统上的差异，早就有学者注意到，法国学者罗杰·埃内拉认为在对待新闻出版和一般的表达自由的法律和社会态度中，美国与欧洲国家之间存在三点主要区别。[2]首先，在美国存在宪法第一修正案——它关于言论与出版自由的条款形成了统一的力量，使美国形成了一套保护表达自由的法律体系；而欧洲各国的表达问题散见于不同的法律中。第二种区别在于美国法律制度对在先约束（无论它采取什么形式）的坚决抵制。在某些特定情况下，通过法院禁令或行政机关决定来压制写作的做法在许多欧洲国家是得到认可的；但在美国，这些手段通常被认为是与宪法第一修正案相悖而无效的。第三种区别涉及与形式极端

〔1〕 Marcy Wheeler, How Noninstitutionalized Media Change the Relationship Between the Public and Media Coverage of Trials, *Law & Contemporary Problems*, Autumn 2008, Vol. 71, p. 135.

〔2〕 参见［法］罗杰·埃内拉：《美国、法国与其他欧洲国家的新闻和出版自由》，载路易斯·亨金、阿尔伯特·J. 罗森塔尔编：《宪政与权利》，生活·读书·新知三联书店1996年版，第89—90页。

的政治言论有关的表达自由的限度问题。像欧洲国家今天的法律一样，美国法律在1917年到20世纪20年代后期并再次在50年代曾经允许多种影响言论之内容的规则和限制存在；最高法院当时并不认为它们依照宪法第一修正案是无效的。〔1〕今天的美国法律则差不多容忍任何种类的政治言论之自由表达。〔2〕在“Collin案”中，上诉法院认为：对纳粹示威的禁止，哪怕是在一个居民中有“大屠杀”之幸存者的村庄中，也违反宪法第一修正案〔3〕。

中国的古话说：三十年河东，三十年河西。但言论自由至上，是美国文化中最重要的传统，在美国人的心中，表达个人思想、挑战正统、批评政府而不必担心政府的处罚，这是生活在自由国家的根本标志。最高法院大法官本杰明·卡多索（Benjamin Cardozo，任期1932—1938年），形容言论自由“是母体，是几乎一切其他形式的自由所不可缺少的条件”〔4〕。要让美国最高法院的大法官们学习逐渐失效的英国限制媒体的做法，回到30年前的老路上去，几乎没有可能。2006年杜克大学曲棍球队案至今，9年过去了，我们看不出美国最高法院新的判例有恢复司法对媒体预先限制的任何迹象。

---

〔1〕 Abrams v. United States, 250 U. S. 616(1919).

〔2〕 最高法院最终从是否具有鼓动性上区分了“说明”和“提倡”。只有“鼓动即将发生的不法行动”者才受到禁止和处罚。参见Brandenburg v. Ohio, 395 U. S. 444(1969); Hess v. Indiana, 414 U. S. 105(1973)。

〔3〕 Collin v. Smith, 578 F. 2d 1197 (7th Cir. 1978); cert. denied, 439 U. S. 916 (1978).

〔4〕 ［美］梅尔文·乌罗夫斯基：《人民的权利——个人自由与权利法案》，http://usinfo.state.gov/regional/ea/mgck/rop/roppage.htm，访问时间：2009年7月17日。

附录二

媒体与司法关系的重要域外规范*

一、美国司法部《媒体关系指南》

1—7.001 目的

这一政策的目的是让司法部各成员（FBI，DEA，INS，BOP，USMS，USAO，and DOJ divisions）和其个人在刑事、民事案件和事务中的相关信息提供中确立与28 CFR 50.2一致的具体指导。这些指导包括：（1）这里的陈述与28 CFR 50.2的标准完全一致；（2）与此问题相关的另行规定除外；（3）只是作为国内指南；（4）并不创制任何可执行的法律权利和任何法律主体。

1—7.110 必须平衡的利益

该指南认为三种利益应当平衡：公众知情权；受到公正审判的个人权利；政府对司法进行有效管理的责任。

1—7.111 保密的需要

应当在每一个案件中仔细平衡被害人、诉讼当事人、其他诉讼参与人、证人的生命和安全的权利。为此，法院和国会已经对以下情况作保密限制：实施与调查；大陪审团与税收事务；某些调查技术；依法保护的其他事务。

1—7.112 言论自由与公开审判的需要

我们应当仔细平衡以下两方面的矛盾：一方面是言论自由、公开审判等所要求的，民主社会应当公开的执法官员、检察官、法庭在法律实施过程

---

* 本书作者翻译。

中的信息的个人权利；另一方面是被告人的个人人权。而且，应当重视公共安全、对政治避难者的理解；公众需要对公共法律的执行、公共政策的发展和变化产生影响的信息有知情权。这些原理必须再进行评估，对在该陈述中不能预测和包括的具体情况应当进行公平的自由裁量。

1—7.210 基本责任

媒体与司法部的最终责任由公共事务办公室（OPA）主任承担。总检察长随时与其保持联系，牵涉到地方媒体的则由当地的联邦检察官负责。

1—7.220 媒体代表的指定

每一个联邦检察官办公室或者司法部其他成员部门必须指定一人到多人作为媒体事务的联系人。如果不能提供专人和检察机关，对该项职责应当指定明确的负责人（当然可以是检察长或者部门负责人）。

1—7.310 司法部各部门

联邦调查局总部、缉毒局、移民局、监狱局、马歇尔办公室（证人保护事务局）、司法项目办公室、社区关系服务办，都有责任与 OPA 进行媒体事务协助。

1—7.320 联邦检察官

93 个联邦检察署对他们所在的地区相关的媒体事务有独立的裁量权，并负责与 OPA 进行合作，除非事务超过了他们的地区或者具有全国性。

1—7.330 合作的程序

为了提高与 OPA 的协作，司法部所有成员必须采取合理步骤以保证适应以下事务：

A. 国际、国家、主要地区新闻。吸引国际、国家、主要地区媒体的新闻信息应当及时通知 OPA，但是 OPA 在与联邦检察官协商以前应当注意不要评论任何与这些问题相关的信息。

B. 新闻发布会。具有全国意义的新闻发布会必须提前与 OPA 协商。

C. 对国家媒体代表（电视、电台、杂志、报纸）的要求。OPA 应当及时得到来自全国媒体的申请。包括电视和电台节目（如夜间新闻、美国早晨新闻、美国全国广播公司“面对媒体”栏目、60 分钟），国家无线台、全国性新闻杂志和报纸（如纽约时报、今日美国、华尔街日报），无论是关于司法部的重点报道还是一般报道，抑或全国性事务。

D. 与司法部有关的媒体报道。如果可能，应当向司法部提供有关的媒体剪报、录音录影带。

E. 对具体问题的评论（如新政策、立法建议、预算）。OPC 将对新政策、主动性的立法建议、司法部预算问题的评论进行磋商。当然这不得干涉已经确立的司法部政策和已经批准的预算。

1—7.400 与联邦检察署的合作——媒体发表文件的发布

通过 OPA 或者总部。在具体情况下，OPA 或者任何司法部各成员和代理机构的总部发布新闻和举行新闻发布会时，如果对检察署事务有影响，必须与各有关的检察署协商。

通过各部门办公室发布新闻。在具体情况下，司法部的各分支机构或者成员的下属地方具体领域的官员可以计划新闻发布、安排新闻发布会，也可以就具体由美国检察署办公室处理的案件和事务与媒体的成员联系。

1—7.401 新闻发布会和其他媒体联系的指南

当司法部成员或者调查人员举行新闻发布会或者与其他媒体联系的时候，应当遵循以下指南：

A. 联邦检察官指南 USAM（United States Attorneys' Manual）1—7.400 所要求的媒体发布的作用在于：它是司法部成员和工作人员将公共信息传达给媒体的通常方法。新闻发布会仅仅在最重要和最具有新闻价值的信息公布时举行；或者具有特别重要的预防和法律执法目的时也可以举行。发布信息和举行新闻发布会时应当慎重和谨慎。

B. 对由司法部成员正在调查准备起诉或者正在等待起诉的案件，将举行新闻发布会的，应当经过总检察长助理或者负责该案的联邦检察官批准。参见 USAM 1—7.320 至 1—7.330。

C. 在例外的情况下，在正式起诉以前也可以举行新闻发布会。这些案件包括：（1）由于犯罪的特殊恶性和性质要求特殊的公共保护，需要有关当局采取快速、适当的处理措施；（2）社会需要得到紧迫公共安全威胁的告知；（3）要求得到公众协助或者信息是不可缺少的。参见 USAM 1—7.530 至 1—7.550 以及 28 C. F. R. 50.2。

D. 有时在起诉后、判决前的阶段，与公共利益密切相关的信息需要联系媒体。在这种情况下，向媒体和其成员提供的信息应当限制在起诉书的范围之内；其他起诉或者程序中，其与犯罪无关的信息应当受到以下法律的限制。参见 USAM 1—7.520，540，550，500 以及 28 C. F. R. 50.2。

E. 任何由司法部成员或者个人与公众的联系，牵涉到未决事务、可能影响事务处理结果的调查，或者与未决案件和其最终处理有关的，必须经过相关检察长助理、联邦检察官或者其他指定的案件负责人批准。跨地区、部门的案件，其批准必须与相关的地区或者部门协商。如果是国家事务，必须由司法部公共事务办公室的首长批准。

F. 在新闻发布会上对未决案件或者调查的资料的展示或者发放必须经过分别的或者具体的 B 部分中提到的有权的官员批准。

G. 任何司法部的个人应当避免用口头或者书面的形式作出违背司法部指南或者法律，或者任何其他判例法、地方法庭规则等禁止的陈述和言论。

H. 应当特别注意避免影响公平和后续法律程序的言论，另见 28 C. F. R. 16. 26(b). 。如果有些案件直接或者间接与税收记录有关，请注意遵守 1986 年国家商法典中税制改革法部分有关公开条款。对判决、量刑、有罪答辩提供材料时，必须建立在法院公开的相关资料的基础之上。

I. 公布新闻或者发表对联邦死刑裁决的减刑评论时，无论减刑是否实行，都适用特别规则。对于死刑赦免，司法部既是公诉人也是总统顾问。为了保证司法部作的公开评论的透明和对总统的赦免特权不发生侵权，避免司法部在这项事务中的角色矛盾，对此问题的新闻发布和向媒体作的评论将由总检察长代表处批准并由其公共事务办公室发布。

J. 在发表对司法部其他部门未决调查相关的评论前，先要由联邦检察官与其他受到影响的部门进行协调。

K. 稽查总署办公室与媒体的接触不需要任何机关的批准，但是就有关媒体与公开事务问题需要通知公共事务办公室。

1—7. 500 非公开的刑事和民事事务信息的发布

任何司法部部门和个人不能提供其知道或者将知道的、可能导致产生偏见的可能性的信息。

1—7. 520 发布刑事或者民事信息——信息公开

根据法律、法庭规则和该指南，司法部的工作人员应当将以下刑事案件的信息公布：被告人的名字、年龄、职业、婚姻状况和类似背景信息。

A. 包含在起诉书中的实体性指控内容和其他公共信息。

B. 调查人员和执行拘留的人员的身份，调查的时间和范围。

C. 与拘留有关的直接信息,包括拘留的时间、地点,是否有反抗、追击情况,是否持有和使用武器,拘留时身上有何物品。这些披露不包括主观观察。

D. 为了更高的执法利益,一个案件是否公开应当由相应的联邦检察官或者检察长助理讨论。

在民事案件中,司法部人员可以发布与被告人类似的身份资料、相关的政府工作人员和项目的情况、政府利益的简短公告。

1—7.530 与正在进行的调查相关的信息公开

A. 除了B部分的情况以外,司法部各单位和人员不对正在进行调查的事务的情况进行公布,也不发表对其性质、进度的评论,包括在正式成为公共资料之前传票的发布和送达。

B. 已经实际上公开了的事务或者正在调查的事件,社会需要得到信息以保护公共利益、安全和福利,社会有权得到这些事务的评论和确认。在特殊情况下,与调查有关的官员将与联邦检察署或者司法部分支机构协商并得到其批准,以向公众发布有关信息。

1—7.531 对调查进行评论的要求

个人、组织或者社团经常向司法部有关机构发信要求对有关个人或者实体是否违法进行调查。有时,发信者会举行新闻发布会或者发表陈述牵涉到调查事务,这时,可能引起媒体的请求。

收到这种请求本身也有可能是一件公开的事情。要注意不要让人认为这一定会导致调查。在“审查一个调查请求”和“开始调查”之间是有明显的区别的。作为常识,这种请求将会有适当的调查人员进行审查,但是收到具体请求之后,并不一定有一个明确的决定。最后,也应当注意,所有实质性的诉讼请求应当按照联邦检察官规则进行审查。参见USAM 9—27.000,司法部通常并不确认否决一项调查。

对正在进行调查的案件,如果收到了这样的信件,同样适应上述规则。如果调查尚未公开,也同样适应上述程序。

1—7.540 关于个人的以前的犯罪记录的公开

在调查或者审判中,司法部人员不能公开被告人或者以前犯罪的人的犯罪记录。但是,在某些特殊情况下,比如政治避难或者引渡案件中,司法部可以确认被告人的身份或者犯罪主体身份。当以前的裁判是目前控诉的一部分，如在携带武器的重罪案件中，司法部人员可以确认被告人的身份，因为以前的指控信息是说明当前犯罪性质的一部分因素。

1—7.550 与预断相关的因素

为了防止某些信息的公开对将来的程序中裁决的预断，司法部人员将限制提供以下信息：

A. 对被告人性格的观察。

B. 被告人的陈述、承认、认可或者不在现场的陈述，或者被告人拒绝陈述或者没有陈述的情况。

C. 调查过程中的推断，如指纹、图表、检验、弹道测试；辩论性的服务，如 DNA 测试，或者被告人对测试和类似检测的拒绝的情况。

D. 与证人的身份、作证情况、可信度有关的陈述。

E. 与案件中的证据和辩论有关的陈述，无论这些内容在审判中是否使用。

F. 任何被告人有罪的意见，对指控进行有罪答辩的可能性或者减少罪责的答辩的可能性。

1—7.600 对新闻媒体的协助

A. 除非为了法庭秩序的理由，司法部不能妨碍新闻媒体拍照、录音、记录或者在保密场所范围以外的周围进行电视转播。

B. 为了执法的目的，包括预防犯罪和提高公众信心，司法部人员在经过联邦检察署批准后，可以协助新闻媒体对执法活动拍照、录音、录像和记录。联邦检察官将考虑以下因素来决定是否批准这种协助：a. 对个人不合理的造成危险；b. 对当事人和其他个人造成的偏见；c. 其他法律规定不批准的情况。

C. 新闻发布应当包含被告人仅仅是被指控，在正式判决确定以前是假定无罪的这样的说明。

D. 除非已经颁发了搜查证或者拘留证，不能提前向媒体发布执法行动的信息，媒体代表也不能被邀请出席参加这样的行动。这一禁止同样适用于司法部人员参加的拘留行动的准备工作。

E. 司法部雇员在民事或者刑事行动中制作或者得到的将用于证据的照片、录音或者类似信息，在联邦检察署或者检察长助理根据法律和政策、法庭秩序批准公布之前，不能向媒体透露。

如果媒体代表出席，司法部人员认为这将导致个人的安全受到威胁，可以要求他们自愿撤退；如果媒体代表拒绝，而行动可以更换的话，司法部人员将取消这一行动。

上述规定的例外情况将由公共事务办公室授权。

1—7.700 信息自由法(FOIA)

此指南之内容没有阻碍信息自由法规定的公众了解司法部的信息之意。(28 U. S. C. 509)(Order No. 469-71,367 F. 21028,No. 3,1971. Amended by Order No. 602-75,40 FR 22119 May 20,1975)

二、媒体与司法独立关系的马德里准则

介绍：1994 年 8 月 18—20 日，在国际法学家协会的司法与律师独立中心的召集之下，40 名来自世界各地的杰出的法学家和媒体代表，在西班牙的马德里相聚，会议的主要内容如下：

研讨媒体与 1985 年联合国《司法独立基本规则》所确立的司法独立之间的关系；系统规范表达自由与司法独立关系的规则。

参加者来自澳大利亚、奥地利、巴西、保加利亚、克罗地亚、法国、德国、加纳、印度、约旦、荷兰、挪威、巴勒斯坦、波兰、葡萄牙、塞内加尔、斯洛维尼亚、西班牙、斯里兰卡、瑞典、瑞士、英国。

以下是准则的内容：

导言

媒体自由是表达自由的一部分，是民主社会实行法治的基础。法官的责任是承认和实现言论自由，适用法律时作有利于言论自由的解释；只有根据《公民权利与政治权利国际公约》明示授权，才能对媒体自由予以限制。

媒体有义务尊重国际公约保护的个人权利和司法独立。

准则只是规定了言论自由的最低标准，它并不妨碍更高标准的确立。

基本准则

1. 表达自由(包括媒体自由)是每一个宣称是民主社会的必不可少的基础。媒体的权利和责任是收集和调查公共信息，对司法管理加以评论；

包括在不妨害无罪推定原则的前提下，对审理前、审理中和审理后的案件加以评论。

2. 准则只有根据1984年对于《公民权利与政治权利国际公约》限制与抑制的斯拉卡沙公约，才能对《公民权利与政治权利国际公约》的规定有背离。

3. 评论司法的权利不能受到任何特别的限制。

基本准则的范围

4. 基本准则并不排斥在司法调查程序阶段对法律秘密的保守。这种情况下，秘密保守的目的主要是为了实现对被怀疑和被控告的个人的无罪推定。但不能限制任何人了解官方调查结论和调查情况的信息。

5. 基本准则并不排除对因私人原因而进行的调解与协商过程的录音、录像。

6. 基本准则并不要求有对庭审过程现场直播或者现场录像的权利。

限制

7. 任何对基本准则的限制必须由法律事先作出规定。如果授予自由裁量权，这种权力只能授予法官。

8. 只要法官实施对准则规定的权利的限制，媒体就有权利要求听证和进行上诉。

9. 法律有权因为对未成年人或者其他特殊群体进行保护的需要而对基本规则规定的权利加以限制。

10. 法律可以因为民主社会其他利益的需要而对与犯罪过程有关的基本规则规定的权利加以限制：为了防止对被告人的严重偏见；为了防止形成对证人的压力、对陪审员和被害人造成损害。

11. 如果因为国家安全的理由而对基本准则加以限制，这种限制不能对当事人的权利包括辩护权，形成危险。辩方和媒体有权在最大程度上进行限制（如果必要，对其理由有保密的义务），并有权对这些限制提出抗辩。

12. 在民事案件中，如果有法律授权，可以为了保护私人合法利益而对准则加以限制。

13. 不能以专断和歧视的方法对准则规定的权利加以限制。

14. 即使对准则规定的权利加以限制，也只能以尽可能最低的程度和最短的时间；可以用较低限度的方法达到目的时，不能使用较高限度的方法。

附:实施的策略

1. 法官应当接受有关处理媒体事务的规定。应当鼓励法官提供牵涉到公共事务的案件的判决书的简写本或者以其他形式向媒体提供信息。

2. 尽管对于法官回答媒体的问题可以通过立法作出合理的规定,但法官不应当被禁止回答公众提出的与司法有关的问题。上述规定可以就法官与媒体交流的方式作出规定。

3. 司法权力与言论自由、特殊人群(特别是未成年人和其他需要提供特殊保护的人)的权利之间的平衡,是非常难以达到的。所以对于与此相关的个人或者群体,必然采用下列的一种或者多种方法加以应对:立法解决;媒体协商;媒体联合会或者媒体行业内部制定的媒体职业道德准则。

三、俄罗斯法院信息公开法

(2010 年 7 月 1 日起实施。2008 年 12 月 10 日经俄罗斯国家杜马采纳,2008 年 12 月 17 日由联邦委员会批准,2008 年 12 月 22 日联邦法案第 262-FZ 号法律正式颁布。经 2010 年 6 月 28 日联邦法律第 123-FZ 号、2011 年 7 月 7 日联邦法律第 200-FZ 号、2011 年 7 月 18 日联邦法律第 240-FZ 号修改。)

第 1 章　总　则

第 1 条　本法使用的基本概念

基于本法的立法目的,将使用下列基本概念:

(1)申请——信息使用者以口头或书面形式(包括电子文件形式)向法院(Court)、司法部(Judiciary Department)、俄罗斯联邦主体司法部机构(Judiciary Department Bodies)或法官协会组织(Bodies of the Community of Judges)等机构提出申请,以获取俄罗斯联邦法院活动信息(以下简称法院活动信息)。

(2)法院活动信息——由法院、司法部、司法部机构或法官协会组织和相关法院在其职权范围内直接产生或从其他途径获得的信息。规范法院、司法部、司法部机构和法官协会组织的权限和程序的立法行为、对具体案件的司法行为以及法院的其他职权内行为,都属于法院活动。

(3)信息使用者——寻求法院活动信息的公民(自然人),组织(法人),社会团体,政府机构或地方自治机构。

(4)司法行为——在实施宪法、民事、行政或刑事司法程序中或者仲裁庭的行政司法程序中审查案件实质内容,并依法作出裁决的行为。司法行为还应当包括通过上诉法院撤销原判或审判监督的行为。

(5)法院——俄罗斯联邦法院体系由联邦法院(The Federal Courts)、宪法(宪章)法院(Constitutional (Statutory) Courts)、联邦主体法院(Courts of Subjects of the Russian Federation)组成。俄罗斯联邦主体法院又包括联邦主体的宪法(宪章)法院(Constitutional(Statutory)Courts of Subjects of the Russian Federation)、具有联邦主体普通管辖权的治安法院(Magistrate Court)。

(6)为具有普通管辖权的联邦法院和治安法院提供统一信息空间——包括拥有基本数据和数据库的设备,维护和使用技术的设备以及信息系统和信息网络设备,以上设备在统一原则和共同准则的基础上发挥作用,使俄罗斯联邦最高法院、具有普通管辖权的联邦法院、治安法院、法官协会组织和司法部系统之间能够进行信息交流。

第2条　本法的适用范围

(1)本法规定信息使用者获取法院活动信息的相关事宜。本法适用于俄罗斯联邦立法规定的司法程序,法院、司法部、司法部机构和法官协会组织的权限和程序,俄罗斯联邦主体立法规定的宪法(宪章)法院的权限和程序。治安法院的权限和程序有不同于前述法律规定的内容的,应对因不同规定而产生的那部分法院活动信息作出要求。本法应当与俄罗斯联邦立法的要求一致,可以充分包括俄罗斯联邦主体宪法(宪章)法院和治安法院的活动信息,俄罗斯联邦主体的立法也应当符合本法的要求。

(2)本法应适用于向大众媒体发布法院活动信息的相关事宜,尽管到目前为止俄罗斯联邦颁布的大众媒体法并没有对此作出规定。

(3)本法将不适用于以下情况:

1)仲裁法院对宪法、民事、行政或刑事法律的实施程序,或涉及法官资格执行管理委员会的诉讼程序;

2)正在实施过程中的司法程序;

3)由法院、司法部、司法部机构或法官协会组织处理的确保获取个人信息的相关事项;

4)法院、司法部、司法部机构或法官协会组织之间的信息交流程序。

第 3 条　确保获取法院活动信息的法律渊源

(1)确保获取法院活动信息的法律规制,应当与俄罗斯联邦宪法、联邦宪法性法律、联邦法律规定的法院、司法部、司法部机构和法官协会组织的权限和程序一致。涉及俄罗斯联邦主体的宪法(宪章)法院和治安法院的,应由俄罗斯联邦主体的立法进行规定。确保获取法院活动信息的法律规制,还可以由法院规则和(或)其他监管法院内部工作的法律文件、司法部及法官协会组织的法律文件来规定。

(2)如果俄罗斯联邦国际条约规定的规则与本法的规则相矛盾,则以该国际条约为准。

第 4 条　确保获取法院活动信息的基本原则

确保获取法院活动信息的基本原则应包括以下内容:

(1)应当公开和允许使用法院活动信息,俄罗斯联邦立法规定的特殊情况除外;

(2)应当保障法院活动信息的准确性和发布的及时性;

(3)信息使用者可以通过任何合法方式自由寻找、获取、告知和传播法院活动信息;

(4)获取法院活动信息不可侵犯公民个人及家庭隐私权利,应当保护个人名誉权和企业商业信誉权;在法院诉讼中发布法院活动信息时,应当尊重当事人的权利及合法利益;

(5)发布法院活动信息时不应干涉司法程序。

第 5 条　法院活动信息的限制条件

(1)按照联邦法律规定的程序,如果这些信息被认为是受法律保护的国家秘密或其他秘密,应对获取该法院活动信息加以限制。

(2)确认某信息为访问受限信息的程序应由联邦法律规定。

第 6 条　确保获取法院活动信息的方式

获取法院活动信息应当通过以下方式予以保障:

(1)公民(自然人)——其中包括组织(法人)、社会团体、国家机关和地方自治机关的代表出席法院的公开诉讼活动;

(2)通过大众媒体宣传(或发布)有关法院活动信息;

(3)在互联网和电信网络(以下简称互联网)上公布有关法院活动信息;

(4)在法院、司法部、司法部机构和法官协会组织所在地公布法院活动信息；

(5)信息使用者可以查阅已归档的法院活动信息；

(6)依信息使用者申请向其发布有关法院活动信息。

第7条　发布法院活动信息的形式

(1)法院活动信息应以口头或书面形式发布，包括电子文件形式。

(2)发布法院活动信息的形式应当由联邦立法中关于法院、司法部、司法部机构和法官协会组织的权限和程序的条款来规定。涉及俄罗斯联邦主体的宪法(宪章)法院和治安法院的，由俄罗斯联邦主体立法进行规定。发布该信息的形式应当由法院规则和(或)其他规制法院内部工作的法律文件、司法部及法官协会组织的法律文件来规定。如果发布法院活动信息的形式不能确定，可以根据信息使用者的申请来确定。如果不能按照使用者要求的形式发布信息，法院、司法部、司法部机构或法官协会组织应当以适当的形式发布。

(3)通过预约，用口头形式向公民(自然人)——包括组织(法人)、社会团体、国家和地方政府机构的代表发布有关法院活动信息。也可以由法院、司法部、司法部机构、法官协会组织相关负责单位的工作人员通过电话来提供此信息，或者由其他获得授权的公职人员通过电话予以提供。

(4)通过使用公共通信网络来提供有关法院活动信息。

第8条　信息使用者的权利

信息使用者应具有以下权利：

(1)获取有关法院活动的准确信息；

(2)申请访问不受限制的法院活动信息，且无须证实该申请的用途；

(3)对公职人员违反获取法院活动信息及行使该权利的既定程序的作为(不作为)行为，信息使用者有权按照法律规定的程序提起诉讼；

(4)根据法律规定的程序，信息使用者有权要求对侵犯获取法院活动信息权利造成的损害予以赔偿。

第2章　确保获取法院活动信息的保障措施

第9条　获取法院活动信息

(1)法院、司法部、司法部机构和法官协会组织在其职权范围内应当为获取法院活动信息提供保障。

（2）为了保障有效获取有关法院活动的信息，法院、司法部、司法部机构和法官协会组织应对其机构或公职人员作出适当的职权划分。该划分及公职人员的权利和义务应以法院规则和（或）其他规范法院内部工作的法律文件、司法部及法官协会组织的法律文件等形式予以规定。

（3）获取有关法院活动信息的程序应当依照本法，由俄罗斯联邦宪法法院、俄罗斯联邦最高法院、俄罗斯联邦最高仲裁法院、司法部、法官协会组织、俄罗斯联邦各主体宪法（宪章）法院在其职权范围内作出具体规定。

第10条　获取发布在互联网上的法院活动信息

（1）法院、司法部、司法部机构应利用互联网发布有关法院活动信息并应创建含有电子邮件地址的官方网站来接受信息申请。如果具有普通管辖权的法院（区法院、军事法院、治安法院）没有官方网站或不具备在网上发布有关活动信息的条件，这些信息可以公布在具有普通管辖权的法院所在区域的俄罗斯联邦主体的司法部机构的官方网站上。

（2）为形成具有普通管辖权的联邦法院和治安法院统一的信息网络，司法部和司法部机构应采取相关措施。

（3）根据本法的规定，关于创建官方网站并在网站上发布有关法院活动信息及更新这些信息时限的程序，应由俄罗斯联邦宪法法院、俄罗斯联邦最高法院、俄罗斯联邦最高仲裁法院和司法部在其职权范围内规定，也可以由俄罗斯联邦主体的宪法（宪章）法院在其职权范围内规定。

（4）为了保障本条第1款中指出的公民获取信息的权利，信息使用者可以在易于访问的地方（国家机关，地方政府机构，州和市政图书馆，以及其他可以访问的地方）创建互联网接入点。

（5）为了保障信息使用者可以获取本条第1款中指出的信息，法院、司法部和司法部机构应根据俄罗斯联邦法律对信息使用者采取保护措施。

（6）维护官方网站的技术、编程及语言要求应由俄罗斯联邦宪法法院、俄罗斯联邦最高法院、俄罗斯联邦最高仲裁法院和司法部门在其职权范围内作出规定。对于具有普通管辖权的联邦法院来说，这些要求应由司法部来规定；对于俄罗斯联邦主体的宪法（宪章）法院和治安法院来说，这些要求应由俄罗斯联邦主体的立法来规定。

第 11 条　确保获取法院活动信息的主要要求

确保获取法院活动信息的主要要求应包括以下内容：

(1)发布信息的准确性；

(2)遵守发布信息的时限和程序；

(3)从已发布的信息中删除访问受限制的信息；

(4)为行使获取法院活动信息的权利，创建其所需的组织、技术及其他条件，以及创建国家信息系统；

(5)法院、司法部和司法部机构制作司法预算规划时，应当把确保获取法院活动信息有关的经费考虑在内。

第 3 章　法院活动信息的发布

第 12 条　出席法院庭审

1. 公民(自然人)——包括各组织(法人)、社会团体、国家和地方政府机构的代表有权出席公开的法院庭审，并可按照俄罗斯联邦立法所规定的程序和形式记录法院庭审的进展情况。

2. 本条第 1 款所述的关于获取法庭和法院信息的程序应当遵守法院规则和(或)其他规范法院内部工作问题的法律文件。

第 13 条　宣传(公布)法院活动信息

(1)大众媒体宣传(公布)法院活动信息应当遵守《俄罗斯联邦大众媒体法》，但本条第 2 款规定的情况除外。

(2)宣传(公布)法院活动信息应当符合俄罗斯联邦立法规定的司法程序，法院、司法部、司法部机构和法官协会组织的权限和程序，俄罗斯联邦主体宪法(宪章)法院和治安法院的权限和程序。此外，俄罗斯联邦主体立法还要求公开其他司法行为及有关法院活动的其他信息的，俄罗斯联邦主体可以在遵守俄罗斯联邦立法的基础上通过立法进行规范。

第 14 条　发布在互联网上的法院活动信息

(1)以下信息应当发布在互联网上：

1)关于法院的一般信息：

a. 法院名称、法院所在地区的名称、通信地址、电邮地址(如果有的话)以及查询电话；

b. 法院的组织结构——全体会议、主席团、审判法庭、执行管理委员

会、常任法官、审议机构和(或)咨询机构(如果有的话)及上述机构的下设机构;

c. 法院的职权;

d. 规制法院活动的法律清单;

e. 法院规则、司法程序规则及其他规制法院内部工作问题的法律文件;

f. 公布法院审判长和副审判长、法官、法院负责人的名字,及经本人同意的情况下关于他们的其他资料;应当公布审判长、副审判长和法官被赋予的具体权力;

g. 法院提供的信息系统和数据库清单(如果有的话);

h. 法院建立的大众传播媒体的名称(如果有的话)。

2)有关法庭诉讼程序的信息:

a. 向法院提出申请时使用的文件的格式、内容要求或该文件的样本,以及向法院提交该文件的程序要求;

b. 审理某一类案件时,应当向国家交纳诉讼费用的数量和交纳程序;

c. 法院审理案件的详细信息,包括:案件登记编号、纠纷发生的过程及缘由、法院审理案件的进程、基于案件事实考虑所作出的司法行为(是否计划在法庭上开庭审理,法院审判的日期、时间和地点,法庭调查、延期、诉讼中止、诉讼终结、双方和解、不被听审的案件等相关情况,或其他与司法程序相关的细节);

d. 本法第 15 条要求发布的司法文书,该文书是否上诉的情况、上诉的结果,司法文书公布的时间和来源;

e. 对司法行为进行上诉的程序要求;

f. 对法庭诉讼程序和司法过程的解释、总结和概述;

g. 案件当事人查阅案件材料的程序;

h. 查询电话,包括用于查询法院正在处理的案件的电话。

3)法院向国家立法机构(代表)提交规范的草案文本和法律文件(法院具有立法提案权)。

4)俄罗斯联邦宪法法院、俄罗斯联邦最高法院、俄罗斯联邦最高仲裁法院及司法部在其职权范围内提出的司法统计资料。

5)法院工作人员的相关信息:

a. 授予法官职位的程序，法官候选人的要求及其遴选程序；

b. 法官职位空缺和法院服务机构职位空缺的详细资料；

c. 公民成为法院服务人员的程序，进入法院服务机构工作的资质要求；

d. 法院服务机构空缺职位的竞选条件和竞选结果；

e. 获取有关填补法官职位空缺信息和法院服务机构空缺职位相关信息的查询电话。

6）有关公民（自然人）——包括各组织（法人）、社会团体、国家机关和地方政府机构的代表与法院工作人员预约见面的时间和程序的信息，对他们的申请进行审查的程序，对相关法官或法院其他工作人员的作为或不作为的行为提起诉讼的程序，以及相关咨询电话；

7）按照俄罗斯联邦法律关于订购国家和市政所需货物的规定，公布法院所需的货物、工作岗位或者服务的详细内容。

（2）俄罗斯联邦宪法法院还应当在本条第 1 款规定的信息基础上，将俄罗斯联邦宪法法院向俄罗斯联邦议会发布的、关于俄罗斯联邦的违宪审查信息发布在其官方网站上。

（3）俄罗斯联邦最高法院、俄罗斯联邦最高仲裁法院还应当在本条第 1 款规定的信息基础之上，将与俄罗斯联邦司法体系有关的详细信息也发布在其官方网站上。

（4）司法部应当将以下信息公布在互联网上：

1）司法部的一般信息：

a. 司法部的权力和结构、通信地址、电邮地址及查询电话；

b. 规范其活动的法律文件清单；

c. 司法部的机构和职权清单、通信地址、电邮地址和查询电话；

d. 俄罗斯联邦最高法院、司法部负责人的名字，司法部副部长、司法部机构领导的名字，经其同意还可以发布关于他们的其他资料；

e. 与俄罗斯联邦司法系统（如果有的话）的发展相关的联邦专用项目及其他项目；

f. 司法部提供的信息系统和数据库清单。

2）法官协会组织的相关信息：

a. 俄罗斯联邦境内的法官协会组织的名单及其职权范围；

b. 规范其活动的法律文件清单；

c. 俄罗斯联邦法官资格最高执行管理委员会关于暂停、恢复或终止相关法院法官的职权、法官的资格证书以及对相关法官实施纪律处分的详细信息。

（5）除本条第4款规定的信息外，司法部还应将以下信息公布在互联网上：

1）司法部长就其司法管理行为向俄罗斯联邦最高法院所作的年度报告；俄罗斯联邦最高法院的审判长向俄罗斯联邦法官委员会及全俄法官代表大会所作的年度报告；

2）具有普通管辖权的法院活动的情况调查和发布在大众媒体上的司法统计资料，应遵守关于司法部获取有关司法统计数据的法律规定；

3）具有普通管辖权的法院所需的货物订购、工作岗位和服务的内容，应符合俄罗斯联邦法律关于规范国家和市政所需的货物、工作岗位和服务的要求。

（6）司法部机构应将以下信息公布在互联网上：

1）与司法部机构相关的一般信息：

a. 机构的名称、职权、通信地址、电邮地址以及查询电话；

b. 规范其活动的法律文件清单；

c. 司法部机构领导人及其副职领导人的全名，还可以经其同意发布关于他们情况的其他资料。

2）俄罗斯联邦主体中法官协会组织的相关信息：

a. 该机构及其职权范围清单；

b. 规制其活动的法律文件清单；

c. 俄罗斯联邦法官资格最高执行管理委员会规定暂停、恢复或终止相关法院法官的职权和法官的资格证书以及对相关法官实施纪律处分的详细信息。

为保护信息使用者的权利，本条所规定的信息应当在限定时间内公布在互联网上。

第15条　发布在互联网上的司法文件的具体要求

（1）除判决书以外的司法文件应当遵从相关人员的意愿公布在互联网上。判决书应当在其生效之后公布。

（2）除本条第4款规定的以外，公开发布的司法文件和由俄罗斯联邦宪法法院、俄罗斯联邦主体的宪法(宪章)法院和仲裁法院签发的其他司法文件,应依法全部发布在互联网上。

(3)在互联网上公布具有普通管辖权法院的有关司法文件时,除依照法律要求公布的以外,为确保案件当事人的安全,应删除民事案件中原告、被告、证人、无罪开释者、因执法机关滥用权力而被错误追诉者,法庭会议的书记员、案件复审法官等人员名字的首字母及其姓氏以外的个人信息,并以名字的首字母、假名或无法进行身份辨别的其他标记替代。为了保护案件参与者的安全,特殊情况下,上述规则也适用于检察官及辩护律师。

(4)在互联网上公布司法文件时,如果该文件包含受法律保护的国家秘密或其他秘密信息在内的内容,那么该内容应当予以排除。

(5)如果出现以下情况,司法文件将不得公布在互联网上:

1)危害国家安全的;

2)因家庭法相关事宜引起的,包括收养儿童案件及其他危害未成年人权利及其合法权益的案件;

3)涉及侵犯他人性权利和他人性自由的犯罪行为的;

4)关于限制或消除个人法律行为能力的;

5)强制个人进行精神病护理或强制其进行精神病治疗的;

6)关于修改或修正民事登记的;

7)确立法律身份的相关事实并由具有普通管辖权的法院进行审查的;

8)有《俄罗斯联邦民事诉讼法典》第126条规定的情况的。(《俄罗斯联邦民事诉讼法典》第126条规定的内容为:“第126条发出司法命令的方式。”其中有涉及当事人居住地址的信息——译者注)

第16条　在机构内发布法院活动的相关信息

(1)在法院内应设有布告栏和(或)在访问者容易看到的地方设置类似的技术设备,以便信息使用者能够及时查看有关法院活动的最新信息,其中包括:

1)法院的工作程序,尤其是特定的公民(自然人),组织(法人)、社会团体、国家机关和地方政府机构的代表在法院参加案件审理涉及的程序以及法院其他相关活动的程序;

2)法庭案件审理的日期、地点、时间和审理的主题;

3)法庭庭审的程序,扰乱法庭秩序的处罚及进入法庭和法院的程序;

4)获得法院活动信息的条件和程序;

5)信息使用者需要获得的其他必要的详细资料。

(2)在司法部、司法部机构和法官协会组织内应设置布告栏和(或)在访问者容易看到的地方设置类似的技术设备,以便信息使用者了解获得法院活动信息的程序。同时,其他必要的详细资料应当及时发放给信息使用者。

第17条　审查法院活动的归档信息

信息使用者可以依照俄罗斯联邦法律及其他依法颁布的规范性文件和法律文件中规定的程序查看档案资源中提供的法院活动信息;俄罗斯联邦主体的宪法(宪章)法院和治安法院有关的活动信息,也应依照俄罗斯联邦主体法律及其他依法颁布的俄罗斯联邦主体规范性文件和法律文件中规定的程序予以提供。

第18条　申请法院活动信息

(1)信息使用者有权向法院、司法部、司法部机构和法官协会组织提出申请,且该申请书可以由信息使用者直接提出,也可以由依俄罗斯联邦法律规定的程序委托授权的代理人提出。

(2)通过申请书要求获取法院活动的相关信息时,应当提供信息使用者的通信地址、电话和(或)传真号码及电邮地址,以便对该申请书作出回应或解释;也应当提供公民(自然人)的名字全称或组织(法人)、社会团体、国家机关和地方政府机构的名称。匿名申请书将不予接受。以书面形式提出的申请书也应提供法院、司法部、司法部机构或法官协会组织的名称,或者相应公职人员的姓氏、名字首字母及其职位。

(3)法院、司法部、司法部机构和法官协会组织应当根据规定的程序和时限,将申请书登记在案。

(4)除非俄罗斯联邦法律另有规定,申请书应在其被登记之日起三十日内进行审查。如果未能在规定的时间内发布被申请信息,应在申请书被登记之日起七日内告知信息使用者有关信息发布的延期理由及时间,且此延期时间不得超过本法规定回复该申请书期限的十五天。

(5)如果该申请书与法院、司法部、司法部机构和法官协会组织的活动无关,那么应在申请书被登记之日起七日内告知申请者。对该申请书进行复核分别由规范法院、司法部、司法部机构和法官协会组织司法程序的相关法律文件来规定。

(6)法院、司法部、司法部机构和法官协会组织有权阐明该申请书的内容,以便向信息使用者提供其所需要的法院活动信息。

(7)本法规定申请者可以用书面形式提出申请,也可以通过互联网提出申请。法院、司法部和司法部机构都应当对其申请作出答复。

第19条 通过申请提供法院活动信息的程序

(1)对申请书作出的答复应当包含被申请的信息内容或者拒绝提供此信息的理由。申请的答复应当提供法院、司法部、司法部机构和法官协会组织或作出答复的公职人员的名称、通信地址,以及与该申请书相关的注册编号和日期。

(2)如果该申请书是针对已发表在大众媒体上或者公布到互联网上的法院活动信息,法院、司法部、司法部机构和法官协会组织可以提供媒体的名称、发布日期和发行编号,并且提供该被申请信息所公布的网址。

(3)如果被申请的法院活动信息被视为访问受限信息,那么该申请书的答复应当提供限制访问该信息所依据的法案的类型、名称、发布日期和编号。如果部分被申请的信息是受限制的,而其余的并不是,那么访问受限信息以外的那部分信息应当公布。

(4)对申请书作出的答复应当由法院、司法部、司法部机构和法官协会组织记录在案。

(5)除非俄罗斯联邦法律另有规定,涉及法院活动的信息应当免费发布。

第20条 拒绝发布法院活动信息的情况

(1)如有以下情况,法院活动的相关信息将不得被发布:

1)相关机构无法识别被申请信息的;

2)申请书未能提供用于答复的通信地址、电邮地址、传真号码或电话号码的;

3)被申请信息不属于法院、司法部、司法部机构和法官协会组织的活动信息的;

4)被申请信息被视为访问受限信息的;

5)信息的发布妨害司法管理的;

6)信息的发布将影响法院诉讼中当事人的安全的;

7）被申请信息已经向信息使用者提供过的；

8）申请书要求对某一法律作出解释、阐明法律应用程序或要求咨询有关司法行为的法律意见，与申请者信息获取的权利没有直接关系的、申请者自己提出的立法建议、对法律的分析意见。

（2）如果被申请信息已经在大众媒体上发布或者在法院、司法部、司法部机构的官方网站上公布，法院、司法部、司法部机构和法官协会组织有权不再发布前述信息。

第4章　法院信息发布机构与大众媒体的关系

第21条　处理与大众媒体关系的目的和形式

（1）处理法院、司法部、司法部机构和法官协会组织与大众媒体的关系，旨在为信息使用者提供客观、准确和及时的法院活动信息。

（2）法院、司法部、司法部机构和法官协会组织与大众媒体的关系应该通过以下方式确立：

1）大众媒体的代表可以自由进入涉及法院活动信息的场所和自由出席公开法庭的庭审；

2）根据规范上述机构活动的法律文件所规定的程序，大众媒体的代表可以出席法官协会组织会议；

3）应大众媒体的要求，发布与法院活动相关的信息；

4）报道法院活动，包括报道规范法院活动的立法事项；

5）法院、司法部、司法部机构和法官协会组织的代表及大众媒体的代表可以一同参与新闻发布会及其他活动；

6）大众媒体向法院、司法部、司法部机构和法官协会组织委派代表；

7）确保向大众媒体提供有关法院活动信息的其他形式。

第22条　处理与媒体关系的官方代表

（1）法院的审判长或者由审判长正式授权的公职人员应当是与大众媒体维持关系的官方代表。

（2）司法部派驻俄罗斯联邦最高法院的总负责人及其授权的公职人员、司法部机构领导及其授权的公职人员，分别是维持与大众媒体关系的司法部及司法部机构的官方代表。

（3）为了维持与大众媒体的关系，法院（除区法院、军事法院和治安法院外）、司法部、司法部机构可指定相关工作人员作为与媒体联络的代表，其权利和义务分别由法院规则和（或）规范法院内部其他法律文件及司法部相关法律文件来规定。

（4）由联邦法授权的法官协会组织的组织和（或）个人是与大众媒体联系的法官协会组织的官方代表。

第 23 条　大众媒体在报道法院活动时的纠纷解决

大众媒体在报道法院活动时产生的纠纷应当由法院依据法律规定的程序解决，也可以由获得授权的机构或者组织通过法庭之外的程序来解决。

第 5 章　确保获取法院活动信息的权利的救济方式与监督程序

第 24 条　确保获取法院活动信息权利的救济方式

按照俄罗斯联邦法律规定的程序，可以对侵犯获取法院活动信息的权利的公职人员作出的决定或作为（不作为）行为提出上诉。

第 25 条　确保获取法院活动信息的监督程序

（1）俄罗斯联邦最高法院、审判长、司法部部长、司法部机构负责人及法官协会组织的授权成员应在其职权范围内对获取法院活动信息进行监督。

（2）获取法院活动信息的监督程序应当通过法院规则和（或）其他规范法院内部工作的法律文件、司法部及法官协会组织的法律文件来确定。

第 6 章　附　则

第 26 条　本法的生效时间

本法自 2010 年 7 月 1 日开始生效。

俄罗斯联邦总统梅德韦杰夫

联邦法律第 262—FZ 号，2008 年 12 月 22 日于莫斯科克里姆林宫

Law Synergy　译

通过网址 www. svobodainfo. org 修订

英译者注释

俄罗斯联邦司法部是保证实现国家司法政策实施的具有联邦行政权力的中央机关，直接管理隶属于它的各种机构和组织；也是为法院服务的

一个机构,因而它及其隶属机构和组织同样掌握了大量法院活动信息。特别是其负责法院裁判执行,掌握了大量司法执行信息。

司法部系统的设置:司法部系统自上而下包括俄罗斯司法部;各共和国司法部;边疆区、州、联邦直辖市、自治州、自治专区司法局。司法部内设机构有:政策法律局、经济立法局、宪法立法局、司法登记局、法律教育局、民事立法局、刑罚执行总局、司法警察司等。

司法部的职能:(1)主管国家的行政立法,对政府各部门起草的法律草案进行审核,并作出司法鉴定;成立、改组或撤销司法部系统的司法鉴定机构;向联邦总统、联邦政府和联邦其他执行权力机关提供法律信息;负责司法统计工作、法规编辑及管理联邦政府规范性文件库。(2)承担国家登记工作。(3)管理法律服务。(4)负责公民法律教育及中央机关干部法律培训。(5)指导其他法律服务工作。(6)管理监狱及劳动改造。(7)负责司法人权保障工作,审查政府各部门的政策、法规是否符合人权原则。(8)在职权范围内对公民提出的与司法机关和组织相关的各种控告和申诉进行审议。(9)负责在自己管辖范围内与外国相关机关、国际组织进行司法业务交流和组织履行其他的国际条约、协定、公约和司法协助。(10)负责民事执行。根据司法警察法的规定,司法警察归司法部管理,司法警察司是司法部的新设司局。各级司法局相应设立司法警察局或分局。

俄罗斯联邦的司法体系由联邦法院和联邦主体法院两部分组成。仲裁法院、普通法院和军事法院在全联邦境内都实行统一的等级体系;宪法法院系统则分别由联邦宪法法院和联邦主体宪法法院组成,两者各自独立。

俄罗斯联邦法院体系由俄罗斯联邦宪法和本联邦宪法性法律规定,由联邦法院、宪法(宪章)法院、联邦主体法院组成。而联邦主体法院包括联邦主体的宪法(宪章)法院、拥有联邦主体普通管辖权的治安法院。

俄罗斯联邦宪法法院是宪法监督司法机关,通过宪法诉讼程序独立行使司法权,其职权、创立与活动程序由俄罗斯联邦宪法性法律予以确定。

俄罗斯联邦最高法院是民事、刑事、行政案件以及归普通管辖权法院审理的其他案件的最高司法机关,并根据联邦法律规定的程序对普通管辖权法院,包括军事和专业联邦法院,进行审判监督。在其管辖范围内,作为第二审法院,审理监督和再审程序案件,以及在联邦法律规定的情况下作为第一审法院审理案件,并对审判实践问题作出解释。俄罗斯联邦最高法院的职权、创立与活动程序,由俄罗斯联邦宪法和本联邦宪法性法律予以确定。

俄罗斯联邦最高仲裁法院是解决经济纠纷和归仲裁法院审理的其他案件的最高司法机关,并根据联邦法律规定的程序对仲裁法院活动进行审判监督,对审判实践问题作出解释。最高仲裁法院的职权、创立与活动程序由俄罗斯联邦宪法性法律予以确定。

联邦主体宪法(宪章)法院可以由联邦主体创立,审理联邦主体法律,联邦主体国家权力机关和联邦主体地方自治机关颁布的其他规范性法律文件是否符合联邦主体宪法(宪章)案件,以及对联邦主体宪法(宪章)作出解释。联邦主体宪法(宪章)法院的职权由联邦主体法律规定;根据其职权作出的决定,不能被其他法院重新审理。

治安法院实行独任制审理,主要审理法定刑不超过二年监禁的案件和其他轻微的民事、行政案件。在其管辖范围内,审理民事、行政和刑事第一审案件。治安法官的职权和活动程序,由联邦法律和联邦主体法律规定。

区法院是按照行政区划与行政层次设置的基层法院,除受理刑事、民事、行政案件外,还受理对治安法官的判决或裁定提出上诉的案件,它也是治安法院的上诉法院。

联邦主体法院:各联邦主体法院系统分为联邦主体宪法法院与地方治安法院两种。各联邦主体宪法法院的职权与组织方式由各主体相关法律规定,与联邦宪法法院相互独立,各自管辖范围不同,无上下级及监督与被监督的关系。联邦主体法院除直接受理各类案件外,还受理下级法院的上诉案件和抗诉案件。

后记

我关注媒体与司法关系，开始于1999年观看重庆市綦江彩虹桥垮塌案的审判。1999年1月4日晚6时50分，重庆市綦江县城区一座步行桥（彩虹桥）突然整体垮塌，数十名过桥者随大桥坠入桥下的綦河，造成了严重伤亡事故。这次因工程质量导致的重大责任事故，共造成40人（18名武警战士、22名群众）死亡。綦江垮桥、40人殒命引发了一场新闻大战，重庆传媒在第一时间几乎全部介入，以《人民日报》、新华社、中央电视台为首的国内传媒记者，也纷纷云集綦江，抢发消息。

1999年3月27日，重庆市第一中级人民法院对该案进行了公开审理，中央电视台对该案进行了现场直播，当时我还是西南政法大学刑法教研室的一名青年教师、刑事诉讼法方向的一年级博士生。在学校的统一组织下，我和很多师生一起在烈士墓校区一教学楼的三楼阶梯教室观看了那场万众瞩目的直播，当时的情景现在依旧历历在目。2009年，因为重庆市第一中级人民法院的一个研究项目，我有幸与当年此案的审判人员蒋文烈、吴雯、卢军、但斌等法官在重庆市第一中级人民法院的刑庭会议室齐聚一堂，回首往事，大家感慨万千。

此案以后，媒体与司法关系引起了各方面的关注，我也开始收集这方面的资料。当时让我印象最深的三篇文章是：顾培东教授在《法学研究》1999年第6期发表的《论对司法的传媒监督》，张志铭教授在《中外法学》2000年第1期发表的《传媒与司法的关系——从制度原理分析》，徐迅女士在《法学研究》2001年第6期发表的《中国媒体与司法关系现状评析》。我反复研读几位前辈的文章，它们对我而言始终是宝贵的精神食粮；徐迅女士至今仍然是我经常请教的老师。直到2006年10月，卞建林教授等人的《传媒与司法》一书出版，这是研究媒体与司法关系的第一本专著。

2005年，我在美国丹佛大学美中合作中心从事博士后研究，选择了“媒体与司法关系”作为研究主题。当我在丹佛大学图书馆查阅资料的时候，发现对这个问题的研究在国外已经很成熟，整整一排书架数十种图书都是关于这个问题的。在丹佛大学图书馆的目录中，我首先搜索到了一套与主题直接相关的重要资料，即由国际法学家协会（International Commission of Jurists）下设的法官与律师独立中心（Center for the Independence of Judges and Lawyers）编辑出版的中心年刊（CIJL Yearbook）1995 到 2000 年各卷；其中 1995 年卷是关于“媒体与司法独立关系”的专辑，这一卷的文章不仅收入了一系列由世界著名法学家和法律活动家写的关于媒体与司法关系的论文，而且列出了国际上关于媒体与司法关系的公约与规则，并提供了各国对媒体与司法关系问题立法规则的线索。

对以上文献，我首先翻译了《关于媒体与司法关系的马德里准则》（1994 年），至今仍在网络上流行并被广泛引用。但是到后来才知道，真正第一个翻译这个文件的是最高人民法院的蒋惠岭先生，他的译本作为《法院独立审判问题研究》（张慜、蒋惠岭著，人民法院出版社 1998 年版）一书的附录，由于没有上网，反而少有人引用。现在，蒋惠岭先生仍然是媒体与司法关系最重要的研究者和规范的起草者。

接触一些资料后，我在 2006、2007 年发表了《司法与媒体：复杂而简单的关系》《评黄静案中的媒体与司法》《审前报道对美国刑事审判的影响》等文章。至今，我已经发表了和“媒体与司法关系”相关的论文 50 多篇。2010 年，我出版了个人专著《媒体与司法关系研究》。我在研究中发现，媒体与司法关系的一个重要方面是司法机关如何向媒体公开信息。由此，我于 2012 年和 2015 年分别出版了由我牵头完成的《司法公开基本原理》《检务公开基本原理》。目前，我正在写作《警务公开基本原理》《狱务公开基本原理》，对十八届四中全会提出的广义“司法公开”的四个方面进行研究。已经出版的两部“原理”是司法公开的姐妹篇，与正在写作的两部“原理”一起形成“兄弟姐妹篇”。今天，本书即将面世，这是我在网络时代对媒体与司法关系研究交出的一份新答卷。

这一份答卷凝聚了很多同仁和学生的帮助和关注，答卷的最后应当是一份长长的、我无法一一列出的应当致谢的名单。

我指导的研究生祝继萍、李慧、吕阳、曾静、贺红强、莫湘益、高建和我一起参加了调研，付出的心血不一定见诸文字，但却是我写作的基础。有两篇文章即《我国检察机关重要案件信息发布制度研究》《犯罪现场新闻报道及其限度》,我分别与李慧、曾静共同署名发表,其著作权当然与她们共同享有。

2007年以来,我指导的硕士生、博士生和我一起翻译了美国著名国际组织"出版自由记者协会"(RCFP, The Reporters Committee for Freedom of the Press)主办的杂志《新闻媒体与法律》(*The News Media & The Law*)近17年来与"媒体与司法"主题相关的几乎全部文章,用word统计了一下,整整91万字;在我挑选篇目之后,我们共同翻译、一起校对,这是一份多么长久、快乐而艰辛的陪伴!

本课题的绝大部分内容作为前期成果在《人民检察》《现代法学》《法律适用》《新闻与传播研究》《中外法学》《新闻记者》《电子政务》等刊物发表,编辑们的中肯意见让我最大程度地避免了错误、失误和疏漏,并从他们的意见中得到了不少灵感和启发。

对以上诸君,我只有深深地说一声:谢谢!

理论是灰色的,而实践之树常青,正是通过与实践部门同志的研讨,我才得以开辟新的研究主题。在2014年最高人民法院司改办的一次会议中,有同志提到最高人民检察院的"人民检察院案件信息公开网"、最高人民法院的"中国审判流程信息公开网"、"中国裁判文书网",在检察机关重要案件信息(侦查、起诉等程序信息)、"两高"终结性法律文书中,是否可以公开涉罪人员姓名的问题,我潜心研究后,在《现代法学》2015年第2期发表了《论媒体报道涉罪人员姓名的规则》一文。《检察日报》2015年4月28日以《确立涉罪人员姓名公开规则》为题介绍了我提出的"对涉罪人员姓名'以公开为原则'"的观点,最高人民检察院官方网站及各大门户网站纷纷转载,此观点为最高人民法院、最高人民检察院在公开涉罪人员姓名的规则确立方面提供了一定的理论参考。在最高人民法院司改办,我多次参加媒体与司法、司法公开等方面的司法文件草案的讨论,也应邀参加了最高人民法院在各地改革试点的一些研讨会;最高人民法院司改办的蒋惠岭、杨建文、龙飞等同志,对我课题的完成提供了重要帮助,在此一并致谢。

20世纪末,"媒体与司法"在中国学界是鲜为关注的课题。但到今天,正如本书开篇所述,2014年1月7日,习近平总书记在中央政法工作会议上用近300字的篇幅来论述"互联网时代的媒体与司法关系",2014年10

月，这一论题写进了党的十八届四中全会的决定中。

党的十八大以后，新一轮司法改革全面推进，在这样一个波澜壮阔的年代，能够因为专门研究司法改革中这样一个小问题而为国家司法进步和法治文明贡献绵薄之力，这是时代赋予的使命和责任，是我的荣幸，也是我进一步研究的动力。我将带领我的团队，对媒体与司法、司法公开中出现的新问题进行持续的关注和研究。

高一飞

2016年5月25日凌晨

重庆歌乐山下